# LOUIS XIV

★

# LE ROI-SOLEIL

LOUIS XIV

tome I : *Le Roi-Soleil*
(1638-1682)

tome II : *L'Hiver du grand roi*
(1683-1715)

DU MÊME AUTEUR
voir en fin d'ouvrage

Max Gallo
*de l'Académie française*

# LOUIS XIV

★

## LE ROI-SOLEIL

LE GRAND LIVRE DU MOIS

ISBN : 978-2-286-03621-8

*Je vous enseignerai, mon fils, un moyen aisé de profiter de tout ce que les (courtisans) diront à votre avantage : c'est de vous examiner secrètement vous-même, et d'en croire votre propre cœur plus que leurs louanges...*

*Mes projets et leurs motifs, je vous les expliquerai sans déguisement, aux endroits mêmes où mes bonnes intentions n'auront pas été heureuses, persuadé qu'il est d'un petit esprit, et qui se trompe ordinairement de vouloir ne s'être jamais trompé.*

Louis XIV
*Mémoires pour l'Instruction du Dauphin*

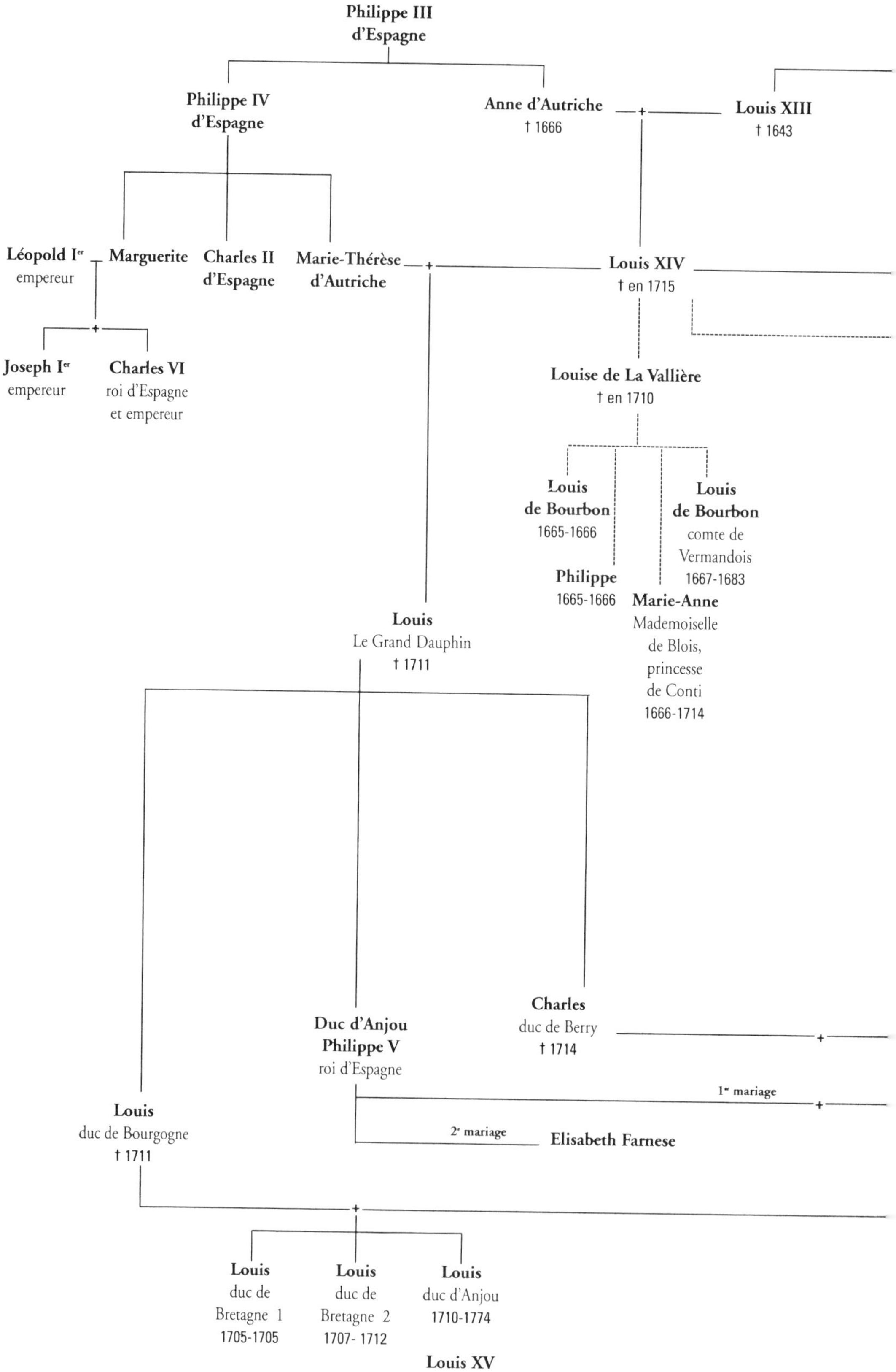

Philippe III
d'Espagne
Philippe IV
d'Espagne
Anne d'Autriche
† 1666
Louis XIII
† 1643
Léopold Ier
empereur
Marguerite
Charles II
d'Espagne
Marie-Thérèse
d'Autriche
Louis XIV
† en 1715
Joseph Ier
empereur
Charles VI
roi d'Espagne
et empereur
Louise de La Vallière
† en 1710
Louis
de Bourbon
1665-1666
Louis
de Bourbon
comte de
Vermandois
1667-1683
Philippe
1665-1666
Marie-Anne
Mademoiselle
de Blois,
princesse
de Conti
1666-1714
Louis
Le Grand Dauphin
† 1711
Charles
duc de Berry
† 1714
Duc d'Anjou
Philippe V
roi d'Espagne
1er mariage
2e mariage
Elisabeth Farnese
Louis
duc de Bourgogne
† 1711
Louis
duc de
Bretagne 1
1705-1705
Louis
duc de
Bretagne 2
1707- 1712
Louis
duc d'Anjou
1710-1774
Louis XV

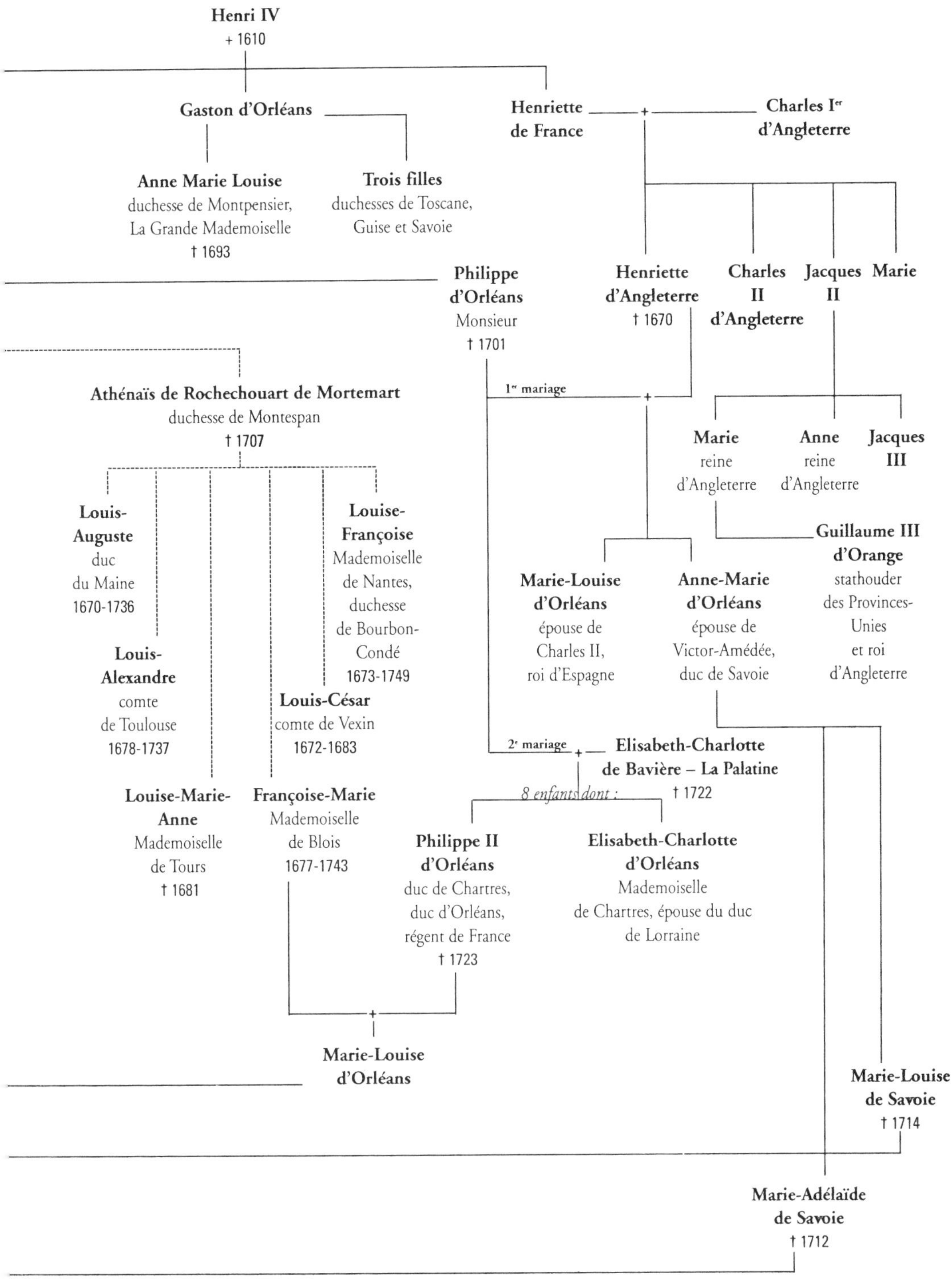
Henri IV
+ 1610
Gaston d'Orléans
Henriette de France
Charles Ier d'Angleterre
Anne Marie Louise
duchesse de Montpensier,
La Grande Mademoiselle
† 1693
Trois filles
duchesses de Toscane,
Guise et Savoie
Philippe d'Orléans
Monsieur
† 1701
Henriette d'Angleterre
† 1670
Charles II d'Angleterre
Jacques II
Marie
1er mariage
Athénaïs de Rochechouart de Mortemart
duchesse de Montespan
† 1707
Marie
reine
d'Angleterre
Anne
reine
d'Angleterre
Jacques III
Louis-Auguste
duc
du Maine
1670-1736
Louise-Françoise
Mademoiselle
de Nantes,
duchesse
de Bourbon-Condé
1673-1749
Guillaume III d'Orange
stathouder
des Provinces-Unies
et roi
d'Angleterre
Marie-Louise d'Orléans
épouse de
Charles II,
roi d'Espagne
Anne-Marie d'Orléans
épouse de
Victor-Amédée,
duc de Savoie
Louis-Alexandre
comte
de Toulouse
1678-1737
Louis-César
comte de Vexin
1672-1683
2e mariage
Elisabeth-Charlotte
de Bavière – La Palatine
† 1722
8 enfants dont :
Louise-Marie-Anne
Mademoiselle
de Tours
† 1681
Françoise-Marie
Mademoiselle
de Blois
1677-1743
Philippe II d'Orléans
duc de Chartres,
duc d'Orléans,
régent de France
† 1723
Elisabeth-Charlotte d'Orléans
Mademoiselle
de Chartres, épouse du duc
de Lorraine
Marie-Louise d'Orléans
Marie-Louise de Savoie
† 1714
Marie-Adélaïde de Savoie
† 1712

PROLOGUE

# Louis Dieudonné

Il est debout devant le lit de sa mère.

Il sait qu'elle va mourir.

Il voudrait rester impassible parce qu'il est le roi, celui qu'on appelle, déjà, Louis le Grand.

On le guette. Il ne doit montrer aucune faiblesse.

Il se cambre. Il croise les bras. Il redresse la tête, mâchoires serrées.

Il domine de sa haute taille la foule des courtisans qui se pressent dans cette chambre du palais du Louvre où l'on a transporté la reine mère.

Il fait un pas. Il veut s'approcher d'elle, la voir et l'entendre encore.

Elle murmure :

— Ah, Seigneur, je vous offre ces douleurs ! Recevez-les pour satisfaction de mes péchés.

Il se penche vers elle. Elle ouvre les yeux et il reconnaît son regard, celui d'autrefois, quand elle était la forte, la rayonnante Anne d'Autriche la régente, la reine, et qu'il marchait vers elle, si fier d'être son fils, de sentir qu'elle l'admirait, qu'il la comblait de joie, et il était heureux de s'incliner devant elle, puis de saluer d'un hochement de tête toutes les suivantes aux cheveux bouclés tombant sur leurs épaules souvent nues.

Qu'était-elle devenue, cette mère, cette reine, la courageuse, la déterminée Anne d'Autriche, fuyant la nuit les grands seigneurs en révolte, défendant bec et ongles le pouvoir royal ?

Il voit ses mains, jadis si fines, enflées et déformées. La peau des bras est marbrée, les chairs gangrenées.

Les médecins et les chirurgiens ont entaillé les abcès, les tumeurs qui se sont depuis quelques jours multipliés. Ils ont percé les seins, y enfouissant des morceaux de viande pour que le cancer s'en nourrisse, ne dévore plus le corps. Ils ont versé sur les plaies à vif de l'eau de chaux, pour les nettoyer, brûler les impuretés, les miasmes, ont-ils dit. Ils ont bandé la poitrine et les épaules avec des pansements que les humeurs nauséabondes ont imbibés et jaunis.

Anne d'Autriche a pourtant la force d'esquisser un sourire, de dire :

— Ah, voilà le roi !

Puis, tentant, en vain, de lever la main, elle ajoute :

— Allez, mon fils, allez souper.

Il hésite. Les médecins lui assurent que la mort recule parce que leur traitement est efficace. Chaque matin et chaque soir ils découpent avec des rasoirs les parties corrompues. La reine va survivre et, avec l'aide de Dieu, terrasser la maladie.

Louis sort de la chambre, suivi par la foule qui jacasse.

Tout à coup il s'arrête. Il ne peut oublier le corps noirci de sa mère.

La puanteur des chairs purulentes a aussi envahi l'antichambre. Il s'arrête. Il entend sa cousine, la Grande Mademoiselle, dire de sa voix aiguë :

— C'est une telle odeur qu'on ne peut souper quand on s'en retourne après l'avoir vu panser.

Il la toise. Elle courbe la nuque. Il rentre dans la chambre.

C'est le milieu de la nuit du 20 janvier 1666.

Il s'approche à nouveau du lit. Il est effrayé. Il a suffi de ces quelques minutes pour que le visage d'Anne d'Autriche que la maladie avait épargné jusqu'alors devienne une boule noirâtre, aux traits effacés, aux yeux enfoncés. Les cheveux sont épars, ternes. La peau du crâne apparaît entre les mèches.

Louis mord ses lèvres pour ne pas crier. Il sent qu'il va pleurer. Lui, Louis le Grand ; lui, le Roi-Soleil, il ne doit pas dévoiler son désespoir, cette émotion qui le submerge, qui le fait trembler.

Ils sont là, tous aux aguets, à l'observer. Il craint de tomber. Il cherche un appui, tend les mains en arrière, s'accroche au rebord d'une table en argent massif.

Il ferme les yeux. Il prie.

Quelqu'un crie :

— La reine se meurt.

Il lui semble reconnaître la voix de Monsieur, son frère cadet, Philippe duc d'Orléans, qui était lui aussi au chevet de leur mère.

Louis voudrait avancer, mais sa vue se trouble, il chancelle. Les voix et les rumeurs s'estompent. On répète près de lui : « Le roi, le roi tombe. »

Il tente de se redresser, des mains le soutiennent.

Il est cet enfant de cinq ans, qui marche le 14 mai 1643 vers le cercueil de son père.

Une voix lance : « Le roi est mort ! Vive le roi ! »

On s'était incliné devant lui, Louis XIV, fils de Louis XIII et d'Anne d'Autriche.

Et aujourd'hui, c'est elle qui meurt.

Il n'ouvre pas les yeux. Il se laisse porter hors de la chambre. Tout ce qu'il a appris de ses parents surgit de sa mémoire.

Son premier valet de chambre Nyert, qui avait été valet de la garde-robe de Louis XIII, lui avait par bribes raconté comment ses parents avaient été mariés à treize ans, en 1615, contraints de consommer leur union. Et pendant plus de vingt ans, on avait jugé Anne d'Autriche stérile, et murmuré que Louis XIII préférait aux femmes ses jeunes favoris, aristocrates élégants et beaux couverts de dentelles et comblés de titres et de cadeaux.

Et puis, une nuit, à la fin de cette année 1637 où les devins et les astrologues avaient annoncé qu'un enfant naîtrait enfin du couple royal, Louis XIII s'était présenté au palais du Louvre, où logeait, avec ses suivantes, Anne d'Autriche.

C'était le 5 décembre. Louis XIII s'était attardé plusieurs heures au couvent Sainte-Marie de la Visitation, rue Saint-Antoine, y bavardant à travers la grille avec Louise Angélique de La Fayette, l'une de ces femmes dont il proclamait qu'il les aimait, mais on le soupçonnait de se servir d'elles comme d'un paravent pour masquer ses amours homosexuelles, son « vice italien », et de mener avec elles un duel galant et anodin. Louise Angélique s'était retirée du monde, lassée de ces enfantillages ambigus, et elle avait invité Louis XIII à aller retrouver son épouse, à accomplir son devoir conjugal de roi. Elle s'était engagée à prier pour que cette nuit du 5 décembre 1637 fût fertile.

Louis XIII avait hésité. Il voulait se rendre au château de Saint-Maur mais, au moment où il quittait le couvent, l'orage s'était déchaîné, transformant les rues en torrents. Saint-Maur était loin. Le château était vide, les meubles sous l'averse. Le capitaine des gardes avait insisté pour qu'on reste à Paris, qu'on gagne le Louvre, où un grand feu devait crépiter dans les chambres de la reine. Louis XIII avait cédé enfin. Et s'en était allé souper au Louvre.

Oublié pour quelques heures le souvenir affreux de la nuit de noces, quand deux enfants maladroits qu'on a mariés sont poussés dans un lit.

Oubliées aussi les humiliations de l'une et de l'autre.

Celle de Louis XIII quand il avait appris que son épouse s'était laissé voler quelques baisers par l'ambassadeur d'Angleterre, le duc de Buckingham, puis que cette reine de France, restée Anne d'Autriche, une Habsbourg, avait entretenu, alors que la guerre opposait la France à l'Espagne, une correspondance avec les ennemis du royaume. Humiliation. Trahison.

Et celle d'Anne d'Autriche qui avait été démasquée par Richelieu, contrainte de rédiger des aveux, de reconnaître donc sa culpabilité, et d'être ainsi menacée de répudiation, obligée de s'en remettre au bon vouloir de ce cardinal, de cet homme rouge, qui jouait avec elle et semblait pourtant sensible à ses charmes.

Oubliées pour une nuit ces vingt années d'incompréhension, de jalousie et de dépit, d'impuissance et de stérilité.

Sortant du Louvre, alors que l'orage a cessé en cette matinée du 6 décembre 1637, Louis XIII fait un vœu à la Vierge, consacre le royaume de France à la mère du Christ et, quelques semaines plus tard, en février 1638, on apprend qu'Anne d'Autriche enfin porte un enfant !

Dieu et la Vierge soient loués !

L'enfant naîtra vers onze heures, le 5 septembre 1638, au château Neuf de Saint-Germain, alors que dans toutes les pièces on prie depuis le commencement des douleurs, il y a plus d'un jour.

Enfin un cri, puis une dame d'honneur de la reine, Mme de Seneçay, se précipite chez le roi qui attend.

— C'est un dauphin, lance-t-elle.

Louis XIII s'agenouille, et la nouvelle se répand dans le château. Des courriers s'élancent vers Paris, mais ils ne peuvent traverser la Seine, car le pont de Neuilly a été emporté. Ils agitent leurs chapeaux, ils crient « C'est un dauphin ! ». Des messagers l'annoncent dans toute la ville. Les cloches sonnent le *Te Deum* à Notre-Dame. On allume des feux de joie, on danse, on boit. On rend grâce à Dieu et à la Vierge. On porte des reliques en procession, d'une église à l'autre. On illumine les carrefours dans ces nuits encore douces du début de septembre.

Cet enfant, c'est le signe de la bienveillance de Dieu.

— Dieu vous l'ayant donné, il l'a donné au monde pour de grandes choses, dit Richelieu au roi.

Et Louis XIV se souvient que ses nourrices, les suivantes de la reine, toutes ces femmes qui l'entouraient de leurs soins, l'appelaient l'« enfant du miracle », Louis Dieudonné.

Et maintenant, il rentre dans cette chambre du palais du Louvre, où vingt-huit ans plus tôt, un 5 décembre 1637, il a été conçu, et, en cette aube du 20 janvier 1666, il s'avance vers le lit où repose sa mère.

Il voit Monsieur, Philippe duc d'Orléans, soutenu par ses jeunes favoris, poudrés et enrubannés.

Il s'approche. Les médecins le retiennent.

— Est-elle morte ? demande-t-il.

— Oui, sire.

Il entend les sanglots de Philippe, ses gémissements, les mots que son frère répète : « Est-ce là la reine, ma mère ? »

Il est le roi, Louis le Grand. Il ne peut pas pleurer. Il ne le doit pas.

Et cependant, il baisse la tête, et les larmes inondent son visage.

Il reste là un long moment, immobile, entouré de cette foule de courtisans.

L'un d'eux murmure :

— Ce fut une de nos plus grandes reines.

Louis le Grand se redresse. Il ne pleure plus. Il dit, lèvres serrées, voix méprisante :

— Non, un de nos plus grands rois.

Il sort lentement de la chambre.

Il veut s'éloigner de Paris, gagner le château Neuf de Saint-Germain, voir ces lieux où, il y a vingt-huit ans, sa mère lui a donné la vie.

Il méditera seul.

Il a découvert que, même si un prince doit sacrifier au bien de son empire tous ses mouvements particuliers et maîtriser ses émotions, il est des moments où cette règle ne peut se pratiquer.

« La nature avait formé les premiers vœux qui m'unissaient à la reine, ma mère, écrit-il. Mais les liaisons qui se font dans le cœur, par le rapport des qualités de l'âme, se rompent bien plus malaisément que celles qui ne sont produites que par le seul commerce du sang... Cette habitude que j'avais formée à ne faire qu'un même logis et qu'une même table avec elle, cette assiduité avec laquelle je la voyais plusieurs fois chaque jour malgré l'empressement de mes affaires, n'était point une loi que je me fusse imposée par raison d'État, mais une marque du plaisir que je prenais en sa compagnie... »

Il est seul.

Il se souvient de la rigueur avec laquelle sa mère, cette princesse, cette reine, a soutenu sa couronne, « dans les temps où il ne pouvait encore agir », et la manière dont elle lui a abandonné son autorité souveraine afin qu'il fût pleinement le roi.

Il n'avait rien eu à craindre d'elle, de son ambition.

Elle avait voulu que dès le jour de sa naissance, le dimanche 5 septembre 1638, dans ce château Neuf de Saint-Germain où il est revenu en ce mois de janvier 1666, il soit, lui, l'enfant du miracle, lui, Louis Dieudonné, le Roi-Soleil, Louis le Grand.

# PREMIÈRE PARTIE

# 1638-1652

# 1.

L'enfant, l'avenir du royaume de France, est aux mains des femmes.

Sa mère, les cheveux brillants et défaits tombant sur ses épaules, le tient contre elle, puis elle le présente à l'évêque de Meaux, qui l'ondoie.

L'enfant crie, ouvre et tord la bouche. Les femmes rient. L'une d'elles, petite et forte, s'avance le corsage défait. C'est Mme de La Giraudière, la nourrice, qu'entourent Mme de Lansac, la gouvernante, et Mme de Seneçay, dame d'honneur de la reine, d'autres encore, qui se penchent pour voir cet enfant vigoureux, qui cherche le mamelon, le happe goulûment. Et Mme de La Giraudière rit, en renversant sa tête en arrière, en faisant jaillir ses seins.

Puis elle porte l'enfant jusqu'à l'appartement qui a été préparé.

La chambre où il va reposer est une vaste pièce, à trois fenêtres. Elle est tendue d'un tissu de damas à fleurs. Une balustrade sépare du reste de la chambre l'espace où se trouvent le berceau et une table couverte de coussins. C'est l'autel où l'on place Louis Dieudonné, devant lequel on s'incline.

Ce n'est qu'un nouveau-né de deux jours, mais ce mardi 7 septembre 1638, à quatre heures, couché sur un oreiller blanc, il donne sa première audience. La délégation du parlement de Paris, les magistrats des différentes cours viennent le saluer, sortent de la chambre à reculons, félicitent Louis XIII et le cardinal de Richelieu qui se tient près de lui mais un peu en retrait. Le roi sursaute quand on entend la voix aiguë de l'enfant. Mais on ferme les portes et le roi baisse la tête, redevient ce vieil homme gris, maigre et maussade.

Il hésite. Il s'avance vers la chambre de sa femme. On devine dans la pénombre Anne d'Autriche, qu'on coiffe, qu'on habille, qu'on parfume et qui apparaît enfin, pâle encore, mais belle, rayonnante, jetant à peine un regard vers son époux, ignorant l'homme rouge, ce cardinal qui l'a humiliée et qui maintenant la suit des yeux, cependant qu'elle entre dans la chambre de son fils, dont on entend à nouveau la voix.

C'est un enfant avide. Les nourrices ont les seins meurtris, les mamelons mordus par ces dents aiguës, qui ont poussé si vite. Les femmes se succèdent.

— Il maltraite leurs mamelles, répète-t-on dans tout le château.

Le bruit se répand. Les nourrices le fuient, blessées, affolées. Il en a usé sept en six mois.

Les ambassadeurs transmettent ces nouvelles. L'un d'eux écrit : « C'est aux voisins de la France de se méfier d'une aussi précoce voracité. »

Mais Anne d'Autriche ne se lasse pas de regarder son fils téter, grandir, grossir, faire ses premiers pas.

Elle remercie Dieu de lui avoir donné, après quatre fausses couches, cet enfant qui s'accroche aux jupes de ses nourrices, pour les contraindre à se baisser, à le nourrir.

Elle consulte les astrologues et les devins. Ils dressent les configurations célestes qui annoncent le destin de cet enfant du miracle.

Elle écoute, elle lit et relit les prédictions favorables, qui annoncent un avenir solaire pour ce Louis, né un dimanche, jour du soleil.

« Le dauphin éclairera et chauffera, comme le soleil, le royaume de France, dont il fera le bonheur, et il répandra sa lumière et sa chaleur sur les amis de la France. »

Elle se penche vers lui qui se presse contre elle, au moment où entre, amaigri encore, sombre, Louis XIII, le père revêche, qui s'impatiente, s'irrite de voir ce fils qui refuse de l'approcher et se réfugie dans les jupes de sa mère, ou se cache derrière ses gouvernantes, ses nourrices, les dames d'honneur et les suivantes de la reine.

— Je suis très mal satisfait de mon fils, maugrée-t-il. Il est opiniâtre. Mais je ne suis nullement résolu de lui souffrir ses méchantes humeurs. Dès qu'il me voit, il hurle comme s'il voyait le diable et crie toujours à maman. Ce grand nombre de femmes autour de lui gâte tout. Il faut l'ôter d'auprès de la reine, le plus tôt qu'on pourra.

L'enfant résiste. Il se pelotonne contre sa mère, quand elle l'assoit près d'elle dans cette voiture qui, lentement, fait le tour du parc du château.

Ils rentrent. Ils sont surpris par Louis XIII qui se dresse devant eux, semble menaçant. Les femmes entraînent le dauphin. Louis XIII suit sa femme dans sa chambre. Quelques mois plus tard, le 21 septembre 1640, un second fils, Philippe, naîtra. Mais il n'est que le cadet, celui qui toujours sera soumis à Louis le Grand, que sa mère comble lui aussi de sa tendresse mais qu'elle habillera en fille, parce qu'il ne doit y avoir qu'un seul dauphin, qu'un seul roi, et qu'elle sait combien les frères de souverains sont jaloux et dangereux.

Elle devine ainsi la déception de Gaston d'Orléans, le frère de Louis XIII. Il était, tant que le roi n'avait pas de fils, le successeur désigné. Le voici qui recule de deux rangs au moment même où la mort emporte Richelieu – le 4 décembre 1642 – et où il pourrait ainsi s'approcher du trône que ne garde plus l'homme rouge. Et d'autant plus que Louis XIII s'alite, que son corps décharné est secoué de tremblements, que les vomissements le plient, le vident, que tout annonce la mort, et que les yeux du souverain deviennent vitreux, reflètent l'épuisement et aussi le désir de quitter cette vie.

Parfois, Louis XIII a un regain de vitalité. Il se lève, s'emporte contre ce fils et sa mère. Il ne tolère plus les dérobades et les mauvaises humeurs du dauphin. Il faut que cet enfant s'agenouille, demande pardon au roi son père. Et Louis XIII menace une nouvelle fois de séparer les fils, Louis et Philippe, de leur mère. Puis le corps du roi s'affaisse, il vomit, des coliques le déchirent. On le reconduit jusqu'à son lit.

C'est le mois d'avril 1643. Un homme, un cardinal au teint pâle, aux mains jointes gantées de gris, une fine moustache soulignant son sourire doux, l'expression bienveillante, presque caressante de son regard, s'incline devant Anne d'Autriche et son fils. Il est auprès du roi le successeur de Richelieu. Lorsqu'il répète son nom, Giulio Mazarini, sa voix chante. Le roi veut rassembler les siens dans sa chambre, dit-il.

On suit Mazarin.

Louis XIII, le visage couvert de plaques jaunes et de pustules que la poudre ne réussit pas à dissimuler, annonce d'une voix lente que la mort s'avance vers lui et qu'il a décidé de constituer un Conseil souverain de régence, composé de son frère Gaston d'Orléans, de Mazarin, du prince de Condé, du chancelier Séguier.

L'enfant de cinq ans écoute. Il lève la tête. Il voit le visage de sa mère. Elle a les lèvres serrées mais son menton tremble. Elle lui saisit la main, la presse. L'enfant observe Gaston d'Orléans. Son oncle sourit, le visage épanoui. Et l'enfant se tend, répond à la pression des doigts de sa mère. Il sait qu'on l'humilie, qu'on veut la dépouiller.

Il l'entend qui, dans l'antichambre du roi, murmure à ses suivantes que ce Conseil souverain de régence est constitué pour lui interdire de régner. Elle craint l'ambition de Gaston d'Orléans. Elle veut qu'on renforce la garde autour de ses appartements et de ceux de ses fils, qu'on surveille les alentours et les portes du château.

Mais voici qu'on entoure la mère et ses fils. C'est ce même 21 avril 1643 que le roi a choisi comme jour du baptême du dauphin.

On se rend d'un pas solennel dans la chapelle du château de Saint-Germain.

Sous les voûtes, les magistrats, Gaston d'Orléans, et le roi, chancelant, puis le parrain, ce cardinal de Mazarin, et la marraine, Charlotte de Montmorency, princesse de Condé, qui fut la maîtresse – la dernière peut-être – d'Henri IV.

L'enfant se tient droit, visage grave, cependant qu'on prie autour de lui. Il aperçoit son père qui s'est redressé, qui s'avance, qui lui murmure que, bientôt, car c'est la volonté de Dieu : « Mon fils, vous vous appellerez Louis XIV. »

Et il suffit en effet de quelques semaines pour que la vie se retire, en une agonie douloureuse, de Louis XIII.

L'enfant de cinq ans, poudré, portant un habit de soie violet, des dentelles blanches et noires entourant son cou, ses poignets, marche le 14 mai 1643 vers le cercueil où son père est étendu, cependant que l'on crie, et les mots sont répétés par l'écho qui court le long des couloirs du château : « Le roi est mort ! Vive le roi ! »

## 2.

Il n'oubliera jamais ces jours du mois de mai de l'an 1643.

Il voit tous ces hommes chamarrés, ducs, princes, parlementaires en robes et chaperons d'écarlate, en manteaux de velours aux parements d'or, ces femmes aux robes chatoyantes, et la plus belle de toutes, sa mère, la régente, Anne d'Autriche.

On s'incline devant lui, on se presse autour de sa mère.

Il devine les clans qui se forment, d'abord celui de Gaston d'Orléans, son oncle, dont la fille de seize ans, la Grande Mademoiselle, s'approche, le dévisage, lui sourit, esquisse une révérence, les yeux remplis de malice. Voici que s'avancent les Condé, le prince et la princesse, cette Charlotte de Montmorency qui est sa marraine, et l'un de leurs fils, le prince de Conti ; l'autre, le duc d'Enghien, commande les armées qui devant Rocroi se préparent à attaquer les Espagnols. Et les derniers qui se présentent à sa mère sont les Vendôme, le duc de Beaufort et le duc de Mercœur, les fils de Gabrielle d'Estrées, maîtresse d'Henri IV. Ce sont ceux auxquels sourit Anne d'Autriche parce qu'ils sont les plus faibles. Elle choisit le duc de Beaufort pour commander les cavaliers chargés d'escorter le cortège royal, qui doit quitter Saint-Germain pour le Louvre, au cœur de cette capitale que l'enfant ne connaît pas.

Il se tient droit, assis dans la voiture tirée par des chevaux noirs, auprès de sa mère, et l'escorte cavalcade tout autour. Sa mère peu à peu, qui lui a paru inquiète, lui serrant la main, s'épanouit. Les premiers cris de « Vive le roi ! » retentissent avant même qu'on soit entré dans Paris.

Il n'a jamais vu pareille foule. Il découvre ce peuple, rassemblé sur le bord de la route puis dans les rues, qui l'acclame. Les femmes, leurs enfants, les hommes agitent leurs chapeaux, les cloches sonnent, cependant que le cortège s'approche du palais, les cavaliers de l'escorte formant deux haies mouvantes de couleur rouge et or, de part et d'autre de la voiture.

Puis ce sont les grandes salles du Louvre, d'où l'on voit le fleuve, les quartiers grouillants.

Les cloches sonnent toujours, saluant l'entrée du roi dans sa capitale.

La nuit est courte.

Le 18 mai, les femmes habillent l'enfant d'une robe violette, glissent sur sa poitrine un grand bandeau doré, puis s'avancent le duc de Joyeuse, grand chambellan, et le comte de Charost, capitaine des gardes.

Ils vont l'accompagner au Parlement.

Sa mère lui explique ce qu'est un lit de justice, ce qu'il doit dire. Elle le répète, et il doit retenir cette phrase : « Messieurs du Parlement, je suis venu vous voir pour témoigner au Parlement ma bonne volonté. Monsieur le chancelier dira le reste. »

Louis s'efforce de prononcer distinctement des mots mystérieux, mais il sait que le sort de sa mère, et donc aussi le sien, en dépend.

Ce seront ses premières paroles de roi.

Il entre dans la grande salle du Parlement, il voit les présidents, les parlementaires, ces hommes aux vêtements rouge et noir, tenant à deux mains leurs mortiers, les visages austères l'observent tandis qu'il gravit les trois marches qui conduisent au trône, puis qu'il se laisse soulever par le duc de Joyeuse et le comte de Charost.

Il écoute les salutations des présidents des différentes chambres du Parlement, puis c'est sa mère qui s'approche, avec Mme de Lansac. Elles le portent, le font admirer aux parlementaires. Il est impassible. Il se souvient des mots qu'il a appris. Il les dit avec le plus de force qu'il peut. Il n'est qu'un enfant d'à peine cinq ans.

Mais sa mère le serre contre elle, alors que le chancelier Séguier prend la parole.

Et Louis observe Anne d'Autriche cependant que les hommes graves approuvent, baissant la tête. Elle est radieuse. Elle est la régente, régnant seule sans ce Conseil souverain dans lequel Louis XIII avait voulu l'enfermer et que le Parlement, à la demande d'Anne d'Autriche et de son fils, vient d'abolir.

Sa mère l'embrasse, les femmes autour de lui dans ces chambres du palais du Louvre rient, félicitent la reine.

Lui joue avec l'enfant d'une femme de chambre, une petite fille, Marie, à laquelle il obéit.

Anne d'Autriche la renvoie. Il est le roi.

Le lendemain de ce lit de justice, le 19 mai 1643, on l'habille de vêtements noirs, rehaussés de dentelle blanche et de cordon d'or, il se rend à l'abbaye de Saint-Denis.

Il marche au côté de sa mère dans la nef. Derrière eux, portant des cierges auxquels sont accrochées des pièces d'or, les princes de la famille royale s'approchent du cercueil du roi. Les aumôniers du monarque, les prêtres de Saint-Denis se bousculent pour se saisir des cierges et de l'or, alors que s'élèvent les prières étouffées par le brouhaha.

On porte le cercueil dans la crypte.

La foule des évêques, des princes, des ducs, des religieux, et plus loin le peuple, écoutent le héraut d'armes crier, une nouvelle fois :

— Le roi est mort, priez pour son âme ! Et vive le roi quatorzième du nom par la grâce de Dieu, roi de France et de Navarre, mon seigneur et maître !

On le congratule, on murmure qu'il promet d'être un grand roi. On s'incline devant sa mère.

Elle lui prend la main. Il la sait heureuse. Elle est la reine, maîtresse du pouvoir.

C'est lui son fils qui lui donne cette force parce qu'il est le roi.

## 3.

C'est encore un enfant et c'est déjà le roi.

Il parcourt d'un pas martial les couloirs du palais, à la tête d'une troupe d'enfants qui portent comme lui épées, piques et mousquets miniatures. On défile, on fait l'exercice, sous les ordres d'une « capitainesse », Mme de La Salle, femme de chambre de la reine. Et souvent Anne d'Autriche surgit, contemple ce fils qui joue déjà à l'homme de guerre. Elle lui commande de s'approcher, s'étonne de sa tenue, un pourpoint de toile blanche toute simple, sans doublure, avec de la dentelle de fil blanc. Est-ce là vêtement de roi ?

— Je le veux comme cela, moi, dit-il.

Il s'obstine. Déjà, alors qu'il était en compagnie de sa mère sur la frontière, entre Amiens et Armentières, et que les combats opposaient Français et Espagnols, il avait refusé de revêtir un habit chamarré, avec or et pierres précieuses, pour marquer son entrée dans Amiens.

— Je vous ferai bien voir, dit Anne d'Autriche, que vous n'avez point de pouvoir et que j'en ai un ! Il y a trop longtemps que vous n'avez pas été fouetté. Je veux vous faire voir que l'on fesse à Amiens comme à Paris.

Elle regarde autour d'elle. Le gouverneur du roi s'est approché, c'est le maréchal de Villeroy. Et il y a là aussi les précepteurs du roi, Péréfixe chargé d'enseigner l'histoire et les belles-lettres, et ceux qui doivent apprendre à l'enfant le dessin, l'espagnol, l'italien, l'écriture et le calcul ou bien l'équitation, la musique, la danse et l'art de la guerre et des armées. Et l'enfant, s'il aime jouer du luth et de la guitare, et s'initie au latin, préfère à l'étude la chasse, les chevauchées, les jeux de guerre.

Depuis que la Cour a, le 7 octobre 1643, quitté le Louvre pour le Palais-Cardinal, bientôt nommé Palais-Royal, on a construit dans les jardins des forts en réduction pour ce roi qui aime déplacer sur ses tables des armées de soldats en argent, des canons en cuivre et en or. Louis conduit l'assaut, cependant qu'on tire à blanc.

Le valet de chambre Dubois, et le premier valet de Sa Majesté, La Porte, surveillent ces jeux guerriers.

C'est à eux aussi que s'adresse Anne d'Autriche.

— Je ne veux pas que vous fassiez ce que le roi vous commande, dit-elle. Allez-vous-en trouver, lorsque le roi exigera quelque chose, M. le maréchal de Villeroy, si le gouverneur le juge à propos, faites-le, sinon n'en faites rien.

Elle a parlé d'une voix forte et dure qui tranche avec sa douceur et sa tendresse habituelles.

— Maman, je vous demande pardon, je vous promets de n'avoir jamais d'autre volonté que la vôtre.

La Porte reconduit Louis dans sa chambre. Elle est austère.

« La coutume est que l'on donne au roi, tous les ans, douze paires de draps, et deux robes de chambre, dit La Porte. Néanmoins je les ai vus servir six paires de draps, trois ans entiers, et une robe de chambre de velours vert, doublé de petit-gris, servir hiver et été pendant le même temps, en sorte que la dernière année elle ne lui venait qu'à la moitié des jambes, et pour les draps, ils étaient si usés que j'ai trouvé plusieurs fois le roi les jambes passées au travers. »

C'est au cardinal Mazarin que, le 15 mars 1646, Anne d'Autriche confiera la tâche d'être « surintendant au gouvernement et à la conduite du roi ». Mazarin, avare et avide, surveille les dépenses, impose peu à peu sa loi à la reine.

Louis les voit chaque soir, assis l'un près de l'autre, devisant à voix basse, dans une pièce située au bout des appartements de la reine, mais toutes portes ouvertes, pour que les courtisans les aperçoivent sans pouvoir les entendre.

Louis observe ce cardinal de haute taille, à la voix douce, au regard voilé, qui semble subjuguer sa mère et que l'on courtise, l'accompagnant dans ses promenades, sollicitant une faveur, et, dès qu'il s'éloigne, répandant des rumeurs sur les liens que l'éminence italienne entretient avec la reine, ou bien critiquant son avarice, sa vanité, son goût de l'opéra italien, des tissus, des tableaux, des bijoux et des statues.

Louis lui obéit, écoute les leçons que chaque jour le cardinal lui donne, le faisant participer au Conseil qu'il préside. Il l'a entendu répondre à Péréfixe, qui se plaignait que le roi ne « s'applique pas à l'étude » :

— Ne vous mettez pas en peine, reposez-vous-en sur moi : il n'en saura que trop car quand il vient au Conseil, il me fait cent questions sur la chose dont il s'agit.

Louis a confiance dans cet homme que sa mère regarde avec des yeux pleins d'indulgence et de tendresse. Cette complicité, cette union le rassurent, et l'irritent aussi.

Il ne peut s'empêcher de céder à des mouvements d'humeur devant cette Éminence qui aime le faste, qui peuple les appartements royaux d'œuvres d'art, de livres anciens, et dont les coffres regorgent de pièces d'or.

Il le voit passer sur la terrasse du château de Compiègne, où la Cour séjourne. Les courtisans suivent le cardinal, obséquieux, comme si cet Italien de Giulio Mazarini était le souverain.

— Voilà le Grand Turc qui passe, lance Louis.

Et aussitôt il regrette ces mots, il s'inquiète. Il sait qu'on l'a entendu, qu'on rapportera ce propos au cardinal, et surtout à Anne d'Autriche, et que sa mère en sera blessée.

En même temps il se rebelle. Il a parfois le sentiment que Mazarin veut le maintenir dans l'enfance, pour mieux régner. *Mais c'est moi le roi.* Et il ne se calme qu'au moment où Mazarin s'incline devant lui, lui demande de féliciter le duc d'Enghien qui, le 19 mai 1643, a vaincu les Espagnols à Rocroi, et qui vient de vaincre encore les Impériaux à Nördlingen.

Louis se hisse sur la pointe des pieds pour donner l'accolade au duc d'Enghien, dont on dit qu'il sera le Grand Condé, le plus talentueux des chefs de guerre du royaume, au moins égal au maréchal de Turenne.

Et Louis, menton levé, la poitrine barrée par une écharpe de soie blanche frangée d'or, tranchant sur son vêtement bleu, passe en revue, marchant en avant des officiers, son régiment de gardes suisses, alignés dans le bois de Boulogne.

Il retrouve les Suisses, formant avec les gardes du corps une haie d'honneur, devant l'entrée du Parlement, ce 7 septembre 1645, alors qu'il doit en compagnie de sa mère y tenir un lit de justice.

Il marche près d'Anne d'Autriche, dont il respire le parfum sucré, dont il entrevoit derrière les voiles noirs ce visage aux traits réguliers qui l'émeut toujours.

Il se laisse soulever par le grand chambellan qui l'assied sur un amoncellement de coussins bleus à fleurs de lys d'or. Il doit parler, avant le chancelier et le président, afin d'exiger des parlementaires qu'ils se soumettent, acceptent de nouveaux impôts en échange de l'abandon d'une taxe dite de la toise que Mazarin a décrétée et qui a provoqué émeutes, révoltes et résistances, et le Parlement a lui aussi donné de la voix.

Maintenant il faut qu'il plie, qu'il accepte un compromis.

Le roi, l'enfant, se redresse. Il récite les mots appris. Il les prononce avec plus de netteté que ceux qu'il avait dits, un peu hésitants, lors du premier lit de justice, le 18 mai 1643.

Deux années ont passé. Il a sept ans. C'est l'âge auquel les femmes doivent se retirer, laisser la place au gouverneur Villeroy et, au-dessus de lui, au surintendant, le cardinal Mazarin.

Quand le roi a achevé de répéter : « Messieurs les parlementaires, je suis ici pour vous parler de mes affaires, mon chancelier vous dira ma volonté », les applaudissements déferlent.

Louis respire cet encens de la soumission, du respect et de l'adulation. Il regarde sa mère, assise à ses côtés, mais au-dessous de lui.

Il est le roi, Louis le Grand.

Être roi, c'est gloire mais aussi humilité.

Péréfixe, son précepteur, prêtre, bientôt évêque de Rodez, le lui rappelle, et c'est en procession que Louis se rend, le jeudi saint de l'année 1645, à l'église Saint-Eustache, sa paroisse. Il s'accroupit pour laver les pieds de douze enfants pauvres, lui le roi. C'est là son devoir de justice et de charité.

Quand il rentre ce jour-là, l'enfant demande à La Porte, comme il le fait souvent, de venir s'allonger près de lui, de lui lire des passages de l'Histoire Sainte et de l'Histoire de France.

Il veut que La Porte lui parle encore du roi David, ou de ce roi de France qui partit en croisade, fut un roi juste et un saint homme, et qui portait lui aussi le nom de Louis, Louis le Neuvième, *Saint Louis, mon ancêtre.*

Parfois, la nuit, Louis se réveille, et il s'en va coucher au côté de La Porte, retrouvant ainsi le sommeil. Au matin il est à nouveau dans son lit. Le premier valet de chambre a dû l'y déposer endormi.

Il écoute La Porte dont il connaît le dévouement, qui a servi avec fidélité Anne d'Autriche, subissant les pressions des hommes de Richelieu, refusant de livrer, même menacé de la torture, les secrets qu'il détenait et qui eussent pu fournir aux accusateurs de la reine des prétextes, des arguments, peut-être des preuves.

Maintenant, La Porte s'inquiète de l'influence de Mazarin, cet autre cardinal, légué par Richelieu à Louis XIII, cet Italien rapace et enjôleur, qui est le parrain de Louis, qui endort la vigilance de la reine à force de compliments, de cadeaux, de regards langoureux. Et pendant ce temps il remplit ses coffres, il pille la France, il la saigne avec de nouveaux impôts, il ternit la réputation de la reine, dont on dit qu'elle succombe aux charmes de l'Italien, qu'elle ne peut même pas imaginer les ragots, les soupçons qui comme des poisons se répandent parmi la Cour.

La Porte n'ose pas avouer cela à Louis. Mais ses silences, ses soupirs, ses conseils troublent l'enfant.

« Il y a des espions autour de Sa Majesté », murmure La Porte.

Il ajoute que certains veulent maintenir le roi dans l'ignorance, l'empêcher de côtoyer des gens de bien capables de lui enseigner de bons sentiments, et c'est pour cela qu'on écarte les précepteurs de qualité et qu'on retire du cabinet du roi les bons livres !

Louis se tait, et La Porte ajoute :

« On sait que Sa Majesté a de l'esprit, qu'il voit et entend toutes choses, et c'est ce que l'on craint. »

Ces « certains », ce « on », il n'est pas besoin que La Porte les nomme, ce sont le cardinal Mazarin et ses affidés.

Louis se détourne. Il ne veut plus entendre La Porte. Comment pourrait-il se dresser contre le cardinal alors que sa mère en a fait son surintendant, ministre d'État, le premier de son Conseil, son conseiller, son confident, le guide de son fils ?

Louis ne peut lui en vouloir. Elle est sa mère, si pure, si tendre. Il devine, sans pouvoir l'exprimer, ce qu'Anne d'Autriche ressent pour Mazarin, qu'elle confiera à la comtesse de Brienne :

« Je t'avoue que je l'aime et je puis même dire tendrement, mais l'affection que je lui porte ne va pas jusqu'à l'amour, ou si elle y va c'est sans que je le sache, mes sens n'ont pas de part ; mon esprit seulement est charmé de la beauté de son esprit. Cela est-il criminel ? Ne me flatte point et sois assurée que s'il y a dans cet amour l'ombre du péché, j'y renonce dès maintenant devant Dieu et devant les saints dont les reliques reposent dans cet oratoire. »

Louis accepte cette faveur, cette affection, cette attirance. Il la sent partagée par le cardinal, qui écrit à Anne d'Autriche :

« Nous sommes unis ensemble par des liens que vous êtes tombée d'accord, Madame, plus d'une fois avec moi qu'ils ne pouvaient être rompus ni par le temps ni par quelques efforts qu'on y fît. »

Sa mère et le cardinal lui paraissent inséparables, et ils sont près de lui quand la fièvre tout à coup le saisit, ce lundi 11 novembre 1647, que les douleurs glissent le long de son dos, tordent ses reins, et qu'il entend les médecins, penchés autour de lui, répéter ces mots de « petite vérole » qu'il découvre pour la première fois.

Sa mère ne lui paraît pas inquiète. Elle se penche vers lui, caresse ses joues brûlantes, lui murmure qu'il perdra peut-être un peu de sa beauté. Mais les rois sont aimés, même s'ils ont la peau grêlée.

Sa présence et son calme le rassurent.

Les médecins pourtant insistent pour le saigner, le purger. Et la fièvre l'emporte. Il perd conscience. Il lui semble qu'autour de lui on s'affole, sa mère elle-même s'évanouit.

On le saigne. La fièvre serre sa tête. Il entend le cardinal chuchoter à Anne d'Autriche que l'oncle de Louis, le duc Gaston d'Orléans, festoie en son palais du Luxembourg car, Louis XIV mort, il suffira de se débarrasser de son frère Philippe pour que Gaston accède enfin au trône.

Louis ouvre les yeux, son corps est couvert de pustules. On lui présente un verre de calomel et de séné. Il obéit. Il boit. Il subit les saignées, les incisions et les lavements. Il est entre les mains de Dieu et il s'abandonne donc à ces médecins qui se chamaillent, les uns partisans d'une nouvelle saignée, les autres préférant la purgation qui « fait sortir l'humeur qui fermente dans le bas-ventre et particulièrement dans l'estomac ».

Il vomit. Il lui semble que les visages et les contours des meubles et de la chambre sont à nouveau nettement dessinés. Il se redresse un peu. Les médecins le félicitent. Il a échappé à une mort quasi certaine, disent-ils. Ils louent le courage, l'assurance, la fermeté, la grandeur de l'enfant.

Louis regarde sa mère. Durant ces deux semaines de maladie elle ne l'a pas quitté, alors que le Palais-Royal s'était vidé de tous les courtisans, affolés devant les risques de contagion.

Il est reconnaissant au cardinal d'être resté auprès de la reine, ne s'absentant que pour « donner ordre aux affaires les plus importantes de l'État ».

Louis a vu, de ses yeux voilés par la maladie, Anne d'Autriche et Mazarin, épaule contre épaule, penchés vers lui.

Il ne les séparera pas. Il n'oubliera pas cette première rencontre avec la mort. Il n'a pas eu peur.

Il est le roi.

# 4.

Louis s'approche du miroir.

Il regarde la peau de son visage. Il caresse du bout de ses doigts ses joues et son front. Il effleure les pustules, les cicatrices, les boutons encore purulents, les marques de cette petite vérole dont il a triomphé.

Il recule d'un pas.

Il eût pu succomber. Être le roi n'empêche pas la maladie de vous assaillir, de vous terrasser, de vous laisser affaibli avec ces plaies sur le visage.

Il faut être à chaque instant sur ses gardes, car la vie est une guerre. Les ennemis sont aux aguets.

Il le soupçonnait. Il les voit surgir chaque jour de plus en plus nombreux. Ils menacent. Ils hurlent. Ils insultent.

Le samedi 11 janvier 1648, il a entendu sa mère raconter d'une voie aiguë, tremblante de colère et d'inquiétude, l'affront qu'elle a subi, les dangers qu'elle a courus. Plusieurs centaines de femmes l'ont encerclée, poursuivie jusque dans la nef de Notre-Dame, où elle se rendait pour suivre la messe.

Anne d'Autriche porte les mains à ses oreilles comme si

elle entendait encore ces hurlements qui résonnaient dans la cathédrale.

Elle s'indigne. Ce sont ces parlementaires, qui refusent de se soumettre, qui excitent le peuple, veulent soulever Paris, cette ville qui est un volcan énorme de plus de quatre cent mille habitants, afin que le roi cède devant le tumulte, retire ses projets de nouveaux impôts.

Anne d'Autriche s'est tournée vers Mazarin. Suffit-il donc de deux cent vingt parlementaires, qui suivent l'un des conseillers à la Grand-Chambre, le vieux Broussel, pour que le roi s'incline ?

Louis se souvient de ce que son premier valet de chambre La Porte lui répète :

— L'hommage est dû aux rois. Ils font ce qui leur plaît... Dieu vous a choisi. Il vous a donné cette majestueuse prestance, cet air et ce port presque divins, cette taille et cette beauté dignes de l'empire du monde qui attirent les yeux et le respect de tous ceux à qui Votre Majesté se fait voir.

Louis se tait, murmure pour lui seul :

— Je dois donc toujours me souvenir que je suis le roi.

Mais c'est aussi être toujours menacé.

Quand il s'est rendu le dimanche 12 janvier à Notre-Dame pour y célébrer une action de grâces, y remercier Dieu d'avoir veillé sur lui durant cette maladie, de lui avoir permis de la vaincre, il a entendu dans les rues proches de la cathédrale les cris de la foule que l'escorte de gardes suisses avait repoussée.

Il a les nuits suivantes été réveillé par des décharges de mousquet, aux abords du Palais-Royal. Il s'est levé, est allé se coucher dans le lit de son premier valet, et La Porte l'a rassuré.

Il n'est qu'un enfant qui n'a pas encore dix ans, qui sait déjà que tous les yeux sont braqués sur lui. Que ce n'est que lorsqu'il se retire dans sa chambre et qu'il n'a plus pour témoin que La Porte qu'il peut s'autoriser à exprimer ce qu'il ressent.

Mais dès qu'il est exposé aux regards des autres, il doit demeurer impassible, silencieux, étonné de subjuguer, lui l'enfant. Rester ainsi immobile, sans manifester d'ennui ou d'impatience, durant les six heures que dure ce spectacle d'*Orphée*, le premier opéra présenté en France, à l'initiative de Mazarin.

Cet Italien, ce cardinal, ce Grand Turc, il faut à la fois accepter son autorité, ses conseils, puisque la reine mère le veut, et lui faire sentir qui est le roi, qui détient le pouvoir, qui sera le maître, un jour.

Alors que Mazarin attend dans la chambre de Louis pour le saluer à son coucher, qu'il tempête, ses courtisans découvrent que le roi peut rester autant qu'il le veut sur sa chaise percée, dans sa garde-robe, et qu'il ne sortira pas, que c'est Mazarin, le tout-puissant, qui devra s'éloigner, humilié.

Bonne leçon pour le Grand Turc.

Mais c'est Mazarin qui gouverne, lui qu'Anne d'Autriche écoute, lui qui dit que le Parlement, avec sa Grand-Chambre, ses cinq chambres d'enquêtes, ses deux de requêtes et ses présidents, ses conseillers, Broussel, Potier de Blancmesnil, est puissant, que la population de Paris le suit, qu'il est dans l'île de la Cité comme dans une forteresse, avec ces rues grouillantes, tumultueuses, autour de son palais.

Il faut donc subir l'avocat général du Parlement, Omer Talon, qui prononce un plaidoyer aux accents d'un réquisitoire.

Louis, ce 15 janvier 1648, encore marqué par la maladie, assis sur des coussins bleus à fleurs de lys, doit donc entendre Omer Talon dire :

— Vous êtes, Sire, notre Souverain Seigneur.

Mais Talon ajoute :

— Il importe à votre gloire que nous soyons des hommes libres et non des esclaves. Être roi de France, c'est régner sur des hommes de cœur, des âmes libres, et non sur des forçats...

Louis tourne insensiblement la tête.

Il devine à son expression la colère de sa mère. Près d'elle, en retrait, le cardinal Mazarin, les yeux mi-clos, est impassible. C'est pourtant contre lui que se dresse le Parlement, hostile aux nouveaux impôts que Mazarin a décidé de créer.

Car l'argent manque. Il faut financer la guerre contre l'Espagne. Les paysans pressurés, affamés, se sont révoltés dans plusieurs provinces. En Rouergue, en Guyenne, en Bretagne, ces croquants ont dû être traqués par l'armée comme des bêtes sauvages. Et leurs meneurs condamnés aux galères. Mais l'argent n'est pas rentré pour autant.

Louis a compris depuis longtemps ce que signifiaient les soupirs de son valet La Porte, ses yeux levés au ciel, ses accusations muettes contre Mazarin qui remplirait ses coffres avec l'argent du royaume.

Mais que faire quand on n'est qu'un enfant ? Vieillir ! Patienter ! Laisser ce cardinal rapace vous retirer les cent louis que le ministre des Finances vous a remis. Coucher dans des draps troués, découvrir que le cuir des portières de son carrosse est entièrement emporté, que les jambes sont ainsi exposées à la pluie, à la boue, et, las de toutes ces mesquineries, se plaindre à la reine, au surintendant des Finances, et à Son Éminence qui s'incline, patelin, promet que Sa Majesté va se voir attribuer cinq carrosses neufs...

Louis regarde à nouveau Omer Talon. L'avocat général poursuit sa harangue. Est-ce cela un lit de justice, quand le Parlement devient accusateur au lieu de s'incliner devant la volonté du roi ?

— Il y a, Sire, dit Omer Talon, dix ans que la campagne est ruinée, les paysans réduits à coucher sur la paille, leurs meubles vendus pour le paiement des impositions auxquelles ils ne peuvent satisfaire, et que pour entretenir le luxe de Paris des millions d'âmes innocentes sont obligées de vivre de pain et de son. S'ils possèdent encore leurs âmes en propriété, c'est qu'elles n'ont pu être vendues à l'encan...

Est-il possible de tolérer un tel discours ? D'accepter que les différentes chambres du Parlement se réunissent par un arrêt d'Union, créent une chambre Saint-Louis pour présenter leurs exigences ? Veulent-ils agir comme le Parlement anglais, faire s'agenouiller le roi ?

Louis entend l'indignation de sa mère.

— Quelle est cette espèce de république dans la monarchie ? lance-t-elle.

Il se tient près d'elle, dans ses salons, au milieu de ses suivantes dont les robes le frôlent.

Les femmes de chambre sont plus audacieuses. Elles se penchent, et il sent leurs seins contre son visage. Mme de Beauvais, la première femme de chambre, aux formes généreuses, au visage souriant, attirant bien qu'elle soit borgne, glisse ses mains comme par inadvertance le long du corps de Louis.

Elle s'écarte vite quand Anne d'Autriche s'approche, exulte, annonçant qu'un habitant d'Arras vient d'arriver, qu'il apporte la nouvelle d'une grande victoire du duc d'Enghien, devenu prince de Condé, contre les Espagnols, à Lens.

Il faut profiter de cette victoire. Louis s'avance. Il voudrait avoir à décider, lui aussi.

Il murmure : « Ces Messieurs du Parlement seront fâchés de cette nouvelle. » Sa mère le serre contre elle, puis le renvoie, car Mazarin s'avance, entraîne la reine. Que se trame-t-il ?

C'est le dimanche 26 août 1648.

Louis est au premier rang face à l'autel, dans le chœur de Notre-Dame, cependant que les cloches du *Te Deum* carillonnent pour célébrer la victoire de Lens. Puis tout à coup, au moment où le cortège sort de la nef, ce sont des mousqueteries, des cris.

L'escorte de gardes suisses et de gardes-françaises se rapproche. Il faut rentrer au palais.

Louis entend les officiers annoncer que des barricades commencent à s'élever dans les ruelles, autour du Louvre, dans l'île de la Cité, depuis qu'a été apprise l'arrestation du conseiller Broussel et du président de chambre Blancmesnil.

C'était donc cela qu'avaient décidé Son Éminence et Anne d'Autriche : profiter du *Te Deum*, de la victoire de Condé à Lens, pour s'emparer des deux parlementaires. Mais l'opération a été mal conduite, la population alertée a même tenté de s'opposer à l'arrestation de Broussel.

Louis ne peut plus s'intéresser aux jeux de guerre auxquels il s'adonne habituellement. La guerre est dans les rues de Paris, barrées par des centaines de barricades, six cents, dit-on. Les gardes suisses campent dans les jardins, car le Palais-Royal qui ne comporte pas de fossé peut être attaqué, envahi.

La foule l'entoure. Louis entend les cris, les chants, les lazzis.

« Un vent de fronde s'est levé ce matin et je crois qu'il gronde contre Mazarin. »

Louis observe, silencieux.

Il a l'impression qu'il est à nouveau assailli par une maladie, et qu'il ne peut pour triompher d'elle que croire en lui, se défier de tous ; de son oncle Gaston d'Orléans, de sa cousine la Grande Mademoiselle, de ce Paul de Gondi, coadjuteur de l'archevêque de Paris, qui vient souvent au palais, parle longuement avec Anne d'Autriche, conseille à voix basse, s'éloigne lorsque paraît Mazarin. Viennent aussi le prince de Conti – frère de Condé –, le duc de Longueville, tous ces grands qui s'inclinent cérémonieusement.

Louis veut que pas un des traits de son visage ne bouge. Il devine derrière ces révérences la jubilation, l'avidité de princes qui rêvent de s'emparer du pouvoir, qui espèrent que la révolte de Paris, la rébellion des parlementaires leur permettront d'assouvir leur ambition.

Il se sent seul dans ce palais assiégé par la foule. Il voit s'avancer les magistrats du Parlement, en une longue procession d'hermine et de pourpre. Ils viennent réclamer, acclamés par les émeutiers, la libération du conseiller Broussel et du président Blancmesnil.

Il entend sa mère crier :

« J'étranglerai plutôt Broussel de ces deux mains. »

Puis Mazarin entraîne Anne d'Autriche, cependant que retentissent de nouvelles mousqueteries, que des hurlements plus forts encore encerclent le palais. La foule vient d'apprendre que la reine refuse de libérer le conseiller et le président du Parlement. Elle agresse les magistrats revenus bredouilles.

Mais bientôt ce sont des cris de joie, des acclamations. La reine a cédé. On relâche Broussel et Blancmesnil.

Louis ressent cette concession comme une injustice.

Est-ce que sa mère renonce à le réprimander, à le menacer du fouet, à le châtier quand il se rebelle contre son autorité, qu'il commet une impertinence ? Et cependant il est le roi. Et voici qu'elle s'incline devant des émeutiers qui l'ont insultée, défiée, dont il a vu les visages déformés par la haine, dont il a entendu les cris, les insultes adressées à Mazarin :

*Pour tout dire Mazarin*
*Ta carcasse désentaillée*
*Par la canaille tiraillée*
*Ensanglantera le pavé*
*Ton Priape haut levé*
*Sur une gaule*
*Dans la capitale de Gaule*
*Sera le jouet des Laquais.*

Il n'est qu'un enfant, mais il serre les poings. Il n'acceptera jamais d'être traité ainsi. Un roi ne capitule pas. Un roi impose son autorité. Un roi punit. Il regarde avec une compassion mêlée de mépris son frère cadet Philippe qui, atteint à son tour par la petite vérole, geint et pleurniche. Celui-là ne sera jamais roi.

Anne d'Autriche prend prétexte de son état pour quitter Paris, le 13 septembre.

On fuit donc. On s'installe au château de Rueil.

Louis se morfond alors que les pluies de septembre et d'octobre rayent l'horizon, que les brouillards couvrent la Seine.

Louis va d'une pièce à l'autre. Les meubles sont rares. Dans les cheminées le bois humide fume au lieu de brûler. L'humidité imprègne les draps troués.

Un roi peut avoir froid et vivre des jours sans gloire. Il peut être contraint de quitter sa capitale et de céder au Parlement, aux rebelles, s'il veut y rentrer, ce 31 octobre 1648.

Ce n'est pas cela, se conduire en roi.

# 5.

Louis est indigné, humilié.

Il sent que Paris, cette ville bruyante, reste rebelle. Autour du Palais-Royal, ce sont presque tous les jours des rassemblements de populace. Il ne peut se rendre à Notre-Dame que protégé par une forte escorte. Et la foule gronde ou se détourne. Il aperçoit les délégations des parlementaires qui traversent les salles du palais, arrogantes. Et la reine est contrainte de les écouter. Autour d'elle, les princes du sang, les ducs, la regardent avec commisération. Ils ignorent Mazarin ou lui manifestent leur mépris.

Est-ce cela, être roi ?

Louis se souvient de la lignée royale dont il est le descendant. Il n'a que dédain pour les rois fainéants, ces souverains paresseux et soumis, qui ont subi la domination des maires du Palais, ou ceux qui ont succombé aux cabales des grands, ou ont dû fuir devant la révolte de leurs sujets.

Il a le sentiment de vivre des moments aussi sombres, de devoir affronter des « agitations terribles ».

Dans la nuit du 5 au 6 janvier 1649, il se réveille en sursaut. Le maréchal de Villeroy le secoue. Le premier valet de chambre La Porte l'aide à s'habiller.

On fuit à nouveau. On sort du palais par la petite porte qui donne sur les jardins. Les valets de chambre éclairent la marche avec des torches. Louis a saisi la main de son frère. Il rassure Philippe. Trois carrosses attendent, dans cette nuit glaciale. On s'y pelotonne. Anne d'Autriche donne le signal du départ et l'on chevauche, traversant Paris endormi, obscur, désert.

Au-delà des portes de la ville, dans la lumière blafarde, Louis devine, aux reflets du métal, des casques, des armures et des armes de soldats. Ce sont ceux de Condé, dont les cavaliers vont accompagner les trois carrosses jusqu'au château de Saint-Germain.

Les bâtiments du vieux château sont vides. Louis, pour la première fois de la nuit, grelotte. Les torches éclairent des murs craquelés, les bottes de paille qu'on vient de jeter sur les parquets pour les proches qui ont accompagné la reine et Mazarin.

Les lits de camp sont réservés à Anne d'Autriche, à ses fils et à Son Éminence.

Louis ne réussit pas à s'endormir. Le vent s'engouffre par les fenêtres aux vitres brisées, l'humidité glacée stagne dans ces chambres non chauffées.

Au matin, point de vêtements propres, et seulement quelques domestiques. Et ce froid qui saisit.

On se rend à la messe, puis on écoute les récits de ceux qui, chaque jour plus nombreux, ont à leur tour quitté Paris où règnent les parlementaires rebelles et la foule des émeutiers.

Ils racontent que les voitures contenant les bagages du roi ont été arrêtées, pillées, que les portes de Paris sont gardées. Et que les troupes de Condé, composées de mercenaires allemands, ont commencé d'encercler la ville, dévastant les champs et les villages.

Il faudra bien que Paris cède.

Mais on n'a pas assez de troupes et plus d'argent. Louis apprend que sa mère est contrainte de mettre en gage les bijoux de la couronne, de vendre ses boucles d'oreilles en diamant.

Est-ce possible ?

Il veut qu'on mate ces rebelles qui attentent au pouvoir du roi et ternissent sa gloire.

Alors, si les lansquenets et les reîtres de Condé massacrent et pillent, s'ils jettent dans la Seine glacée leurs prisonniers, s'ils affament Paris dont les rues sont envahies par les eaux et où l'on meurt de faim, peu importe ! C'est châtiment nécessaire. Et cela n'empêche pas la compassion pour ces mendiants qui s'agglutinent dans les rues de Saint-Germain, autour de l'église et du château, quémandant de quoi survivre.

Un roi doit punir ses sujets rebelles et tenter de soulager leurs misères.

Paris est affamé, dit-on. Les mercenaires de Condé sont impitoyables, brûlant les récoltes, pillant, violant. Mais n'est-ce pas le sort qui doit être réservé à des rebelles, et même à ces parlementaires qui continuent de s'opposer à l'autorité royale ?

Louis voit sa mère pleurer de rage, humiliée et impuissante.

On lui rapporte qu'à Paris, des écrivains à gages l'insultent, prétendent qu'elle est la maîtresse de Mazarin.

*Peuples n'en doutez pas il est vrai qu'il la fout.*
*Et que c'est par ce trou que Jules nous canarde.*
*Elle consent, l'infâme au vice d'Italie.*

Voilà ce qu'on peut lire, ce qu'on entend, et les pamphlets, les libelles, les mazarinades dénoncent cette Éminence, « un tyran, fourbe, fripier, comédien, bateleur et larron italien ».

On saccage sa demeure, on vole ses livres précieux, et l'on écrit :

*Va rendre compte au Vatican*
*De tes meubles mis à l'encan*
*Du vol de nos tapisseries*
*De celui de nos pierreries*
*De tes deux cents robes de chambre*
*De tes excès de musc et d'ambre*
*De tes habits vieux et nouveaux*
*Du beau Palais de tes chevaux*
*D'être cause que tout se perde*
*De tes caleçons pleins de merde !*

Louis s'étonne et s'indigne que Mazarin l'insulté prêche à la reine mère la modération, puis annonce qu'il a entrepris de négocier avec ses ennemis. Elle proteste, elle pleure de colère. Louis se serre contre elle, comme pour lui faire comprendre qu'elle doit refuser de céder aux exigences des parlementaires.

Mazarin s'approche, et pose sa main sur l'épaule de Louis.

Il parle d'une voix sourde. Il a appris que, il y a dix jours, le 9 février, Charles Ier, roi d'Angleterre, a été décapité sur décision du Parlement de Cromwell.

Louis sent sa mère trembler. Les suivantes autour d'elle poussent des cris d'effroi. Il faut prévenir Henriette de France, l'épouse de Charles Ier et la sœur de Louis XIII qui s'est réfugiée en France, avec sa fille Henriette d'Angleterre, et ses deux fils, le prince de Galles et le duc d'York.

— Je pars pour Rueil, rencontrer les parlementaires, murmure Mazarin. Et signer la paix avec eux.

Louis partage la colère et l'humiliation de sa mère. Il faut accepter les conditions des parlementaires, ces rebelles, et combler les Grands d'avantages, leur accorder des titres, de l'argent, des postes de gouverneurs dans les provinces, et montrer sa gratitude envers Condé. Ce sont ses mercenaires allemands qui ont sauvé la monarchie, contraint les parlementaires à accepter de négocier, et la population de Paris assiégée, tenaillée par la faim, à souhaiter que la paix soit rétablie.

On peut enfin, dans la chaleur de ce 19 août 1649, rentrer à Paris. Et Louis regarde en essayant de rester impassible, de ne pas laisser deviner le mépris et en même temps le plaisir qu'il éprouve à voir ce peuple rassemblé tout au long de la route.

On crie « Vive le roi ! », on acclame aussi la reine, et Mazarin, qu'on vouait au gibet, qu'on couvrait d'insultes ordurières, a sa part du triomphe.

On avance au pas tant la foule est dense, entourant les carrosses, manifestant son enthousiasme.

C'est donc cela le peuple ! Menaçant puis adulant, et toujours versatile et dangereux.

On se rend à Notre-Dame pour célébrer un *Te Deum*. Et Louis voit ces visages de femmes, des harengères du marché neuf qui entourent son carrosse, en forcent les portes, tendant leurs mains pour toucher le roi. Elles crient qu'il est beau. Elles hurlent « Vive Louis ! » et arrachent des morceaux de son habit de soie.

Louis subit, s'efforçant de garder l'immobilité d'une statue.

Un roi ne doit rien révéler de ce qu'il ressent : mépris, répulsion, dégoût, peur aussi.

Et certitude qu'il est différent de ces gens qui crient, qui l'acclament après s'être rebellés contre le pouvoir royal.

Un roi ne peut se confier à personne et ne peut faire confiance à quiconque.

Celui qui règne est seul.

Il s'en persuade quand, le 5 septembre 1649, il descend de son carrosse devant l'église Saint-Eustache, où il va accomplir sa première communion. Il semble ne pas voir cette foule qui l'acclame. Il est entouré par les gardes suisses qui battent tambour et l'ont précédé tout au long du trajet.

Il entre dans l'église, indifférent aux acclamations de la foule et aux salutations compassées des parlementaires.

C'est seulement avec Dieu qu'un roi peut communier.

# 6.

Louis s'agenouille et prie.

Il a besoin de s'adresser matin et soir à Dieu et à Marie, et d'assister chaque jour à la messe.

Il murmure à son confesseur, le père Paulin, les quelques fautes que la reine ou le gouverneur chargé de son éducation, le maréchal de Villeroy, lui ont reprochées, pour lesquelles il a été châtié.

Il s'est battu dans sa chambre avec son frère Philippe. Ils ont échangé des crachats. Ils ont pissé sur leurs lits, puis ils se sont empoignés, et le maréchal a eu de la peine à les séparer.

Le père Paulin lui demande de réciter après lui quelques prières, puis l'absout.

Louis baisse la tête.

Un roi, fût-il le plus grand, doit reconnaître la majesté de Dieu, le Seigneur suprême, et écouter la voix de ceux qui parlent en son nom.

Louis a confiance dans le père Paulin, un jésuite au visage osseux, aux longues mains maigres mais à la voix chaleureuse et grave.

Louis sait que le père Paulin est un fidèle du cardinal Mazarin, et ne s'en cache pas, lui chuchotant même qu'il va dire à Son Éminence combien le roi est un vrai Dieudonné, respectueux de Dieu et de la reine, l'âme la plus sincère qui soit dans l'État.

Puis le père Paulin accompagne Louis hors de la chapelle, s'incline, et Louis rejoint ses maîtres d'études et d'armes, de ballet et de musique.

Il brise des lances, danse, traduit les *Commentaires* de César, déjeune et dîne, soupe de bon appétit, entouré d'une bande de jeunes joueurs de violon qui le divertissent.

Parfois, il chasse aux alentours de Paris, ou bien il joue à attaquer le fort qu'il a fait construire dans les jardins du Palais-Royal.

Il s'applique à chaque chose.

Un roi ne peut agir légèrement. Il doit exiger, même de ses compagnons de jeu, respect et obéissance. Et il faut que tous plient, et d'abord ce frère cadet, Monsieur, qui parfois se rebiffe et qu'il faut punir, pour lui rappeler qu'il n'est que le premier des sujets du roi.

Un roi n'admet qu'un seul maître, Dieu.

Lorsque Louis sort de l'église après avoir assisté à la messe, ou s'être confessé au père Paulin, il se sent plus fort encore, plein d'impatience.

Il voudrait pouvoir affronter dès maintenant, alors qu'il n'a que douze ans, son oncle le duc d'Orléans, ces Grands tels le prince de Condé et son frère le prince de Conti, ou le duc de Longueville qui a épousé la sœur de Condé et de Conti. Louis a appris, en écoutant sa mère et Mazarin, qu'ils complotent.

Le capitaine des gardes, Guitaut, a même, sur l'ordre d'Anne d'Autriche, multiplié les rondes.

Louis a dû quitter les jardins, suivre le capitaine chargé de veiller sur lui. La reine craint qu'on ne songe – qui ? Gaston d'Orléans, Condé, Conti, Longueville ? – à enlever le roi, comme on prépare peut-être l'assassinat de Mazarin et, qui sait, celui de la reine elle-même.

Louis, ce 19 janvier 1650, voit sa mère s'approcher de lui, lui saisir la main, l'entraîner d'un pas rapide, suivie par quelques gardes suisses, jusqu'à son oratoire, au bout de ses appartements.

Louis s'étonne des précautions qu'elle prend, faisant placer les gardes devant la porte, veillant elle-même à ce qu'on la ferme. Puis elle fait agenouiller Louis près d'elle. Elle lui tient la main. Ils sont face à l'autel dans la pénombre.

Elle a pris une grave décision, dit-elle, dont elle veut avertir son fils, le roi.

Louis la regarde. Jamais il ne l'a trouvée si belle. Ses yeux ont des reflets verts. Sa peau est d'une blancheur de satin. Ses mains sont longues et fines. Il l'aime. Il la respecte.

Elle lui murmure qu'elle vient d'ordonner l'arrestation du prince de Condé, du prince de Conti et du duc de Longueville. Elle a aussi demandé qu'on se saisisse de leurs femmes. Il faut briser, dit-elle, ces Grands qui le menacent, lui, le roi qu'ils veulent déposséder de son pouvoir, avant que dans un an et demi il ne soit majeur.

Louis l'admire. Il prie.

Ils sortent de l'oratoire. Le capitaine des gardes attend, rend compte de l'arrestation des deux princes et du duc, que l'on va enfermer au château de Vincennes, puis loin de Paris, sans doute au Havre.

— Voilà un beau coup de filet, murmure Mazarin. On a pris un lion, un singe et un renard. Mais ce sera la guerre dans toutes les provinces.

Il faut la faire.

Louis ne montre pas la joie qu'il éprouve à quitter Paris,

où l'on festoie pourtant après avoir appris l'arrestation des princes, et où l'on crie « Vive la reine ! Vive le roi ! ».

Mais les partisans des princes ont pris les armes et un roi doit faire la guerre pour sa gloire, sa puissance, et pour contraindre à l'obéissance ceux qui se rebellent.

Louis aime chevaucher avec cette petite armée qui escorte les voitures où se trouvent la reine, quelques courtisans, que rejoint parfois Mazarin.

Il découvre cette campagne française, son royaume, ces paysans qui s'inclinent devant lui, son peuple. Il voit leurs haillons, leurs masures, leur misère.

Là c'est la Normandie, où tente de résister la duchesse de Longueville. On entre dans Rouen, sous la pluie fine d'un jour de février 1650. Les maisons sont de pierre grise et ressemblent à des palais qui seraient aussi des forteresses. La foule est là qui l'accueille.

C'est son royaume et l'une de ses grandes villes.

Puis c'est la Champagne, la Bourgogne.

Il regarde. Il est le roi de ces forêts, de ces villages et de ces villes, de ces abbayes.

Il commande à ces soldats qui assiègent la ville de Bellegarde (Seurre). C'est déjà le mois d'avril, mais des pluies d'averse s'abattent sur le camp de l'armée royale. On tire au canon depuis la ville sur le cortège du roi.

Louis ne tressaille pas.

Courtisans, officiers, soldats l'observent. Il est un roi de guerre. Les soldats crient « Vive le roi ! » et, depuis les murs de Bellegarde, on répond par le même cri. Le commandant de la place s'excuse d'avoir fait tirer au canon. Il ignorait que le roi fût présent. Il va lui remettre son épée, et avec ses soldats se rallier au roi.

Louis n'a jamais connu d'émotion et de joie aussi fortes.

C'est bien la guerre qui couronne de gloire un roi. Il l'avait pressenti, jouant dans les jardins du Palais-Royal, passant ses gardes suisses en revue. Maintenant il l'éprouve, chevauchant au milieu de ses soldats, découvrant aussi les blessés et les infirmes qui, souffreteux et malheureux, suivent l'armée.

Il est ému mais il ne doit rien montrer de ses sentiments.

En Guyenne, alors qu'on avance vers Bordeaux, toujours tenu par les rebelles, il côtoie la misère des campagnes, voit ces paysans en guenilles, hâves, n'ayant même plus la force de tendre les mains, tant la faim les épuise.

Il entre le soir, à l'étape, dans des pièces au sol de terre battue, aux murs fissurés. Il couche sur un lit de camp, et parfois sur une botte de paille. Point de luxe, ici, mais l'austérité, la frugalité et la rudesse de la vie telle que la subissent les populations si diverses, mais partout miséreuses, qui peuplent les provinces du royaume.

Et certains se rebellent à nouveau, ou résistent à l'armée royale. Bordeaux s'enferme. Le duc de Bouillon, qui commande la ville, fait pendre un capitaine de l'armée royale, en représailles, aux murs de la ville.

Elle ne capitule pas. Il faut camper sous ses murs, dans la chaleur moite d'août.

Louis contemple cette ville qui le défie. Il ne peut s'empêcher de laisser voir sa colère. Il pleure.

— Je ne serai pas toujours un enfant, dit-il, ces coquins de Bordeaux ne me feront pas longtemps la loi, je les châtierai comme ils le méritent.

Mais il se reproche d'avoir montré son émotion, sa rage, son impuissance aussi. Alors qu'il faut vaincre, car les troupes espagnoles sont entrées dans le royaume et approchent de Reims. Et aussi parce que la misère ronge le royaume comme une peste, semant partout ses ravages.

Les paysans meurent de faim. Les enfants sont squelettiques. Les épidémies se répandent en même temps que la famine. Des révoltes de désespoir jaillissent ici et là, soulevant les croquants et les va-nu-pieds.

Il faut négocier pour en finir au plus vite avec cette Fronde des princes, avant que le pays ne soit exsangue. Mazarin s'y emploie comme il l'a fait avec la Fronde des parlementaires. Bordeaux ouvre ses portes.

Louis regarde la foule qui s'est rassemblée pour le voir débarquer sur l'un des quais qui bordent la Garonne. Elle ne manifeste aucun enthousiasme. Elle est grise comme le ciel de ce 1er octobre 1650.

Point de festivités, ou si mesquines qu'elles sont comme une rebuffade.

Louis a hâte de quitter cette ville, d'en finir avec ces chevauchées d'automne, dans le brouillard ou sous la pluie. Et la misère avec l'humidité et le froid s'en trouve comme aggravée.

On regagne enfin Paris.

Mais les rues de la capitale, pleines de réfugiés chassés des provinces de l'Est par l'avance des troupes espagnoles, sont aussi misérables que les campagnes et leurs affamés.

Et les pièces du Palais-Royal sont glacées. La reine est malade.

Louis s'agenouille et prie, pour elle, pour le royaume, pour lui.

# 7.

Louis ne veut plus être un enfant.

Il regarde s'approcher, dans la pénombre d'un des salons des appartements de sa mère, Mme de Beauvais, cette dame d'honneur d'Anne d'Autriche, au regard insistant, aux mains qui si souvent l'ont frôlé, aux gestes et aux soupirs équivoques.

Elle avance, l'obscurité voile ses traits, les rides de sa quarantaine. Il oublie qu'elle est borgne, qu'on l'appelle parfois la « Vieille Circé », la magicienne qui transforme les hommes en pourceaux, mais il triomphera d'elle comme Ulysse.

Il ne bouge pas.

Elle est là contre lui, la borgnesse, la boiteuse au déhanchement lascif.

Il est enivré par ses parfums, le froissement des tissus de son ample robe.

Elle le saisit par la taille, elle le presse contre elle. Il enfouit son visage dans cette poitrine palpitante. Elle chuchote qu'elle est son esclave. Celle qui va lui faire découvrir ce que c'est que d'être un homme. Et il sera le plus grand de tous. Les femmes s'agenouilleront devant lui. Elles l'aimeront toutes. Qu'il la laisse le conduire.

Elle glisse ses mains sous son pourpoint de soie.

Il ne sera plus un enfant.

Il a l'impression, quand il regagne l'aile du Palais-Royal

où se trouve sa chambre, que son corps s'est dégagé des liens qui l'entravaient. Il bouscule avec dédain son frère Philippe, et celui-ci, au lieu de se jeter sur lui, comme si souvent il l'a fait, s'écarte, maugrée mais se soumet.

Quelque chose a changé. Et dans quelques mois, en septembre, quand devant le Parlement on célébrera sa majorité, il sera le maître, enfin le roi. Mais il faut que s'écoulent ces premiers mois de l'année 1651, durant lesquels il est encore soumis, s'arrachant jour après jour à cette treizième année qui tente de l'emprisonner.

Quand il aura treize ans, il régnera.

Déjà on le regarde différemment. Tous ceux qui veulent rabaisser le pouvoir royal conspirent, qu'ils soient princes ou parlementaires. Ils unissent leurs forces, leurs frondes. Ils réclament la libération des princes, Condé, Conti, Longueville, toujours emprisonnés. Ils veulent agir vite, avant que le roi ne soit majeur. Et le plus tortueux, le plus ambitieux d'entre eux est Gaston d'Orléans, cet oncle jaloux, qui tour à tour se présente comme le plus fidèle soutien, et quelques heures plus tard change de camp, prend le parti des princes.

Louis est debout, près du lit de sa mère. Elle est plus pâle encore qu'à l'habitude, plus belle aussi. Elle est couchée, ne réussissant pas à s'arracher à cette maladie qui affine et creuse ses traits. Elle doit recevoir le président du Parlement, Molé, qui avec Gaston d'Orléans exige – il ose ce mot – qu'on relâche les princes emprisonnés, parce que, dit-il, les retenir est un déni de justice. Et il souhaite que la reine convoque les états généraux du royaume.

Il évoque la misère des campagnes, les épidémies, les milliers de paysans qui ne se nourrissent plus que d'herbes, et meurent de faim. Louis serre les poings sans que son visage révèle sa colère.

Quand le président Molé est sorti, il murmure à sa mère :

— Madame, si je n'eusse point craint de vous fâcher, j'eusse par trois fois fait taire et sortir le premier président.

Elle lève la main en un geste las. Elle lui sourit. Elle dispose de si peu de troupes, dit-elle. Elle ajoute que tous les ennemis du roi veulent le départ de Son Éminence.

Louis a entendu les cris de la foule :

— Dehors, Mazarin, à mort le larron italien ! Point de Mazarin dans le lit de la reine !

Et Gaston d'Orléans a plusieurs fois demandé le départ du cardinal. Louis s'indigne. Tous ses ennemis et ceux de sa mère haïssent Mazarin. Il faut donc défendre le cardinal, dont Louis admire l'allure, la maîtrise de soi, l'œil et l'esprit vifs, et la douceur du visage.

C'est Mazarin qui lui a lu, de sa voix chantante, la dépêche que l'ambassadeur de Venise a adressée au doge de la République.

Mazarin s'est incliné en souriant. Il a les moyens de connaître tout ce que les ambassadeurs écrivent, confie-t-il. Et celui de Venise est l'observateur le plus aigu et le mieux informé de Paris.

— Voilà ce qu'il dit de Votre Majesté.

Mazarin lit :

« Sa Majesté Louis XIV possède une de ces natures vives et pleines d'agrément qui annoncent les grandes vertus. Il est robuste, ses yeux ont du feu. Il se sait roi et veut qu'on le traite en roi. Lorsque les ambassadeurs s'entretiennent avec la reine ou le duc d'Orléans, il n'écoute point. Mais quand ils s'adressent à lui, il est très attentif et se fait ensuite répéter leurs discours. Il promet de devenir un grand roi. »

Mazarin ajoute :

— L'ambassadeur précise, « s'il vit et qu'on l'éduque bien ».

Louis se détourne. Il sera majeur dans quelques mois. On ne lui fera plus la leçon.

Il sort de ses appartements, croise Gaston d'Orléans qui revient sans doute de l'une de ses visites à la reine, pour lui répéter qu'il faut libérer Condé, Conti et Longueville, et renvoyer le cardinal italien.

Louis le toise.

— Mon bon oncle, lui lance-t-il, il faut que vous me fassiez une déclaration si vous voulez être dans mon parti ou dans celui de M. le prince de Condé.

Qu'il est plaisant de voir Gaston d'Orléans, le puissant, se troubler, se récrier, assurer qu'il est le plus dévoué des alliés de Sa Majesté.

— Mon bon oncle, poursuit Louis, puisque vous voulez demeurer dans mon parti, donnez lieu que je n'en puisse douter.

Il s'éloigne. Il est satisfait.

Le soir même, son premier valet de chambre, La Porte, l'assure qu'on murmure parmi les proches de Gaston d'Orléans que « les actions et le raisonnement du roi sont d'un homme de vingt-cinq ans ! ».

Il n'aura treize ans, âge de sa majorité, que dans six mois.

Il ne peut encore que subir, s'inquiéter, dissimuler sa colère, et paraître fort, en restant impassible.

Mais il lui faut se taire quand l'une après l'autre les délégations de parlementaires viennent réclamer la libération des princes emprisonnés, exiger le renvoi de Mazarin.

Et tout autour du Palais-Royal, les cris redoublent : « À mort le larron italien ! »

Les rues ne sont pas sûres. Louis enrage de ne pouvoir quitter les jardins du Palais-Royal, même sous escorte. Il mesure que Gaston d'Orléans semble être devenu l'homme le plus puissant du royaume, s'appuyant sur les parlementaires, obtenant de la reine la libération de Condé, de Conti et du duc de Longueville, et surtout le départ de Mazarin.

Louis, rageur, conduit sa guerre enfantine dans les jardins en compagnie de ses habituels partenaires de jeux, Brienne, Paul Mancini, le neveu de Mazarin. Il organise l'assaut furieux contre le château fort miniature. Il fait tirer le canon, exploser de la poudre. Puis il rentre au Palais, et écoute sa mère qui se confie à l'une de ses amies, Mme de Motteville.

— Je défends le cardinal, c'est un ministre qu'on m'ôte de force, dit-elle. Il a de très bonnes intentions pour le service du roi et le mien. Il a glorieusement conduit les affaires qu'on lui a laissé faire. Mais il a été trahi par ceux qu'il a obligés.

Elle répète qu'elle doit le défendre, puis tout à coup, d'une voix plus faible, elle ajoute :

— Je voudrais qu'il fût toujours nuit car, quoique je ne puisse dormir, le silence et la solitude me plaisent, parce que dans le jour je ne vois que des gens qui me trahissent.

Louis ne peut supporter la souffrance de sa mère, les humiliations et les trahisons qu'elle doit accepter, parce que le duc Gaston d'Orléans, les princes de Condé et de Conti, le duc de Longueville sont désormais les plus forts. Mazarin est en exil en Allemagne.

Et il faut subir.

Voici le prince de Condé, libéré, hautain, qui se présente en compagnie de Gaston d'Orléans dans la chambre de la reine.

Il faut feindre. Louis s'approche de Condé. N'est-il pas son cousin ? Il l'embrasse, lui parle de ses victoires, qui font de lui le Grand Condé. Et le prince se rengorge.

Quand on ne peut écraser, il faut ruser et duper.

Louis apprend à chaque instant dans ce Palais-Royal dont il est en fait prisonnier.

Une nuit, La Porte le réveille, lui murmure que le capitaine des Souches, qui commande les gardes suisses du duc d'Orléans, va entrer dans la chambre pour s'assurer de la présence du roi au Palais. Il faut faire mine de dormir, conseille-t-il.

Louis ferme les yeux. Il entend les bruits de pas, les chuchotements. Puis on s'éloigne et d'autres pas se rapprochent. C'est la foule qui entoure le Palais-Royal, qui veut elle aussi constater que le roi n'a pas fui Paris.

Louis ne bouge pas. Il garde les yeux clos. Il s'efforce de respirer régulièrement, de maîtriser ce haut-le-cœur qui naît de l'humiliation, de la colère et même de la rage, et aussi de ces odeurs âcres de sueur et de crasse qui ont envahi la chambre.

Il sent sur lui l'haleine de ces gens du peuple qui se penchent pour le dévisager.

Il les imagine, leurs traits émaciés, leur peau noircie.

Il en fait le serment alors que son corps paraît reposer, calme et endormi, jamais, jamais plus, durant toute sa vie à venir, il n'acceptera cela.

Tout, plutôt que l'humiliation et l'abaissement du roi.

Enfin, ces gueux, ces manants, ce peuple et ceux qui se servent de lui ont quitté la chambre, le Palais-Royal. Mais Louis sait qu'il n'oubliera jamais cette nuit, son intimité forcée, l'impuissance à laquelle il a été réduit.

Et les Grands, le duc d'Orléans, les princes, Condé et Conti, et aussi ce prince de Gondi, bientôt cardinal de Retz, sont coupables, plus dangereux encore que le peuple – qu'une compagnie de gardes suisses, un parti de cavaliers peuvent soumettre. Mais les Grands, Condé surtout, ont leurs armées, leurs clientèles. C'est l'orgueil et la puissance de ces Grands, que Mazarin, après son maître Richelieu, a voulu briser. Il devra continuer leur tâche.

Il ne peut s'empêcher d'être submergé par l'émotion quand il prend connaissance de la lettre que Mazarin, depuis son exil, a adressée à la reine.

« Le service du roi et le vôtre demandaient que ma retraite fût suivie de ma sortie hors du royaume, écrit Mazarin à Anne d'Autriche. J'ai souscrit avec grand respect à ces sentiments, à l'avis de Votre Majesté dont les commandements et les lois seront toujours l'unique règle de ma vie...

« J'aimerais mieux contenter la passion de mes ennemis que de rien faire qui puisse préjudicier à l'État et déplaire à Votre Majesté... Je suis inébranlable dans mes sentiments... Je prie Dieu, Madame, que comme ce qui m'est arrivé n'altérera jamais les passions immuables que je conserverai jusqu'à la mort pour la prospérité de Vos Majestés, pour l'agrandissement de l'État, et que je puisse aussi en faire bientôt cesser le désordre... »

Louis réprime un sanglot.

Il voit sa mère s'approcher de lui, caresser sa joue.

— Eh bien, mon fils, si nous ne pouvons pas rappeler sitôt M. le cardinal, qui nous a si bien servis, murmure-t-elle, ne le rappellerez-vous pas quand vous serez majeur ?

Ce mois de septembre de sa majorité lui semble si loin encore. Et chaque jour, il subit les humiliations des Grands, du prince de Condé d'abord, et derrière lui, avançant souvent masqué, de Gaston d'Orléans.

Louis, ce 31 juillet, est dans son carrosse, qui roule au bord de la Seine, sur les pavés du Cours-la-Reine. Il entend une chevauchée. Il voit s'avancer à sa rencontre un carrosse dont les valets ont la livrée du prince de Condé. Celui-ci devrait, selon l'étiquette, s'arrêter, saluer son roi, mais il passe, marquant ainsi son dédain. Et Louis a l'impression que Condé vient de le souffleter publiquement.

Rentré au Palais-Royal, il voudrait, comme il en a l'habitude, et pour oublier aussi l'humiliation subie, faire une promenade à cheval en compagnie de sa cousine, Mademoiselle, la fille de Gaston d'Orléans, et de l'une de ses suivantes Mme de Frontenac, dont la beauté et le piquant juvénile l'attirent.

Mais le maréchal de Villeroy, en s'inclinant, lui annonce que Sa Majesté la reine a interdit ces promenades.

Louis s'emporte. Il est prêt, dit-il, à offrir cent pistoles pour les pauvres, toutes les fois qu'il ira se promener.

La reine refuse encore, sans doute craint-elle qu'il ne succombe au charme de Mme de Frontenac.

Louis entre dans la chambre de sa mère. Il la défie du regard comme il ne l'a jamais fait.

— Quand je serai le maître, martèle-t-il, j'irai où je voudrai et je le serai bientôt.

Elle le regarde effarée, puis commence à pleurer.

Il voudrait rester insensible, mais tout à coup des sanglots l'étouffent. Il s'incline devant sa mère, lui saisit la main, lui demande de le pardonner.

Il ne peut se dresser contre elle, alors que tant d'ennemis l'assaillent, qu'elle est contrainte d'accepter que le Parlement gracie tous ceux qui se sont dressés contre elle et proclame le bannissement à perpétuité de Mazarin.

Et le peuple de Paris approuve. On annonce dans les rues que :

« Pour avoir par ses enchantements et par ses sortilèges suborné l'esprit de la reine ;

« Pour avoir violé les coutumes de France et transgressé toutes les lois divines et humaines ;

« Pour avoir été reconnu l'auteur des guerres civiles qui ont été depuis deux ans en France ;

« Pour avoir fait imposition sur les sujets du roi et extorqué tyranniquement d'eux des sommes immenses ;

« Mazarin a été condamné d'être pendu et étranglé par la main du bourreau et pour n'avoir encore pu être saisi et appréhendé au corps son portrait a été attaché à la potence... »

Louis, quelques jours plus tard, voit ce même peuple qui rêve d'écharper Mazarin se presser du Palais-Royal à l'île de la Cité, pour contempler le cortège royal qui se dirige vers le Parlement.

Louis entend ces manants, semblables à ceux qui sont entrés soupçonneux dans sa chambre, crier comme ils ne l'ont jamais fait avec autant d'enthousiasme « Vive le roi ! ». Certains sont grimpés dans les arbres, d'autres s'agglutinent aux fenêtres.

Louis regarde droit devant lui, tenant tendue la bride de son cheval recouvert d'un tissu brodé de lys. Il suit le grand écuyer de France, le comte d'Harcourt, qui porte l'épée royale.

Le soleil de ce 7 septembre 1651 fait briller les armes et les parements des chevau-légers, des écuyers, des gardes suisses, et les livrées des valets. Ce sont plusieurs centaines d'hommes qui avancent ainsi à pas lents, acclamés, vers le Parlement, escortant les princes, les ducs, les gouverneurs de province.

Louis entend ces acclamations, voit cet or, ce bleu, ce noir des velours, ces parures. Il est le roi de France, majeur enfin.

Il entre dans le Parlement.

Le prince de Conti s'approche, pour lui remettre une lettre de son frère le prince de Condé, qui n'assiste pas à la cérémonie.

Ne pas la saisir, mépriser cette absence insolente, lourde d'hostilités à venir, indiquer d'un mouvement du menton qu'on remette la missive au maréchal de Villeroy.

Louis s'avance. Son habit de soie est couvert de broderies.

Il se souvient des précédents lits de justice. Maintenant il peut parler fort, en roi majeur et non comme un enfant qui répète sa leçon.

— Messieurs, dit-il, je suis venu en mon Parlement pour vous dire que suivant la loi de mon État, je veux désormais en prendre moi-même le gouvernement et l'administration. J'espère de la bonté de Dieu que ce sera avec piété et justice. M. le chancelier vous fera plus particulièrement entendre mes intentions.

Il écoute à peine le chancelier Séguier.

Qu'il parle ! Dès demain je composerai le gouvernement à ma guise et je lui retirerai la garde des sceaux.

La reine s'avance vers Louis. Il est ému de l'entendre, mais il doit paraître insensible, et cependant chaque mot qu'elle prononce le touche :

— Voici la neuvième année que, par la volonté du roi défunt, mon très honoré Seigneur, j'ai pris le soin de votre éducation et du gouvernement de votre État. Dieu par sa bonté a donné bénédiction à mon travail et a conservé votre personne, qui m'est si chère et si précieuse, et à tous vos sujets. À présent que la loi du royaume vous appelle au gouvernement de cette monarchie, je vous remets avec grande satisfaction la puissance qui m'avait été donnée pour le gouvernement. J'espère que Dieu vous fera la grâce de vous assister de son esprit de force et prudence, pour rendre votre règne heureux.

Louis se lève. Il craint de ne pouvoir parler tant sa gorge est serrée.

Il dit d'une voix un peu sourde :

— Madame, je vous remercie des soins que vous avez pris de mon éducation et de l'administration de mon royaume. Je vous prie de continuer à me donner de bons avis. Je désire qu'après moi vous soyez le chef dans mon conseil.

Mais il est désormais le roi, maître de tous les pouvoirs, même s'il veut que sa mère continue de présider en fait le gouvernement.

— Je n'ai rien à craindre de son ambition, murmure-t-il.

Il sait qu'il a besoin d'elle, pour faire face à la Fronde – une vraie guerre – que mène le prince de Condé. Les provinces s'insurgent à nouveau. Bordeaux s'enferme dans la rébellion.

Il faut briser cette révolte des princes, car derrière Condé il y a Gaston d'Orléans, ambigu et hypocrite, Conti, le duc de Longueville et le cardinal de Retz, prince de Gondi.

Louis doit montrer qu'il exerce ses pouvoirs de roi contre tous ceux qui le défient, qui ont en sa présence une attitude inconvenante.

Lors d'un bal, son frère Philippe trébuche, gifle la fille de Mme de Beauvais, la « borgnesse », l'initiatrice, qui a osé éclater de rire.

— Qu'on le fouette ! lance Louis.

Peu importe l'étonnement, l'indignation même que provoque cet ordre qu'il répète :

— Qu'on le fouette !

Et il voudrait bien infliger ce châtiment à Condé.

Il fait mettre à prix la tête de ces rebelles et de ceux qui le suivent. Et parmi eux il y a maintenant ouvertement Gaston d'Orléans et de nombreux seigneurs qui lèvent des troupes, s'allient à l'oncle du roi. N'est-il pas lui aussi de sang royal ? Ce n'est plus une Fronde mais une guerre civile.

Louis écoute sa mère.

— À cette heure que nous avons la guerre civile, dit-elle, il n'y a plus rien de pire à craindre. Je le veux faire revenir.

Louis baisse la tête. Il sait que si le cardinal Mazarin revient, c'est lui qui gouvernera.

Mais être roi, c'est accepter ce qui est nécessaire pour sauver le royaume, c'est-à-dire le pouvoir du roi.

Et Louis sait qu'il a besoin de Mazarin.

# 8.

Louis est ému.

Il ne se doutait pas qu'il éprouverait un sentiment aussi fort en voyant s'avancer vers lui le cardinal Mazarin.

Il a la tentation de s'élancer vers cet homme grand, au visage qui exprime à la fois la douceur et la vivacité. Il retrouve ses émotions et aussi sa soumission d'enfant, quand Mazarin était le maître de son éducation, qu'il régnait aux côtés de la reine. Il était le Grand Turc contre lequel Louis pouvait se dresser, s'emporter, mais à la fin il fallait obéir et éprouver du plaisir à accepter cette tutelle, respectueuse et ferme, et suivre ses conseils, satisfaire ainsi sa mère.

À quelques pas derrière Mazarin, dans cette salle glacée du château de Gien, alors que le brouillard noie les pays de Loire et que cette journée du mois de janvier 1652 hésite entre la pénombre et la nuit, se tient un homme au visage sévère. Il a les yeux enfoncés sous des sourcils épais, le teint pâle.

Louis reconnaît Colbert, cet homme qui a plusieurs fois déjà apporté des missives de Mazarin, la dernière annonçant enfin l'arrivée de Son Éminence, à Poitiers, puis ici à Gien. Louis l'a regardé d'abord avec mépris et méfiance, puis il a eu confiance dans cet homme, déférent mais sans obséquiosité, soumis mais restant digne.

Mazarin d'un geste renvoie Colbert, et Louis fait un pas vers le cardinal. Sa présence le rassure.

Mais il est le roi, le chef de guerre, et plus seulement un adolescent dans sa quatorzième année.

Louis voudrait raconter la charge qu'il a conduite, contre les troupes de Condé, comment aussi il a renvoyé les parlementaires venus lui rappeler que Mazarin est banni à perpétuité du royaume de France.

Ils lui ont rapporté comment les hommes d'affaires du cardinal, Colbert, précisément, et un autre rapace, Fouquet, mettent le royaume à l'encan, remplissent d'or les coffres de Son Éminence, leur maître, vendent des certificats d'anoblissement, prêtent à intérêt, à des taux usuraires, organisent des compagnies commerciales et s'enrichissent au passage.

Mais le pays est épuisé. Des mendiants par milliers ont envahi les rues de Paris. Les paysans pillés par les troupes de Condé et celles de son allié le duc de Lorraine ne peuvent plus cultiver leurs champs. On ne rentre plus les moissons.

Le roi sait-il qu'à Paris, l'on a vu la foule des miséreux attaquer, renverser les carrosses des gens de bien, piller leurs maisons, et les manants ont crié : « Point de roi, point de prince ! Vive la liberté » ?

N'est-ce pas ainsi que la révolution a commencé dans le royaume d'Angleterre, et le roi y a perdu sa tête sous la hache du bourreau ?

Il faut, ont répété les parlementaires, ne pas accueillir Mazarin que le peuple hait et méprise. Il faut, comme l'engagement en a été pris, le bannir.

Mais Louis a interrompu le président du Parlement. Il a lancé, comme on donne un ordre à un valet :

— Retirez-vous, messieurs, retirez-vous.

Il ne fait pas ce récit à Mazarin. Il baisse la tête. Il est heureux que Mazarin lui serre l'épaule. Il sent contre son cou cette main caressante. Il est paralysé par ce contact, cette voix.

Mazarin lui reproche d'avoir exposé sa vie aux mousqueteries des mercenaires de Condé. Certes, son prestige auprès des soldats de Turenne, qui servent le roi, est désormais grand.

Louis frissonne. Il lui semble que ce qu'il a connu là, à la tête de ses troupes, compte parmi les moments les plus forts de sa vie. Les soldats l'ont accueilli en levant leurs armes. Ils ont crié « Vive le roi, bataille, bataille ! ».

Louis voudrait s'abandonner à ce souvenir, évoquer ce qu'il a éprouvé, ce désir de conduire la guerre contre Condé et contre le duc de Lorraine dont les troupes saccagent le pays, torturent, violent, détruisent pour le plaisir.

Mazarin prend Louis aux épaules, lui chuchote qu'un grand roi ne peut mettre sa vie en péril, dans ce qui n'est qu'une rébellion de quelques princes. Il ne doit pas conduire l'armée dans ces batailles de guerre civile. Personne ne doute de son courage, mais il doit mépriser Condé, Conti, le duc de Longueville, et celui de Lorraine, ce cardinal de Retz qui tient Paris, ou bien même Mademoiselle, la cousine germaine de Louis, qui s'est emparée d'Orléans et maintenant est à Paris.

— Cette Fronde des princes sera brisée, murmure Mazarin.

Il faut que le roi soit au-dessus de ces tumultes.

Louis se tait. Il obéira. Il ne conduira plus l'armée, Mazarin va mener la guerre, vaincre par les armes et par d'habiles négociations.

Il faut donc se soumettre encore, et Louis est à la fois heureux de la domination de cet homme qui le fascine, que sa mère ne cesse de louer et d'aimer, et amer, irrité.

Comment pourrait-il encore se contenter de ses jeux de guerre alors qu'il a affronté les boulets et les mousquets ?

Doit-il n'être seulement qu'un danseur gracieux et agile,

roi des ballets que l'on organise dans les châteaux, là où la guerre, des pays de Loire aux alentours de Paris, entraîne la Cour ?

C'est déjà le mois de juillet 1652.

Les troupes de Condé se sont réfugiées dans Paris.

On meurt de faim dans la capitale. Ceux de ses habitants qui réussissent à fuir, à rejoindre le roi, à Saint-Germain, à Pontoise, à Saint-Denis, rapportent que Paris est livré aux pillards, aux gueux, qu'on y massacre les gens de bien, que Condé y règne par la terreur que ses soldats inspirent et les massacres qu'ils commettent.

On attend le roi.

Louis maîtrise sa joie. Mazarin l'invite à se rendre avec lui sur les hauteurs de Charonne. De là on aperçoit les combats que se livrent, faubourg Saint-Antoine, les troupes royales de Turenne et celles de Condé. Les rebelles sont acculés contre les portes fermées de la ville.

Il va suffire d'une charge de la cavalerie royale pour les exterminer. Et, tout à coup, une canonnade tirée depuis la Bastille disperse l'armée royale. Les portes de Paris s'ouvrent et les soldats de Condé peuvent s'engouffrer dans la capitale.

Louis se désole puis il s'indigne. Il vient d'apprendre que c'est sa propre cousine, Mademoiselle, la fille de Gaston d'Orléans, qui s'est emparée de la Bastille, a donné l'ordre d'ouvrir le feu, et sauvé Condé et ses mercenaires. Il s'étonne du calme de Mazarin.

À chaque instant, cet homme qui gouverne, et c'est pour Louis une frustration, lui enseigne comment il faut agir.

D'abord attendre, laisser ainsi les soldats de Condé, les gueux de la capitale, piller et détrousser, massacrer, ainsi le 4 juillet, plusieurs dizaines de personnes rassemblées à l'Hôtel de Ville. Les parlementaires, les bourgeois ne peuvent que se tourner vers le roi.

— Il suffira, explique Mazarin, que j'ôte ainsi tout prétexte à ceux qui s'opposent au roi.

Louis saisit les mains de Mazarin. Il est redevenu l'enfant qui craint de perdre l'homme qui le protège, le tuteur qu'il aime, dont l'intelligence, la maîtrise et la douceur aussi, et ce sourire et ces mains, le rassurent.

Mais quand Mazarin annonce ce 18 août qu'il part, Louis s'abandonne, sanglote. Il avoue ainsi son amour pour cet homme, les liens profonds qui l'attachent à lui depuis l'enfance.

Il est roi pourtant, majeur. Il est homme et il a connu femme et guerre, mais il ne peut échapper au plaisir intense et ambigu de la soumission.

Et Mazarin s'en va. Et les armées des princes se dispersent.

Condé gagne les Flandres où il prend le commandement des troupes espagnoles, laissant Paris affamé, pillé, parcouru de bandes de mendiants, de détrousseurs, Paris espérant dans le retour à l'ordre, qui ne peut venir que du roi.

Le voici entrant dans Paris en cette soirée du 21 octobre 1652.

Louis regarde autour de lui, alors qu'il vient de franchir la porte Saint-Honoré, les porteurs de torches.

Les flammes éclairent les visages de cette foule qui se presse jusqu'au palais du Louvre où Louis a décidé de s'installer.

Ce palais est presque vide de meubles. Il est froid et austère. Le vent souffle dans les couloirs et les grandes pièces comme sur une place ouverte. Mais un large et profond fossé protège le palais des émeutiers. Et il faut toujours se méfier de Paris.

Mais où sont-ils, ces rebelles ?

Louis ne voit que l'enthousiasme et la dévotion sur les visages. Il n'entend que ces cris de « Vive le roi ! », les acclamations qui de la porte Saint-Honoré au Louvre accompagnent le cortège royal.

Maintenant il peut régner, convoquer dans la grande galerie du Louvre pour un lit de justice les magistrats, et les voir accepter sans mot dire la condamnation à mort de Condé, l'exil de Gaston d'Orléans et de Mademoiselle sa fille, des parlementaires qui ont dirigé la révolte.

Le roi regarde ces corps enveloppés de rouge et d'hermine s'incliner, s'engager à ne plus connaître des affaires de l'État, et à ne plus s'allier avec les grands.

Et Louis, lentement, lit aux parlementaires la lettre qu'il vient d'envoyer au cardinal Mazarin, pour lui donner l'ordre de regagner Paris, pour servir le roi et donc le royaume.

Ils se taisent. Ils se soumettent.

Louis se retire.

Il veut aller jusqu'au bout de sa vengeance.

Il se souvient de cette nuit de février 1651, quand il a dû accepter d'être vu et dévisagé par cette foule de gueux défilant dans sa chambre, et feindre de dormir.

Et le prince de Gondi, devenu cardinal de Retz, est l'un de ceux qui ont été à l'origine de cette humiliation, et aussi de cette peur. Louis convoque le capitaine des gardes. Il écrit :

« J'ai commandé l'exécution du présent ordre. Se saisir de la personne du cardinal de Retz, l'arrêter mort ou vif, même en cas de résistance de sa part. »

Mais il faut ruser, attendre que Retz se rende au palais du Louvre pour, ce 19 décembre 1652, présenter ses vœux au roi et à la reine mère.

Plaisir de duper cet ennemi.

Louis accueille le cardinal. Il faut bavarder avec lui, lui sourire, endormir sa méfiance, agir comme l'aurait fait le cardinal Mazarin, comme doit le faire un roi.

Louis se sépare enfin de Retz, et il attend en priant dans sa chapelle que le capitaine des gardes vienne lui annoncer que le cardinal de Retz a été arrêté, qu'il n'a opposé aucune résistance, tant la surprise a été grande.

C'en est fini des « agitations terribles », des Frondes.

Louis prie.

Le premier devoir d'un roi est de maintenir l'ordre dans son royaume.

# DEUXIÈME PARTIE

# 1652-1661

## 9.

Il ne doit pas montrer le mépris qu'il éprouve pour les hommes.

Il les voit entrer déjà courbés dans la chambre de la reine où il se tient debout près du lit de sa mère.

Il reconnaît des conseillers du Parlement, des marquis et des comtes, des pères jésuites et des évêques.

Tous ceux-là avaient exigé que le cardinal Mazarin soit banni à perpétuité. Ils avaient ri en lisant ces vers, qu'ils avaient peut-être écrits :

*Ha ! ha ! Je vous tiens Mazarin*
*L'esprit malin de notre France*
*Vous avez fait cent mauvais tours*
*Cardinal à courte prière*
*Priape est chez vous à tout vent*
*Vous tranchez des deux bien souvent*
*Comme un franc couteau de tripière*
*Et ne laissez point le devant*
*Sans escamoter le derrière.*

L'un d'eux, un parlementaire, avait lancé : « Mazarin est la plus grande ordure du siècle ! »

Et ce 3 février 1653, cet homme est là, servile. Il était aussi avec ceux qui sont allés accueillir Son Éminence à la porte Saint-Denis. On avait accompagné Mazarin jusqu'au Louvre, et le peuple avait acclamé le cortège.

Et maintenant, on se pressait pour dire au cardinal :

« Votre Éminence, il n'y a personne en France qui ne soit plus attaché que moi aux intérêts du roi et à ceux de Votre Éminence, et il n'y a rien que je ne fasse pour lui en donner des preuves quand il lui plaira de faire la faveur de m'ordonner quelque chose. »

Ainsi sont les hommes, qu'ils soient du peuple, de la Cour, de l'Église ou du Parlement.

Louis ferme à demi les yeux.

On le salue à peine, on ignore presque la reine, mais on s'incline à toucher le parquet devant Son Éminence.

Louis l'observe avec ce sentiment trouble qu'il éprouve chaque fois qu'il le côtoie. Il l'admire. Il l'aime. Il souffre de lui être ainsi soumis, mais il sait qu'il faut accepter cette domination. Mazarin est le plus habile, le plus dévoué à la monarchie.

Il l'entend annoncer qu'il fera payer, dans les jours qui viennent, les rentes dues par le roi, à l'Hôtel de Ville. Et tous ces dos courbés frémissent de plaisir. L'un des édiles de Paris répond que la ville offrira en l'honneur de Son Éminence un grand banquet, où le cardinal pourra mesurer l'attachement du peuple.

Comment s'opposer à un tel ministre ?

Louis plie, accepte de se laisser conduire, d'attendre le moment où le destin lui permettra enfin de saisir vraiment les rênes, de guider le char du royaume à sa guise.

Pour l'instant, il faut apprendre. Il voit Mazarin jeter de la fenêtre de l'Hôtel de Ville de l'argent au peuple qui l'acclame. Voilà comment on conquiert les hommes.

Louis se rend chaque jour plusieurs fois auprès du cardinal, et parfois il se mord les lèvres de déception et de colère, en pensant qu'il est à peine mieux traité par le cardinal que l'un de ces quémandeurs, de ces flagorneurs qui attendent d'être reçus.

Puis ce sentiment se dissipe.

Mazarin vient vers lui, toute douceur et tendresse, lui prend les mains, l'invite à s'asseoir à ses côtés, à examiner avec lui les dépêches qui vont être soumises au Conseil étroit, qui sera bientôt le Conseil-d'en-Haut, là où ne siègent que les principaux ministres, en compagnie de la reine et de Mazarin.

Et Louis est assis entre eux. Souvent l'ennui le terrasse. Il se lève alors, entrouvre la porte, sort parfois, retrouve l'un de ses compagnons de chasse ou de danse.

Puis il rentre dans la salle du Conseil. Il ne sera pas l'un de ces rois fainéants qu'il a toujours méprisés. Il veut savoir. Il veut trancher. Il observe et juge ces hommes que Mazarin a promus, ce Le Tellier chargé de la Guerre, et dont on dit qu'il mène durement l'éducation de son troisième fils François-Michel, et surtout ce surintendant des Finances, Nicolas Fouquet, dont l'élégance et l'intelligence s'imposent souvent.

Mazarin le loue. Fouquet trouve l'argent pour le royaume. Et l'on dit qu'il est parfois contraint d'engager les pierreries du cardinal auprès des prêteurs sur gages sans lesquels le Trésor royal serait en faillite.

Louis écoute, observe Mazarin, qui a nommé aux côtés de Nicolas Fouquet un second surintendant, Servien. Parce qu'il faut que les hommes, même les meilleurs, se sentent talonnés par un rival.

Et ces deux surintendants doivent surveiller Colbert, cet homme gris, qui n'assiste pas au Conseil mais que Louis aperçoit toujours à quelques pas de Mazarin. On dit de lui qu'il remplit les coffres de Son Éminence, en jonglant avec l'or, les épices et le sucre, qu'il a constitué une flotte de commerce pour le cardinal, armé des navires corsaires, et qu'il est le grand maître du trafic d'esclaves entre les côtes d'Afrique, Nantes et les Antilles, tissus contre bois d'ébène, chair humaine, et sucre en retour.

Louis a assisté à ce jeu des hommes entre eux, a écouté la lecture des dépêches au Conseil, a ressenti cette tension entre les ministres, ces hommes toujours aux aguets. À saisir les regards langoureux que Mazarin jette sur la reine, et ceux tout aussi tendres de celle-ci sur son ministre, qu'elle reçoit souvent seule à seul, Louis éprouve de l'impatience. Il voudrait être maître du jeu, maintenant. Il lui semble qu'il a compris comment on conduit les hommes.

Il a deviné ce que son confesseur, le père Paulin, chuchotait à Mazarin, s'imaginant n'être ni vu ni entendu.

— Le roi, a murmuré Paulin, croît en sagesse et en dissimulation.

Louis apprécie le jugement de son confesseur.

Face aux hommes tels qu'ils sont, tels qu'il a appris à les connaître durant ces agitations terribles, ces Frondes durant lesquelles les plus proches, les princes de sang royal, ont eux aussi trahi, quel autre comportement serait possible ?

Il faut feindre, être aux aguets, ne rien dévoiler de ses intentions. Être craint.

C'est ainsi qu'on peut être un grand roi.

Louis s'y essaie.

Il passe au milieu des courtisans sans paraître les voir, ni entendre les phrases qu'ils lui adressent.

Il jouit de l'inquiétude que souvent il perçoit dans les yeux de Mazarin quand, par un simple mouvement inattendu, Louis rappelle qu'il peut cesser d'accepter la tutelle du cardinal et de la reine, qu'il est le roi, le centre du pouvoir, sans lequel tout se défait.

Il faut que chacun, du plus humble des sujets du royaume jusqu'au ministre, s'en souvienne.

Louis ne l'oublie jamais. Il doit montrer à tous qu'il est comme le soleil, la source de la lumière qui éclaire tout l'univers.

Il a à peine quinze ans.

## 10.

Louis s'avance sur la scène.

Le murmure d'admiration puis les acclamations qui accompagnent ses premiers pas de danse le transportent.

Il sait qu'il est le plus beau, qu'autour de lui, les autres danseurs de ce *Ballet royal de la nuit* s'effacent, parce que, après la succession des Nuits et des Heures, les épisodes qui font apparaître les Nains et les Sorcières, les Loups-Garous, qui évoquent la Lune et les Étoiles, des chasseurs, les Bergers et les Bergères, il est celui qui incarne le Soleil.

Il a veillé à chaque détail de ce ballet écrit par Isaac de Benserade. Il a voulu que Lully, ce musicien italien, compose certaines des partitions, et il a décidé de le placer à la tête des vingt-quatre violons du roi, et de le nommer compositeur de la musique instrumentale du roi.

Louis a répété jour après jour les figures de danse qu'il doit interpréter. Il veut apparaître plusieurs fois dans le ballet sous divers déguisements, celui de Protée qui change d'aspect, celui aussi de l'amoureux transi, mais ce ne sont là que rôles secondaires, annonçant la venue du Soleil. Il sera le Soleil.

Il a choisi avec soin chaque pièce de son costume. Il faut que des mèches tressées entourent sa tête comme des rayons. Des collants brodés, la tunique qui s'arrête au-dessous du genou et les chaussures à hauts talons seront serties de pierres précieuses.

Il doit éblouir comme l'astre majeur afin que tous les spectateurs sachent qu'il est ce Roi-Soleil auquel personne ne peut se comparer, et dont même les plus grands ne peuvent masquer la lumière.

Le ballet est une représentation du monde, la danse une imitation du mouvement des astres, et si Dieu est le plus grand maître de ballet, Louis veut que le roi en soit la figure centrale.

La dernière scène du spectacle commence. Toutes les lumières inondent la salle.

Louis voit Philippe, son frère cadet, faire quelques pas de danse. Monsieur est l'Étoile du jour qui annonce l'arrivée de l'astre royal. Il déclame :

*Dès que ce grand roi s'avance*
*Les nobles clartés de la Nuit,*
*Qui triomphaient en son absence,*
*N'osent soutenir sa présence :*
*Tous ces volages feux s'en vont évanouis*
*Le Soleil qui me suit, c'est le jeune Louis.*

Louis aime danser, écouter ces acclamations, voir dans le regard des femmes l'admiration, le désir de lui plaire et de se soumettre. Il jouit de voir ces hommes qui dérobent leur regard en baissant la tête par peur de laisser deviner leurs sentiments, peut-être leur jalousie.

Il est le Soleil roi.

Il veut qu'on ouvre les portes de la salle du Petit-Bourbon, afin que le peuple, lui aussi, puisse le voir. Et il dansera ce ballet quatre fois encore, puisque les spectateurs se pressent, applaudissent et que lui-même ne se lasse pas de danser, d'apparaître, jeune roi éclatant de beauté, souple et élégant, auréolé par les éclats de l'or et des pierres qui constellent son costume.

Lorsqu'il sort de scène, l'une des danseuses, une bergère, s'approche de lui, le frôle.

Il suffit d'effleurer son poignet pour l'attirer contre soi, l'entraîner dans les appartements royaux, que Mazarin a commencé de faire aménager au premier étage du Louvre. Les valets ouvrent les portes, s'effacent, referment.

Louis est seul avec cette jeune femme qui s'offre, pâmée.

Mme de Beauvais, la borgnesse, la boiteuse, l'initiatrice, n'est même plus un souvenir.

Louis prend la bergère, et il pourrait user à sa guise de toutes ces femmes qui l'admirent.

Il est Soleil. Il est César victorieux.

Le 4 juillet 1653, il se rend à l'Hôtel de Ville, là où les gueux, il y a un an, payés par Condé, ont massacré et pillé, et où afin de l'honorer le prévôt des marchands et les échevins ont fait dresser une statue de marbre blanc le représentant en César.

Armé d'un javelot, corseté par une armure, casqué, il écrase de son pied, tel saint Michel, un guerrier vaincu.

Mais il veut être plus que César. Il ne succombera pas à une conjuration. Il régnera en associant la force à l'habileté, en suscitant l'admiration, en subjuguant ses sujets. En les soumettant avec l'aide de Dieu.

Il se rend à Notre-Dame, il y écoute la messe, puis dans la grande salle de l'Hôtel de Ville il assiste à une représentation du *Cid*.

Il est assis seul sur la scène. Il sent qu'on le regarde plus qu'on ne suit le jeu des acteurs. Mais être roi, n'est-ce pas être l'acteur suprême, le maître de tous les spectacles ?

Et il sait qu'il ne peut jamais sortir de scène.

On ne le quitte pas des yeux, quand il parcourt les couloirs du Louvre, ou bien qu'il écoute le père Paulin lui annoncer que le pape Innocent X vient de faire parvenir une bulle contenant condamnation des croyances de certains chrétiens, telles qu'elles s'expriment dans un livre, l'*Augustinus*.

Il ne le lira pas. Il veut l'ordre dans le royaume et la soumission. Et si les propositions contenues dans ce livre sont jugées par le pape hérétiques, impies, blasphématoires, injurieuses, ces chrétiens doivent être condamnés.

Il donne donc l'ordre que la bulle soit diffusée dans tout le royaume, afin que chaque évêque s'en saisisse.

Il a subi la Fronde. Il ne veut plus de rébellion.

Mais il n'est pas encore le maître. Il est Soleil et César, mais l'instigateur, c'est Mazarin. Et Louis continue de subir, fasciné et irrité, soumis mais déterminé à montrer, en dépit de cette obéissance, qu'il est le roi.

Il veut se mettre à la tête de l'armée que Turenne conduit en Picardie pour faire face aux troupes espagnoles commandées par le prince de Condé, qui s'est enfoncé chaque jour davantage dans le reniement de son roi.

Ce traître a obtenu la capitulation de Rocroi.

Louis est là, chevauchant sur le front des troupes. La guerre est aussi un théâtre où il doit apparaître, acteur qui s'expose, ne tremble pas quand éclate une mousqueterie, ou que tombent les boulets.

Louis est au siège de Mouzon, plus tard à celui de Sainte-Menehould. Il obtient la reddition des rebelles. Et en Bourgogne comme en Guyenne, Bellegarde et Bordeaux ouvrent elles aussi leurs portes.

Mais le royaume est exsangue. Les mendiants sont la lèpre des campagnes et des villes. On en compte plus de soixante mille à Paris. Et les coffres du royaume sont vides, malgré les habiletés du surintendant Nicolas Fouquet.

Louis en est sûr : on prêtera au roi, s'il rétablit l'ordre dans le royaume et si ses sujets se rassemblent autour de lui.

Et pour cela il faut être vu, admiré. Être au centre du ballet, Soleil rayonnant, jeune, séduisant et majestueux.

Et il faut aussi châtier.

Le 21 décembre 1653, Louis se rend au Parlement.

Il dit d'une voix forte qu'il veut renouveler solennellement la condamnation à mort contre « Messire Louis de Bourbon, prince de Condé, atteint et convaincu de crimes de lèse-majesté, déchu du nom de Bourbon, de la qualité de premier prince du sang, et de toutes les prérogatives dues à sa naissance ».

Le Soleil brûle ceux qui refusent sa suprématie.

# 11.

Louis lève les bras devant le miroir.

Il murmure ce poème qu'il a lu au frontispice d'un texte qu'on vient de lui remettre et qui retrace le destin de Clovis et de la France chrétienne.

*On verra par tout l'univers*
*Ce prince répandre sa gloire*
*Ce que Clovis est dans ces vers*
*Louis le fera dans l'histoire.*

Il fait un pas de côté.

Il veut voir son profil, juger de ces vêtements qu'il portera le jour du sacre, à Reims, le dimanche 7 juin 1654.

Les tailleurs italiens s'empressent autour de lui, l'aident à retirer la robe de toile argentée qui recouvre la tunique de satin rouge et la chemise blanche.

Les mains des tailleurs volettent, légères et rapides. Elles ajustent les galons d'or. Elles fendent les vêtements pour permettre à l'évêque, lors de la cérémonie à la cathédrale, d'oindre sept fois le corps du roi avec l'huile sacrée, celle qui est contenue dans la sainte ampoule qu'une colombe apporta dans l'église Saint-Remi de Reims où, depuis ce jour du sacre de Clovis, elle est conservée.

Louis baisse les bras. Il sera dans quelques semaines, comme Clovis le premier roi de France, l'« oint du Seigneur ».

Il pense à chaque instant à ce moment où il sera uni à Dieu et au royaume, à l'Église et au peuple.

Il s'assied.

Les tailleurs posent sur sa tête la toque de velours noir rehaussée d'une aigrette blanche, enrichie d'une rangée de diamants, qu'il portera avant de recevoir la couronne de Charlemagne et de tenir le sceptre et la main de justice.

Tout à coup il s'impatiente, se lève brusquement. Il lui semble que ce temps n'avance pas.

Il sort de ses appartements, se calme, parcourt d'un pas lent les couloirs. On s'incline, on s'écarte devant lui. Il entre chez sa mère. Il reste près d'elle. Il sait qu'elle attend comme chaque jour le cardinal qui loge sous les combles, mais juste au-dessus, d'où il peut accéder aux appartements d'Anne d'Autriche par un escalier privé.

Et lorsque Louis imagine cela, il ne peut s'empêcher d'en vouloir à cet homme affable, séducteur et puissant, qui décide de tout, qui a fait venir d'Italie cette troupe de nièces et de neveux qu'il loge dans l'aile Lescot du palais du Louvre, non loin de son propre appartement.

Combien sont-ils dans cette famille Mazarin dont on murmure qu'elle s'est jetée sur le royaume avec avidité, comme sur un pactole à se partager sous la houlette du larron ministre et cardinal ?

Louis sait qu'on continue de haïr Mazarin malgré les bonnes mines qu'on lui présente. On ricane et on se moque à la Cour de ses nièces à marier. L'une d'elles, Anne-Marie Martinozzi, a déjà épousé le prince de Conti, le propre frère de Condé ! Une autre est devenue Laure de Mercœur, épouse de duc, et les dernières, Olympe, séduisante, Marie et Hortense Mancini, à peine entrevues, sont, elles aussi, malgré leur jeune âge, en quête d'un époux titré. Il y a le neveu Philippe Mancini, que Louis apprécie.

Il le convie, ainsi que Laure, Olympe ou Anne-Marie, dans ses appartements. On y joue aux cartes, on y danse, on y donne la comédie. On y récite des vers.

Louis se lève, il sera Apollon, dit-il, dans le nouveau ballet, *Les Noces de Pélée et de Thétis*, composé par Lully, écrit par Isaac de Benserade.

Louis déclame :

*J'ai vaincu ce python qui désolait le monde*
*Ce terrible serpent que l'Enfer et la Fronde*
*D'un venin dangereux avaient assaisonné*
*La révolte en un mot ne me saurait plus nuire*
*Et j'ai mieux aimé la détruire*
*Que de courir après Daphné.*

On l'applaudit. Il trouve les nièces de Mazarin à son goût.

Il s'approche de Laure de Mercœur. On dit qu'elle est enceinte déjà, mais elle n'est que plus épanouie, plus séduisante peut-être que sa sœur Olympe.

Il hésite à choisir. Et pourquoi le devrait-il ? Il se sent aussi dévoreur de femmes que de viande, de douceurs, de fruits. Il lui semble que rien ne peut le rassasier. Il veut que la nuit, on tienne prêts plusieurs mets dans sa chambre, pain, brioches, viandes, afin que si la faim le réveille il puisse l'apaiser.

Et il en est de même des femmes.

Il est Apollon. Lumière, gloire et beauté. Il séduit Laure et Olympe, et sa mère s'inquiète, le cardinal condamne. Un roi de France n'épouse pas une Mancini.

Louis s'obstine un peu, puis découvre dans l'entourage de sa mère une nouvelle suivante, Mlle de La Motte d'Argencourt, une jeune fille blonde dont la douceur passive l'attire. Il lui chuchote des confidences, et un jour Mazarin les lui rapporte, avec un sourire satisfait. La demoiselle parlait à sa mère qui courait chez Son Éminence, pour lui dire que le roi était impatient de la tutelle que la reine et son ministre exerçaient sur lui, et qu'il la rejetterait.

— Voyez ce qu'on invente, Majesté, dit Mazarin, pour affaiblir le gouvernement du royaume.

Louis s'éloigne. Il ne reverra plus cette Mlle d'Argencourt qui disparaît, enfouie dans un couvent.

Un roi ne doit jamais se livrer. Il doit faire du silence et du secret ses lois.

# 12.

Enfin, c'est le dimanche 7 juin 1654, jour du sacre.

Louis marche lentement au centre du cortège qui, du palais archiépiscopal où il a passé la nuit, se dirige vers la cathédrale de Reims.

Il regarde autour de lui les hérauts des provinces de France, les gentilshommes, et devant lui le maréchal d'Estrées qui porte l'épée nue, le bleu des uniformes, l'or des fleurs de lys, l'éclat des cottes de mailles composant un arc-en-ciel de couleurs chatoyantes. Et tambours, cors, violons, trompettes rythment ce ballet dont il est l'acteur majestueux, celui sans qui rien n'existe.

Il s'avance vers la nef, passant entre les deux rangées de gardes suisses.

Il découvre les tapisseries qui la décorent, et le trône couvert d'un dais de velours brodé de lys en fil d'or.

Il va s'agenouiller sur le prie-Dieu placé dans le chœur.

Dans les tribunes il aperçoit sa mère, accompagnée de la veuve de Charles Ier, Henriette de France, et de sa fille Henriette d'Angleterre. Seul sur un banc, placé devant les rangs d'invités, il voit Mazarin, rayonnant comme l'ordonnateur de cette scène, de ce ballet rituel qui doit durer six heures.

Louis s'assoit. Il porte la couronne de Charlemagne. Il embrasse l'épée de l'empereur. L'évêque lui glisse l'anneau au quatrième doigt de la main droite.

Puis Louis se lève, écoute l'évêque lire les textes des serments que le roi doit prêter.

Les phrases en latin résonnent en lui. Il a l'impression qu'en répétant ces mots, il devient autre. Il dit, d'une voix qu'il veut forte mais qui lui semble retenue dans sa gorge :

— Je m'engage à assurer la défense, autant qu'il se peut, le Seigneur aidant, comme le doit un roi en son royaume, pour chaque évêque et le diocèse qui lui est confié.

Il tend la main au-dessus des Évangiles, il promet au peuple du royaume la paix, la justice et la miséricorde, et à ce « peuple de ma souveraineté je promets que ce peuple chrétien conservera en tous temps, sous notre autorité, la vraie paix de l'Église de Dieu… Je m'engage à extirper nommément de mes terres et juridictions toutes les hérésies dénoncées par l'Église ».

Il hausse la voix, et elle résonne sous les voûtes de la nef :

— Par serment je confirme tous ces engagements, Dieu me soit en aide et ses saints Évangiles.

On le bénit. Il reçoit les sept onctions de l'huile sacrée issue de la sainte ampoule. Il saisit le sceptre de la main droite et la main de justice de la gauche.

Puis c'est la messe, la confession, la communion. Il a oublié le temps, tout entier pris par l'émotion, cette cérémonie qui fait de lui l'intermédiaire entre le peuple de sa souveraineté et Dieu. Et celui-ci lui donne le pouvoir de juger et de guérir.

Louis marche vers la porte de la cathédrale qu'on ouvre enfin.

Il regarde s'envoler des dizaines d'oiseaux qu'on lâche, et que la foule rassemblée et jusqu'alors tenue à l'écart salue par des cris de joie qui s'amplifient quand enfin elle voit le roi.

Il s'arrête un instant.

Il voit tous ces visages tendus vers lui, ces mains qui s'agitent, ces cris de « Vive le roi ! ».

Les cloches sonnent à toute volée.

Et c'est Philippe Mancini qui portera la queue de la traîne du manteau royal brodé de flammes d'argent.

Demain, il se rendra à l'église Saint-Remi. Après-demain, il touchera les écrouelles des centaines de malades rassemblés. Il les bénira d'un signe de croix tracé sur le front du malade et dira : « Le roi te touche ! Dieu te guérit. »

Il est faiseur de miracles, au-dessus de tous les hommes, mais, comme chacun d'eux, dans la main de Dieu.

Ce ballet sacré s'achève. Il faut quitter Reims, sortir de scène, mais un autre spectacle commence, où il tient aussi le premier rôle.

La Cour s'est installée à Sedan, mais chaque jour il veut chevaucher jusqu'à Stenay, place forte tenue par les troupes espagnoles de Condé. Car ce traître continue sa guerre, et l'argent manque au royaume pour la mener.

Louis écoute Mazarin lui annoncer qu'il a chargé Nicolas Fouquet de faire face aux besoins du royaume, car les caisses sont vides. Il faudra en appeler aux financiers, à leurs « affaires extraordinaires ». Il insiste : les dépenses s'accroissent, pour la guerre, les vaisseaux, les galères, l'artillerie, les fortifications, les ambassadeurs, les gardes suisses, les divertissements, les ballets du roi, les travaux d'aménagement et d'embellissement du Louvre, les dépenses en meubles, vaisselle.

Louis tourne la tête. L'argent ne peut manquer. N'est-il pas ce roi qui vient d'être sacré ? Que Mazarin et Fouquet trouvent donc de nouvelles ressources « extraordinaires »...

Il s'éloigne de Mazarin, rejoint les troupes, saute en selle. Il sait qu'il peut rester jusqu'à huit heures d'affilée à cheval.

Il l'a fait devant Arras lorsque Turenne a bousculé, chassé les Espagnols de Condé qui assiégeaient la ville.

Victoire à Arras comme à Stenay ! Et Louis chevauche, acclamé par les soldats. Les boulets tombent. Des hommes sont tués, blessés. L'un d'eux s'avance, tenant sa main arrachée, la montre au roi, glorieux, heureux, dit-il, de l'avoir perdue au service de son souverain.

— Qu'on offre à ce soldat dix pistoles, murmure Louis.

Puis il s'en va. On doit au roi des sacrifices. Non seulement il est l'incarnation de toute la lignée de ceux qui depuis Clovis ont régné sur la France, mais il est aussi l'homme que Dieu a choisi.

N'a-t-on pas remporté la victoire d'Arras le jour de la Saint-Louis, le 25 août ?

N'est-ce pas un signe ?

Il regarde avec mépris ceux qui, parce qu'une éclipse de soleil doit se produire, prétendent qu'elle annonce pour 1656 la fin des temps !

Dieu voudrait-il que le règne soit interrompu alors que c'est encore Mazarin qui gouverne et qu'il faut se soumettre à lui, attendre sa mort, pour enfin tenir les rênes ?

Tout à coup, c'est la nuit, le silence, le froid. L'éclipse se déroule comme prévu. Louis a un instant de doute, puis la lumière revient presque aussitôt avec la chaleur et les chants d'oiseaux. Il n'a pas eu le temps d'être inquiet. Il se dirige vers ces jeunes femmes qui, dans les couloirs du Louvre, l'attendent pour le saluer.

Qui peut ternir la gloire d'Apollon, du Roi-Soleil ?

# 13.

Il a dix-sept ans.

Il aime à se regarder dans les yeux des femmes.

Il entre dans la chambre de sa mère pour souper. Il surprend les conversations des jeunes suivantes, qui peut-être parlent trop fort pour qu'il entende ce qu'elles disent, qu'il est « fier et agréable avec l'air haut et relevé, mais quelque chose de fort doux et de majestueux dans le visage ».

Elles rient. Elles font mine de ne pas l'avoir vu s'approcher. L'une ajoute qu'« il a les plus beaux cheveux du monde en leur couleur et en la manière dont ils sont frisés ». Elles approuvent toutes et, dans le froissement de leurs robes, quelqu'une dit :

« Il a les jambes belles, le port haut et bien planté, enfin, à tout prendre, c'est le plus bel homme et le mieux fait du royaume et assurément de tous les autres. » Et une voix frémissante, aiguë, conclut : « Il danse divinement bien. »

Elles s'éloignent puisqu'il va souper en tête à tête avec la reine, mais il sait qu'elles l'attendent dans les salons voisins, et il les retrouve aussitôt qu'il le peut.

Il y a, assises en rond, les nièces de Son Éminence, les jeunes Mancini ou Martinozzi, celles dont on dit, parmi les courtisans :

*Les Mancini, les Martinosses*
*Illustres matières de noces !*

Mais peu importe. Certaines d'ailleurs sont déjà mariées, l'une au prince de Conti, l'autre au duc de Mercœur, mais qui oserait empêcher le roi de séduire Anne-Marie ou Laure, de chevaucher avec elles pendant de longues chasses, ou bien de trouver du piquant à Olympe et de la choisir pour partenaire, à chaque danse.

Et il sourit aussi aux toutes jeunes filles, Marie Mancini, Hortense sa sœur, qui viennent à peine d'arriver d'Italie, de Rome ou de Modène.

Il prend place à côté d'elles. Il aime le frôlement des corps et des tissus de soie.

D'un geste, il invite les vingt-quatre violons que dirige Lully, le Florentin, à commencer à jouer.

Il se lève. Il danse, entraînant Olympe, ou bien quelquefois seul, répétant les figures de ce *Ballet des Plaisirs et Délices de la Ville et de la Campagne*. Il y incarne le génie de la danse. On y dit :

*Place à ce demi-dieu qui triomphe aujourd'hui,*
*Ses charmes déployés vont être en évidence,*
*Qu'on ne s'y trompe point : il est bon que celui*
*Qui ne se sent point juste ait un peu de prudence,*
*Et malheur à qui ne danse*
*De cadence avecque lui !*

Et Louis ne se lasse pas de danser, d'être applaudi, de sentir dans les regards l'admiration et la soumission. Mais il accepte aussi qu'Isaac de Benserade ait écrit :

*C'est l'ordre que vos jeunes ans*
*S'attachent aux sujets plaisants*
*Et qu'ils ne demandent qu'à rire*

*Mais ne soyez point emporté*
*Évitez la débauche, Sire*
*Passe pour la fragilité.*

*Il n'est ni censeur ni régent*
*Qui ne soit assez indulgent*
*Aux vœux d'une jeunesse extrême*
*Et pour embellir votre cœur*
*Qui ne trouve excusable même*
*Que vous ayez un peu d'amour*

*Mais d'en user comme cela*
*Et de courir par-ci par-là*
*Sans vous arrêter à quelqu'une*
*Que tout vous soit bon tout égal*
*La blonde autant que la brune*
*Ha ! Sire, c'est un fort grand mal.*

Il apprécie cette impertinence, cette liberté de ton qui s'associe à l'admiration, au respect, à la soumission. Mais rien ne pourra lui interdire d'aller d'une blonde à une brune.

Il se rassied dans le cercle des femmes, auprès d'Olympe qui se penche vers lui, laisse voir la naissance de ses seins. Il lui prend la main, mais elle la retire. Voilà des semaines qu'elle se dérobe, refusant d'être seulement une maîtresse, laissant cela à l'une ou l'autre des suivantes.

Louis n'a pas pour habitude de forcer les femmes.

Il s'écarte un peu d'Olympe, demande à ce que l'on commence un sujet de roman. Quelqu'un lance les premières phrases, esquisse une histoire, une aventure que sa voisine continue, et parfois l'une de ces jeunes femmes, qui fréquente le salon de Mlle de Scudéry, dans sa maison de la rue de Beauce, paroisse Saint-Nicolas-des-Champs, emprunte aux romans de Mlle de Scudéry, qu'il s'agisse du *Grand Cyrus* ou de *Clélie*, et l'on se récrie.

Il est près de minuit.

Le roi donne le bonsoir à la reine, puis gagne sa grande chambre.

Les courtisans les plus familiers l'ont attendu.

Il prie, puis se déshabille en parlant familièrement avec eux.

Il entre dans l'alcôve, la partie la plus retirée de la chambre, là où se trouvent le lit et la chaise percée.

Il s'y assied, et continue de converser avec les gentilshommes autorisés à le suivre jusque dans cette pièce plus sombre.

Enfin un valet noue le bonnet du roi qui va retenir ses longs cheveux. Et Louis se couche. En s'endormant, il entend le murmure des gentilshommes qui se retirent.

Et c'est cette même rumeur qui le réveille dans la chambre de l'alcôve, le lendemain matin.

Il tend la main, saisit son chapelet, récite l'office du Saint-Esprit, et voici qu'entre Hardouin de Beaumont de Péréfixe, son précepteur, qui commence une leçon, le faisant étudier dans la Sainte Écriture ou dans l'histoire de France.

Cela dure. Le sommeil tente de revenir. Il faut se lever. Les deux valets de jour et l'huissier ordinaire pénètrent à ce moment dans l'alcôve.

Louis s'assied sur sa chaise percée et il y reste près d'une demi-heure.

Il entend les bavardages des princes et des grands seigneurs qui l'attendent dans la grande chambre.

Il passe sa robe de chambre. On ouvre les portes de l'alcôve. Il salue les courtisans. On parle de chasse, cependant qu'assis, Louis se lave les mains, la bouche et le visage. On détache son bonnet.

Vient le moment de la prière. Il s'agenouille avec ses aumôniers dans la ruelle du lit et tous l'imitent dans la grande chambre. L'huissier veille au silence.

Louis se rassied.

Il sait qu'on va le peigner, lui donner un petit habit, des chausses et une camisole de Hollande.

Il aime cette répétition quotidienne des mêmes gestes.

Il va passer dans son cabinet, qui est derrière l'antichambre et où il fait son exercice. Il voltige sur un cheval d'arçon, sautant de plus en plus haut, retombant légèrement sur la selle, ne se lassant pas d'éprouver la souplesse de son corps, puis il s'exerce au maniement des armes, de la pique et de l'épée. Enfin, dans sa chambre d'alcôve, il danse.

On l'habille. Il déjeune, fruits, pains, viandes.

Et il sort de la chambre.

Visite chez M. le cardinal de Mazarin.

Il écoute Son Éminence le mettre au courant des affaires du royaume, et parfois un secrétaire d'État vient présenter un rapport sur une question urgente.

Louis est attentif, approuve.

Michel Le Tellier, secrétaire d'État à la Guerre, s'inquiète : l'argent manque pour payer les soldats, dit-il. Comment poursuivre la guerre contre l'Espagne ? Le Tellier d'une voix humble sollicite aussi la survivance de sa charge pour son troisième fils, François-Michel.

Louis guette Mazarin qui suggère que l'on accepte et que, pour l'argent, on taxe les papiers timbrés nécessaires aux actes notariés et aux créations d'office. Ce serait une source importante de revenus.

Comment ne pas retenir les propositions du cardinal ? Même quand il annonce la signature d'un traité avec la république d'Angleterre de Cromwell, ce tueur de roi, et qu'il explique qu'une clause secrète prévoit qu'on chassera hors du royaume Henriette de France – la sœur de Louis XIII –, la veuve du roi d'Angleterre et sa fille, Henriette d'Angleterre, et ses fils, qui s'y sont réfugiés après l'exécution de Charles Ier.

Approuver encore, puisque Mazarin démontre que c'est l'intérêt du royaume dans sa guerre contre l'Espagne, qui a refusé la paix de Westphalie, les traités de Münster, signés il y a sept ans déjà.

Rude et longue leçon quotidienne, apprentissage renouvelé de ce que sont les hommes et les États. Elle dure plus d'une heure et demie et il se sent libéré lorsqu'elle cesse.

Louis quitte l'appartement de Son Éminence, descend à l'étage inférieur, salue la reine, puis s'en va près du Vieux Louvre, à l'hôtel de Bourbon, monter à cheval, jusqu'à ce que la reine y arrive. Il l'accompagne dans la chapelle, suit la messe agenouillé près d'elle.

Il rentre avec elle.

Il aime ainsi la voir plusieurs fois par jour.

Il monte chez lui et dans la grande chambre il change d'habits. Ce sont les vêtements simples et amples, les hautes bottes pour la chasse, ou bien d'autres plus apprêtés, pour le dîner avec la reine, chaque jour, et les audiences qu'après ce repas il accorde aux ambassadeurs.

Il les écoute. Il questionne.

Et c'est déjà la fin de l'après-midi. Il a hâte d'aller se promener au bord de la Seine, menant son cheval au pas sur le Cours pavé. Il aime répondre aux saluts qu'on lui adresse.

Puis il rentre au Louvre, où souvent, plusieurs fois par semaine, se tient le Conseil qu'il préside, avec la reine et Son Éminence.

Après, il y a comédie.

Il se rend dans la salle des gardes, où une scène a été aménagée, des sièges disposés. On y joue une tragédie, *Nicomède*, de ce Corneille, auteur du *Cid*, dont Louis se souvient. Puis, la représentation achevée, le maître de la troupe s'avance.

Il propose de jouer une farce, *Le Docteur amoureux*. Louis accepte et, après les premières répliques, les rires se déchaînent.

On applaudit et le roi, d'un hochement de tête, salue ce comédien, Molière, qui l'a diverti.

Louis s'éloigne en compagnie de sa mère, avec laquelle il va souper.

Mais comme chaque soir, il ira se regarder dans les yeux des femmes.

# 14.

Il séduit. Il danse. Les jeunes femmes se pâment dans ses bras. Et il se moque de cet Isaac de Benserade qui a rimé :

*Quoi faut-il qu'un si grand monarque*
*Devienne un si grand débauché ?*

Il sait que tout n'est pas *Plaisirs et Délices*, qu'il faut affronter ces parlementaires qui refusent les édits établissant une taxe sur le papier timbré.

Il a dû entendre Bignon, l'avocat général du Parlement de Paris, menacer à mots à peine couverts Son Éminence Mazarin, en affirmant :

— Celui qui a osé donner l'avis de mettre la main dans le sanctuaire de la Justice, en voulant imposer un droit honteux et inouï sur les actes les plus légitimes et les plus nécessaires à la sûreté publique, est digne du dernier supplice.

Louis sent la colère l'emporter. Serait-ce que ce Parlement veut que renaisse le temps des Frondes ?

Et il n'a que mépris pour ce Bignon qui le flatte et a tenté de le séparer de Mazarin en ajoutant :

— La France espérait que Sa Majesté, à l'exemple de son aïeul, ce grand et incomparable monarque Henri IV, prendrait un jour elle-même le soin de ses affaires et apporterait un tempérament si doux et si convenable aux maux de son État que son nom et son règne en seraient à jamais en vénération très particulière dans toute l'étendue de son empire.

Il se sent humilié et blessé par ces propos qui rappellent qu'il ne gouverne pas encore, qu'il est soumis à Mazarin. Ils vont voir s'il ne sait pas agir seul.

Le 13 avril, alors qu'il chasse dans la forêt de Vincennes, il apprend que le Parlement se réunit à nouveau.

Il convoque les capitaines des gardes : qu'ils avertissent les parlementaires qu'il va tenir un lit de justice.

Il s'y rend sans quitter ses vêtements de chasse, grosses bottes, justaucorps rouge, chapeau gris. Il veut imposer l'enregistrement de ces édits sur le papier timbré. Il faut que ce Parlement se soumette.

Avant d'entrer dans la grand-chambre, il va prier à la Sainte-Chapelle, comme c'est la coutume, et il se fait précéder par le grand maître des cérémonies, le chancelier, les princes et les ducs.

Il veut que les parlementaires comprennent que le roi n'est plus un enfant contre lequel ils se sont rebellés, mais un souverain sacré à Reims, incarnant la volonté de Dieu et le royaume.

Il les regarde, méprisant et sévère.

Il s'assoit. Il parle d'une voix forte et dure.

— Messieurs, chacun sait combien vos assemblées ont excité les troubles dans mon État et combien de malheurs elles ont produits. J'ai appris que vous prétendiez encore les continuer, sous prétexte de délibérer sur les édits qui ont été lus et publiés en ma présence. Je suis venu ici exprès pour vous en défendre la continuation. Je veux que les édits soient exécutés. Monsieur le président, je vous défends de souffrir aucune assemblée et à pas un de vous de les demander.

Il éprouve une satisfaction intense. Il a l'impression que son sang est plus chaud, son corps plus nerveux.

Il quitte le Parlement, entre au Louvre.

Il imagine bien que les parlementaires vont résister, et que Mazarin l'habile va négocier avec eux, corrompre certains, peut-être même retirer quelques-uns des édits. Mais il veut faire entendre sa voix, ne pas remettre en cause les privilèges du Parlement, mais sévir si nécessaire, envoyer un conseiller à la Bastille et en exiler quelques autres.

Être roi, c'est ne pas accepter la fronde des sujets, fussent-ils parlementaires, croquants ou princes.

Et s'il faut se battre, faire la guerre, pourquoi pas ?

Il aime les chevauchées militaires.

Il avance avec l'armée dans les Pays-Bas espagnols. Il reste en selle quinze heures durant.

Dans le Hainaut, on met le siège devant la ville de Landrecies, que l'on force à capituler. Puis on bat les Espagnols à Condé-sur-Escaut, la ville du prince félon.

Louis ne quitte pas Turenne, dont il apprécie l'intelligence et le courage. Il se félicite d'avoir signé la lettre qui, il y a quatre ans, a détaché le maréchal des frondeurs.

« J'excuse tout ce que vous avez fait, avait-il approuvé, je le veux oublier pourvu que vous quittiez promptement le parti que vous avez embrassé… Je souhaite vous voir en ma Cour et vous témoigner que je n'ai aucun ressentiment de tout ce que vous avez entrepris contre mon service. »

Il avait appris ce jour-là qu'un roi doit savoir pardonner, s'il doit aussi montrer son dédain et son mépris.

Quand on lui apprend que Condé, le traître, a renvoyé aux troupes royales, au prétexte qu'il est du même sang français, les étendards aux fleurs de lys pris par les Espagnols qu'il commande, Louis répond :

— C'est une chose si rare de voir les Espagnols battre les Français qu'il ne faut pas pour le peu que cela arrive leur enlever le plaisir d'en garder les marques.

Condé doit apprendre à se souvenir qu'on ne dispose pas d'un roi de France.

## 15.

Il est rentré victorieux et fier de cette guerre contre l'Espagne qui n'en finit pas.

Les femmes dans le salon du Louvre où l'on s'apprête à danser l'entourent. Et il éprouve à sentir leurs regards admiratifs une sorte d'ivresse.

Il doit ne rien laisser paraître, mais Olympe Mancini, mariée désormais, est plus séduisante qu'autrefois. Elle paraît disposée, maintenant qu'elle est l'épouse du comte de Soissons, à ne plus défendre sa vertu.

Et il découvre aussi cette jeune fille maigre, Henriette d'Angleterre, qu'on veut marier à Monsieur. Elle l'attire. Elle ne baisse pas les yeux quand Louis la fixe.

Toutes ces femmes sont prêtes à se donner, et même cette brune, à peine une jeune fille, Marie Mancini, encore une nièce de Son Éminence, qui soutient aussi son regard, qui est comme une invite.

Louis s'assied à la table de Mazarin, où comme chaque soir Son Éminence joue aux cartes. Louis prend les siennes, augmente la mise, et en quelques heures ce sont des centaines de louis d'or et de pistoles qui changent de main. Les dettes des uns se creusent et d'autres échappent à la ruine.

Louis se lève. Il veut encore danser. Il sent en lui une énergie, un désir inépuisables.

Et pourtant, depuis quelques mois, il souffre, la verge souvent brûlante et purulente. Est-ce le legs de la vieille borgnesse, Catherine de Beauvais, l'initiatrice, ou bien de l'une de ces femmes, chevauchée un soir, oubliée comme un cheval qu'on a loué pour une randonnée dans un relais de poste ?

Mais il surmonte la douleur, se laisse soigner, sans un murmure, et cependant ces onguents, loin d'éteindre le feu qui dévore le bout de sa verge, paraissent l'aviver.

Il ne faut pas y prêter attention, continuer de vivre comme si cette souffrance n'existait pas !

Il danse le *Ballet de la galanterie du temps* composé tout entier par Lully et, emporté par le mouvement des violons du Florentin, il oublie sa douleur.

Danser, jouer, chevaucher, être admiré, désiré, aimé, ce sont là les vrais remèdes.

Il faut donc agir, quitter parfois le Louvre pour, sans aucun apparat, se rendre à l'une de ces foires qui bourgeonnent dans Paris, et découvrir cette foule de mendiants, de gredins qui portent épée et chapeau comme s'ils étaient gentilshommes de bonne noblesse.

Ils sont le visage du désordre, il faut qu'un édit les condamne ! Qu'on les enferme. Ils ternissent le royaume. Ils vivent dans le péché, beaucoup de leurs enfants ne sont pas baptisés, ignorent la religion, méprisent les sacrements, et se livrent à toutes sortes de vices. Ils attirent la malédiction de Dieu.

Il approuve les termes de l'édit qui interdira le vagabondage et la mendicité, et vouera à l'enfermement à la Pitié, à la Salpêtrière, à Bicêtre, à la Savonnerie, qui constitueront l'Hôpital général de Paris, les mendiants de la capitale.

Le royaume doit être en ordre en toutes ses parties, et c'est devoir de roi de veiller à ce que ses sujets ne se rebellent pas, ne créent pas de troubles.

Il se souvient des agitations terribles de la Fronde.

Il écoute son confesseur lui parler de cette querelle qui oppose des chrétiens, ceux qui se réclament des œuvres d'un certain Jansénius – « condamné par le pape, Sire, vous le savez » – et qui s'obstinent dans l'hérésie, autour de l'abbaye de Port-Royal des Champs. Ces « jansénistes » troublent l'ordre, critiquent les jésuites, trop complaisants à les entendre. Louis s'irrite. A-t-on besoin de cette querelle ? Il interroge le père Paulin, exige qu'on lui lise l'une de ces lettres, les *Provinciales*, dont tout le monde parle, écrite par un certain Blaise Pascal et qui se moque des jésuites.

Ils sont accusés de tout accepter dès lors que l'intention de l'acte commis – fût-il condamné par l'Église – n'est pas mauvaise.

« Ils contentent le monde en permettant les actions, et ils satisfont l'Évangile en purifiant les intentions. »

Louis n'a pas de goût pour cette querelle. Il se méfie de ces jansénistes, du miracle qui aurait sauvé de la maladie une nièce de Pascal et de l'engouement des princes et des ducs pour cet Arnauld d'Andilly qui réside dans l'abbaye de Port-Royal des Champs devenue une sorte de lieu de pèlerinage.

Il se défie de ce mouvement qui entraîne ceux qui furent presque des frondeurs, et notamment le prince de Conti.

Il voudrait agir, condamner, mais Son Éminence tergiverse, ordonne la fermeture des Petites Écoles créées pour l'instruction des enfants des jansénistes, mais il ne va pas au-delà, alors qu'il faudrait appliquer avec rigueur la bulle pontificale stigmatisant ces hérétiques.

Mais c'est Son Éminence qui gouverne, qui préfère toujours la négociation à l'affrontement, qui voudrait un accord avec l'Espagne, parce que la guerre coûte trop cher, que les caisses sont vides, qu'une défaite succède à une victoire.

Turenne est battu à Valenciennes, vainqueur à Capelle, mais demain ?

Louis subit cette leçon de prudence.

Il arrive des Pays-Bas espagnols. Il a chevauché en territoire conquis, heureux d'être à la tête des troupes, de traverser des villages où la population soumise et apeurée fait allégeance au roi de France.

Et il lui faut écouter Nicolas Fouquet, ce surintendant des Finances qui, avec l'élégance d'un grand seigneur, annonce que les financiers se dérobent, refusent de prêter au roi. Il a dû exiger un prêt personnel des membres du Conseil-d'en-Haut.

Louis n'aime pas la superbe de cet homme-là. On lui a rapporté que Nicolas Fouquet comme Colbert, l'homme de Son Éminence, prélèvent au passage, sur les prêts qu'ils obtiennent et les impôts qu'ils collectent, leur part. Nicolas Fouquet a envoyé son frère à Rome, pour que cet abbé achète des sculptures, des tapisseries, des peintures, qui décoreront les résidences du surintendant des Finances à Vaux, Belle-Isle, Saint-Mandé.

Mais comment agir ?

Fouquet est aussi l'homme de Mazarin.

Alors jouer, danser, jouir.

Louis s'habille en Romain, torse cuirassé d'or et d'argent, et il se mêle, dans les jardins du Palais-Royal et les rues de Paris, et ce durant plusieurs jours, à la Cavalcade et course des bagues, entouré de tous les jeunes courtisans.

Il a donné pour devise aux cavaliers qui l'accompagnent, et forment dans cette course son équipe, *Ne piu ne par*, « Il n'en est pas de plus grand ni de pareil ».

Il lui semble que c'est ce que lui dit, à sa manière, la reine Christine de Suède, cette fille du grand roi Gustave Adolphe qui a régné dix ans puis a abdiqué, et qui vient d'arriver à Paris, le 8 septembre de cette année 1656.

Louis est surpris. Christine paraît sale avec ses mains douteuses, ses cheveux en désordre, son justaucorps et ses bottines d'homme, ses manières de soldat, posant ses jambes sur les fauteuils, disant :

— Ma foi, je baiserais tous les jours si j'y trouvais du plaisir...

Louis feint de ne pas avoir entendu, mais elle poursuit, lui dit qu'il est « grand, bien fait et beau », mais qu'il est « d'une prudence qui excède son âge ». Timide ? interroge-t-elle. Vaillant elle n'en doute pas et – elle sourit –, « s'il s'applique jamais aux affaires, grand prince assurément ».

Puis elle se penche, murmure :

— Si j'étais à votre place, j'épouserais une femme que j'aimerais.

## 16.

Il a dix-neuf ans.

Aimer une femme, l'épouser ?

Pourquoi suivrait-il les conseils de Christine de Suède ?

Il va d'un corps à l'autre, au gré du hasard, des habitudes, de sa fantaisie.

Il croise dans un couloir du Louvre une domestique dont la poitrine et la taille, mais aussi le trouble, l'attirent. Il n'a qu'un geste à faire, déjà elle se pâme. Il est le jeune roi. Elle le sait. Il la prend avec douceur, il la comble d'une dernière caresse, d'un cadeau, puis il s'éloigne.

Chaque jour il remercie Dieu de lui avoir donné cette vie pleine de surprises, d'émotions, de pouvoir et de plaisirs.

Il s'assied, ce 5 janvier 1657, dans la nef de l'église des Jésuites, rue Saint-Antoine.

En son honneur, tout autour de l'église on a allumé plus de quatre mille cierges. L'autel est éclairé par des dizaines de chandelles. Des machines et des ressorts font descendre jusqu'à l'évêque qui officie les hosties consacrées. Puis, sous les voûtes, mille voix entonnent, accompagnées par les orgues et les violons du roi, les chants sacrés.

La messe est un spectacle dont il jouit. La vie est une scène, dont il est le principal acteur.

Il se retourne, derrière lui sont assis la reine mère, Son Éminence, les princes et les ducs, et un peu à l'écart son frère Philippe, qui doit se faire pardonner ses frasques. Il va d'un bal à l'autre, en perruque blonde, vêtu en femme, entouré de jeunes nobles oscillant sur leurs chaussures à hauts talons, parfumés comme des catins, minaudant comme des jeunes filles en émoi.

Louis se lève. C'est la fin de la messe. L'évêque le précède dans la nef, avançant d'un pas lent vers ces portes de l'église maintenant ouvertes. La foule rassemblée crie « Vive le roi ! ».

Louis aime cette vie, cette musique et ces chants, ces lumières, ces corps qui de part et d'autre de l'allée s'inclinent.

Il dévisage ces femmes qui tardent à baisser les yeux. Dans le petit groupe que forment les nièces de Son Éminence, il ne peut détacher ses yeux de la plus jeune, Marie Mancini, à laquelle il n'a guère jusqu'alors prêté attention, se contentant de lui faire l'aumône de quelques mots, alors que l'on portait en terre sa mère, Géronima Mancini, la sœur de Mazarin. Le cardinal avait voulu des obsèques royales, vingt carrosses d'apparat suivant le cercueil, placé dans une voiture tirée par six chevaux.

Le visage de cette Marie Mancini l'avait retenu, puis sa silhouette qu'il avait devinée, maigre sous les voiles de deuil, si différente de ces corps aux formes épanouies, à la peau laiteuse. Quelqu'un près de lui avait murmuré que cette jeune nièce de Son Éminence était piquante, qu'elle avait de l'esprit, puis il avait persiflé, disant qu'elle avait l'air d'une cabaretière, mais celles-ci sont distrayantes, n'est-ce pas ?

Louis avait donc dit quelques mots à cette petite brune.

Il la retrouve dans la lumière dorée des cierges et des chandelles, qui lui donne une beauté inattendue.

Il passe, avec la tentation, à laquelle il résiste, de se retourner. Il a le désir de la revoir, et il est surpris par cette sensation de regret et d'impatience qui l'envahit.

Il faut qu'il la revoie.

Il est irrité quand, au Louvre, sa mère puis Son Éminence évoquent le moment, qui ne saurait être différé trop longtemps, où il devra se marier, ce qui quand on est roi de France exige une longue négociation, doit être un acte conçu dans l'intérêt du royaume.

« Si j'étais à votre place j'épouserais une femme que j'aimerais », avait dit Christine de Suède.

Mais que vaut le conseil de cette reine déchue et fantasque, aux manières et aux odeurs d'un soldat, dont chaque mot fait scandale ? On l'accuse même d'avoir fait assassiner – et peut-être l'a-t-elle tué de ses mains – l'intendant de sa maison, le comte Monaldeschi, qu'on a retrouvé, la tête fracassée, dans la chambre qu'elle occupe au château de Fontainebleau.

D'ailleurs, qu'est-ce qu'aimer ?

Il désire le corps d'une femme, il peut être distrait ou captivé par ses propos, enchanté par sa beauté, son élégance, enivré par le parfum de sa peau, mais aimer, est-ce cela ?

Il écoute Son Éminence dresser le portrait de la princesse Marguerite, la fille de la duchesse de Savoie, sœur de Louis XIII. Ce pourrait être pour le royaume de France un mariage fructueux, permettant la réunion à terme de la Savoie au royaume.

Louis ne répond pas, Son Éminence insiste.

Puis c'est au tour de la reine mère de présenter l'infante Marie-Thérèse d'Autriche, la fille de Philippe IV, roi d'Espagne, le frère de la reine. Ce serait le mariage des deux plus grandes dynasties du monde, et la conclusion d'une alliance qui mettrait fin à cette guerre interminable entre le royaume de France et celui d'Espagne.

Mazarin concède qu'il a envoyé à Madrid Hugues de Lionne, pour ouvrir la négociation, mais les Espagnols se dérobent.

Alors, pourquoi pas Marguerite de Savoie ?

En attendant, c'est la guerre qui se poursuit.

On la mène avec les Anglais de Cromwell, et Louis perçoit à la Cour les réserves des Grands. Peut-on s'allier avec Cromwell le régicide, l'hérétique, ennemi de l'Église catholique ?

On chuchote à Louis qu'il devrait s'opposer à cette politique, imposer à Mazarin de rompre les traités signés avec cette Angleterre républicaine. On lui parle de cette Henriette de France, sa cousine, exilée avec sa mère et ses frères à Paris.

Il hésite. Il est sensible à la beauté d'Henriette mais aussi aux propos de ses confesseurs qui rejettent eux aussi cette alliance anglaise.

Puis, au moment où il s'apprête à interroger Mazarin, celui-ci lui révèle qu'existent par tout le royaume des petits groupes, qui constituent une Compagnie du Saint-Sacrement, un parti dévot, dont plusieurs membres ont été des frondeurs, et qu'il faut se méfier de cette Compagnie-là où l'on retrouve le prince de Conti, et un jeune prédicateur, Bossuet. Et l'on prétend même que Monsieur, frère du roi, a été tenté de la rejoindre. Ce parti dévot étend ses tentacules partout, de l'Hôpital général de Paris au Conseil-d'en-Haut.

Il y a, ajoute Colbert, le dévoué intendant de Mazarin, dans l'entourage de Nicolas Fouquet, des dévots.

Louis se tait. Il ne contestera point l'alliance avec Cromwell. Il n'aime pas ce Nicolas Fouquet, dont on murmure qu'il a entrepris à Vaux-le-Vicomte la construction d'un immense château dont il mène les travaux grand train, employant les meilleurs architectes, jardiniers, peintres, Le Vau, Le Nôtre, Le Brun. On dit même qu'il veut se faire représenter en Apollon ou en Hercule, tel un roi !

Et c'est cet homme-là qui tient les Finances, qui à chaque

Conseil déclare qu'il ne peut plus assurer les dépenses de la guerre, mais qui doit puiser dans toutes les recettes, prélever sa part sur les prêts qu'il négocie, accroître son patrimoine et s'imaginer qu'il peut se comporter comme un souverain !

Ce Fouquet n'est qu'un homme d'argent, un parlementaire, qui finance la guerre et s'en enrichit, sans jamais la faire.

Louis est irrité par cet homme élégant et beau, et qu'on ne voit pas à Péronne ni à Metz quand la Cour quitte Paris pour se rapprocher des lieux de bataille.

Louis abandonne les salons avec joie. Il se rend à Montmédy, la ville tenue par les Espagnols et que les troupes de Turenne assiègent.

Il aime plus que jamais cet air chargé des odeurs piquantes de la poudre, ces soldats qui l'acclament, qui chantent sa bravoure quand, presque chaque jour, il se rend sous le feu ennemi dans les tranchées, malgré les objurgations de son entourage qui craint de le voir frappé par un boulet ou une mousqueterie.

Il veut rester parmi les soldats, en dépit des contre-attaques des assiégés et des pertes qu'ils provoquent à chacune de leurs sorties.

Mais Louis a la certitude qu'il est invulnérable, et il avance dans les tranchées parmi les blessés et les morts, près de quatre mille, dit-on sans émotion.

Il ne quitte Montmédy qu'au lendemain de la prise de la ville le 6 août 1657.

Il chevauche jusqu'à Sedan, où il sait que se trouvent Anne d'Autriche et la Cour.

Il savoure de passer ainsi de la violence de la guerre aux grâces de la politesse courtisane.

Il est encore vêtu comme un roi de guerre, harnaché, crotté. Sa mère, entourée de ses femmes, l'accueille.

— Voici une demoiselle que je vous présente et qui est bien fâchée d'avoir été méchante, commence-t-elle. Elle sera bien sage à l'avenir.

Louis sourit à sa cousine, la Grande Mademoiselle, qui avait fait tirer le canon de la Bastille contre les troupes royales et qui n'est plus qu'une frondeuse repentie.

— Je lui en demande pardon, dit Mademoiselle, je le devrais faire à genoux.

Louis fait un geste pour l'en empêcher.

— Je m'y devrais mettre moi-même de vous entendre parler ainsi, dit-il.

— C'est un effet de mon malheur que mon devoir m'ait obligée à agir d'une manière qui a déplu à Votre Majesté, poursuit Mademoiselle. Je la supplie de l'oublier, et de croire que je ne souhaite rien avec tant de passion que de trouver les occasions de faire autant pour son service que j'ai fait contre.

Il la rassure. Un roi doit pardonner à ceux qui lui font allégeance.

— Je suis persuadé de ce que vous me dites, reprend-il. Il ne faut plus parler du passé.

Puis il se tourne, montre ses gardes du corps.

— Rien n'est plus beau que ces deux escadrons bleus, dit-il. Vous les verrez, ils vous escorteront. Je suis fâché de ne pouvoir vous donner des mousquetaires, ils font garde ici.

Il refuse qu'elle le raccompagne à son carrosse, s'attarde à lui raconter les batailles auxquelles il a déjà pris part.

— Le roi, votre grand-père, n'y a pas été si jeune, dit Mademoiselle.

— Il en a néanmoins plus fait que moi. Jusqu'ici, on ne m'a pas laissé aller si avant que je l'aurais voulu.

Il reste un moment silencieux, puis ajoute :

— À l'avenir, j'espère que je ferai parler de moi.

# 17.

Louis est encore dans l'ombre.

Les danseurs qu'il a choisis avec Lully virevoltent déjà sur la scène, accompagnés par les violons du roi.

Louis a refusé que paraissent dans ce ballet royal d'*Alcibiade* les Grands, princes et ducs, et même son frère Philippe, qui l'avaient accompagné dans les précédentes chorégraphies.

Il aperçoit, assis au premier rang, son frère, poudré, les cheveux noirs frisés. Philippe se penche à droite, chuchote quelques mots à son amant le comte de Guiche, puis il se tourne vers Mme de Choisy ou Mme de Fiennes, deux intrigantes, qui l'enveloppent de leurs flatteries, lui rapportent toutes les rumeurs.

Il faut se défier de ces bavardes avides.

Louis ne regrette pas d'avoir bousculé son frère qui prétendait se gaver les jours de carême et, lorsque Philippe lui a jeté son « assiette au nez », Louis s'est emporté, le menaçant de le chasser à coups de pied. Philippe a boudé dans sa chambre, comme une femme. La reine et Son Éminence Mazarin l'ont forcé à se réconcilier. Mais Philippe ne dansera plus.

Il faut que sur scène il n'y ait que le roi, qu'on sache ainsi qu'il est le centre du royaume, même s'il ne peut encore gouverner et s'il est contraint de se soumettre au cardinal et à la reine.

Louis frappe du talon. Il s'impatiente. Il veut qu'on le voie seul, au milieu de ces danseurs, qui sont gens de métier qu'on paie et qui ne sont autour du roi que pour, par leurs pirouettes, leurs culbutes et leurs arabesques, faire ressortir sa majesté.

Il s'avance enfin dans la lumière des grands candélabres.

Il aime entendre ce murmure admiratif qui peu à peu se substitue à la musique.

Il a vingt ans.

Il danse. Il gouverne le ballet comme il veut dans l'avenir gouverner le royaume.

Mais il s'interroge.

Les paysans se soulèvent en Normandie, en Saintonge, en Auvergne, en Beauce, en Sologne. Ils sont des milliers, armés de faux et de battes. Les bateliers de la Loire brandissent haches et gaffes. Tous, « sabotiers » de Sologne, mariniers, protestent contre le cours forcé de la monnaie de cuivre, dévaluée. Ils pillent, assurent qu'on les étrangle, qu'on les prive du tiers de leurs revenus.

Et l'on dit que Condé veut leur envoyer un renfort de quatre mille cavaliers. Ce royaume ne connaîtra-t-il donc jamais l'ordre ?

Louis écoute le sermon de carême qu'au Louvre un capucin prononce, la voix tremblante d'indignation et d'émotion, comme si tout à coup le prédicateur prenait conscience des accusations qu'il formule. Il continue pourtant.

— C'est une honte, lance-t-il, les peuples se saignent pour le bien des affaires de Votre Majesté, pour sa gloire et le soutien de sa couronne. Ils voient avec des soupirs et des larmes que tout leur avoir et toute leur substance passent en des mains étrangères qui prennent pour elles et pour leurs créatures toutes les finances de votre État.

Louis observe ce Nicolas Fouquet, rayonnant de suffisance, dont on dit qu'il transforme en place forte Belle-Isle qu'il vient d'acheter. Il s'entoure d'une cour de laudateurs, comme ce fabuliste La Fontaine, ce comédien Molière, et cet auteur Pierre Corneille. Et son premier commis Pellisson met sur pied une compagnie de commerce qui vend au royaume rival, l'Espagne, des toiles blanches tissées en Normandie.

Un roi de France peut-il tolérer que naisse une telle puissance, que grandissent la gloire et la richesse d'un homme qui a choisi pour ses armes un écureuil, placé entre les pattes d'un lion, et fait inscrire sous les tableaux d'Apollon ou d'Hercule *Quo non ascendam*, « Jusqu'où ne monterai-je pas » ?

Est-ce là la devise d'un surintendant des Finances, d'un sujet du roi de France ?

Louis s'assombrit. On lui murmure que Colbert s'emploie avec la même avidité que Nicolas Fouquet à entasser une fortune pour son maître le cardinal de Mazarin.

Louis ne quitte pas des yeux Son Éminence, au Conseil, le soir à la table de jeu ou bien conversant avec ses nièces.

Louis s'approche. Il connaît Olympe et Laure. Mais c'est Marie Mancini qui l'attire. Elle a embelli. Elle ne baisse pas les yeux. Son visage aux traits irréguliers est souriant.

Louis aime à l'écouter parler. Elle récite dans un italien velouté de longs passages de *La Divine Comédie*, puis elle traduit, la voix marquée par son accent, attachante, et il découvre ainsi Dante. Elle lui raconte le *Grand Cyrus* de Mlle de Scudéry.

Lorsqu'elle lève la tête vers lui, il est troublé par la masse de ses cheveux de jais. Il a le sentiment d'éprouver pour la première fois, avec une femme, autant et peut-être plus de plaisir à l'écouter qu'à la voir.

Lorsqu'elle s'éloigne, elle lui manque.

Il ne peut s'empêcher de dire à Son Éminence :

— Dieu que votre nièce a de l'esprit !

Le cardinal fait mine d'être étonné, dit qu'il a plusieurs nièces.

Et Louis murmure ce nom, Marie.

Il ne l'oublie pas alors qu'il chevauche en Flandre, entre les dunes et Dunkerque, entre Calais et Mardyck.

Il se sent las. Il s'étonne de ne pas éprouver cette joie vive qu'il a connue sur d'autres champs de bataille, quand il s'élançait à la tête des gardes du corps et des mousquetaires, ou qu'il entrait dans les villes conquises par Turenne.

En apparence pourtant, tout paraît recommencer.

Les Espagnols de Dunkerque capitulent. Louis pénètre dans la ville. Il est accueilli dans l'église par tous les religieux de la cité, auxquels il doit s'adresser. Il lui semble qu'il ne parviendra jamais à parler. Sa tête est serrée par une couronne de souffrance, comme si des épines pénétraient ses tempes, s'enfonçaient dans son front. Il ferme les yeux. Il s'efforce de rester droit. Il réussit à prononcer quelques mots. Puis il a l'impression d'étouffer. Il a la nausée. Il ne répond pas à Turenne qui lui annonce que Dunkerque va être remise, en application des traités d'alliance, aux Anglais.

C'est une déception de plus.

Il a l'impression qu'il va s'effondrer, que la fièvre va le terrasser. Il faut pourtant donner le change, chevaucher sous ce soleil voilé, dans cette brume nauséabonde qui sent le marécage et les chairs putréfiées. Il se penche sur l'encolure de son cheval. Il chancelle. La chaleur l'écrase. La migraine fait éclater sa tête. Il devine qu'on le questionne, qu'on s'inquiète. Il se redresse, fait un geste de dénégation, tend les rênes de son cheval au moment où il doit s'enfoncer dans les marais, avec de l'eau grise jusqu'au poitrail.

On arrive enfin à Mardyck. Et Louis ne peut s'empêcher

de se coucher sur sa monture. Il ne veut pas perdre conscience. Il est le roi de France. Mais un voile noir lui enveloppe la tête. Il n'entend plus que le battement rapide, haletant, brûlant de son cœur, cependant que son corps fiévreux se couvre de sueur glacée.

Combien de temps s'est-il écoulé ?

Il ouvre les yeux. Il voit ces hommes en noir aux bonnets carrés, les médecins penchés autour de lui.

On lui murmure qu'il est à Calais où on l'a transporté, que sa fièvre est forte, qu'on l'a saigné, purgé et qu'on va devoir recommencer. Il reconnaît le médecin de sa mère, Guenaut, et le sien, Vallot. Il devine leurs conciliabules. On le purge et on le saigne de nouveau. Il vomit. Il pisse. Il a l'impression qu'on a jeté son corps sur un bûcher. Les flammes dévorent sa peau, brûlent sa tête et son ventre.

Il distingue des cloques, des plaques rouges sur ses avant-bras, ses cuisses, sa poitrine.

Il ne peut s'empêcher de se contorsionner, de laisser échapper des phrases. Il délire. Il a des convulsions puis il retombe, épuisé.

Il entend les médecins qui disent qu'il a été purgé vingt-deux fois, saigné plus d'une dizaine de fois. Il est victime, disent-ils, d'une fièvre pourprée, et peut-être va-t-il mourir.

Il voit le prêtre s'avancer, portant le saint viatique, murmurant les prières des agonisants. Et il l'entend lui dire qu'on prie dans toutes les églises du royaume, que celles de Paris sont remplies par la foule des sujets du roi qui en appellent à la grâce de Dieu.

Il est calme. Si Dieu le veut, qu'on lui prenne la vie. Il regarde autour de lui. Pas un prince, pas un duc, dans la chambre, tous ont fui son chevet, peut-être par crainte de la maladie, ou parce qu'ils l'imaginent condamné, qu'ils doivent faire leur cour à Monsieur, frère du roi, que chaque accès de fièvre de son aîné rapproche du trône.

Louis lève la main, demande à Son Éminence de s'approcher. Mazarin s'assied près de la tête du lit, se penche.

— Vous êtes un homme de résolution et le meilleur ami que j'aie, murmure Louis. C'est pourquoi je vous prie de m'avertir lorsque je serai à l'extrémité.

Il se sent rassuré quand Mazarin lui serre le poignet, lui répond qu'il va vivre.

Les médecins s'approchent, on lui présente un verre où l'on a mêlé de l'antimoine, une tisane purgative et du vin émétique.

Il boit lentement, soulevé sur les coudes.

Il vomit, par longues saccades qui laissent dans sa bouche et sur ses lèvres une saveur amère.

Les médecins se penchent, examinent ses vomissures, « nature séreuse, verdâtre et un peu jaune », disent-ils.

Il voit sa mère qui écarte les médecins, qui tend la main, lui caresse le front. Elle chuchote qu'il va triompher de la maladie, que dès lors qu'il a vomi, il est sauvé, qu'il va expurger toutes ces humeurs. Il tousse. Il vomit à nouveau, « de la bile jaune, comme du miel, des glaires brunâtres, pourries ».

Il a la sensation que tout son corps a été battu, brisé, et qu'il ne sera plus capable de se lever, de marcher, de danser.

On lui murmure que cela fait quinze jours qu'il est ainsi alité, mais qu'il n'est plus au fond de l'abîme.

On le saigne, on le purge de nouveau, mais il peut garder les yeux ouverts, comme si sa couronne de douleurs s'était desserrée. Il peut interroger La Porte et Dubois, ses premiers valets de chambre qui ne l'ont pas quitté.

Ils lui rapportent comment les courtisans se sont empressés autour de Monsieur. Les intrigantes, Mme de Choisy et

Mme de Fiennes, se sont réjouies de la mort annoncée du roi, se présentant déjà comme les favorites du futur souverain, le roi Philippe. Elles ont espéré le décès du roi, rôdé autour de sa chambre. On a même surpris Mme de Fiennes, à la porte, couchée par terre pour tenter de savoir ce qui se passait dans la chambre.

Louis ferme les yeux, mais ce ne sont plus la fatigue et la maladie qui l'incitent à se replier sur lui-même, mais le besoin de se concentrer, de conclure qu'un roi n'a que des rivaux, qu'il faut se défier de tous, même de son frère, ce Philippe, dont les boucles brunes, les yeux faits, la poudre et les parfums, les manières sont ceux d'une femme, mais que l'ambition et la jalousie sans doute dévorent et que son entourage, ses amants et ses maîtresses enivrent avec leurs compliments, leurs propres ambitions.

Il se souviendra d'eux, de ces loups et de ces louves aux aguets, et de cette Marie Mancini dont on lui dit qu'elle s'est « tuée à pleurer », priant pour la guérison de son souverain, restant seule, alors que tous les autres couraient à Compiègne pour faire leur cour à Philippe, Monsieur, le frère du roi.

Il n'oubliera pas.

On peut mourir à vingt ans, même si l'on est roi de France. Mais Dieu a voulu qu'il survive. Peut-être cette maladie, ce frôlement de la mort sont-ils une leçon pour qu'il apprenne que la solitude est la condition des rois, et peut-être aussi que cette guerre contre les Espagnols doit cesser, qu'il est temps de faire la paix.

Louis se lève. Il marche. Ses forces reviennent. Il lui semble même qu'il est plus vigoureux, qu'il a appris à voir dans le cœur des êtres.

Il rencontre son frère, le regarde avec ironie.

— Si vous eussiez été roi, vous auriez été bien embarrassé, lui dit-il.

Il égrène les noms de Mme de Choisy, de Mme de Fiennes, du comte de Guiche. Maîtresses, favorites et amant : qui l'aurait emporté auprès du futur roi ?

Il laisse Philippe se récrier, dire qu'il n'a jamais souhaité la mort du roi.

— Je le crois tout de bon, répond Louis.

Il s'éloigne. Il veut revoir cette Marie Mancini qui a pleuré et prié alors qu'il n'était qu'un homme dont on attendait et espérait la mort.

# 18.

Il vit.

Louis n'a jamais ressenti une telle joie à chevaucher aux côtés d'une femme, cette Marie Mancini qui, bonne cavalière, galope près de lui alors que les carrosses roulent plus lentement sur ces routes de Bourgogne, puisque la Cour se rend à Lyon afin d'y rencontrer la princesse Marguerite de Savoie et sa mère, et conclure peut-être un mariage entre le roi de France et la princesse.

Il rit. C'est sa manière de répondre à Marie Mancini qui se montre quelques instants jalouse, puis laisse à nouveau son intelligence jaillir.

Le soir, à l'étape, Louis est espiègle. Il irrite la reine mère. Tout lui est plaisir et joie. C'est comme si après la maladie, cette mort côtoyée, il désirait jouir de chaque instant.

— N'est-il pas vrai, dit-il, que ceux de la maison d'Autriche n'étaient que comtes de Habsbourg quand nous étions rois de France ?

Sa mère, Anne d'Autriche, sœur du roi d'Espagne Philippe IV, ne peut que défendre Charles Quint, les Habsbourg, préférer un mariage espagnol avec l'infante Marie-Thérèse, sa nièce, à un mariage savoyard.

— Si nous étions à nous disputer, le roi d'Espagne et moi, je le ferais bien céder, reprend Louis. Que je serais aise s'il se voulait battre contre moi pour terminer la guerre en tête à tête ! Mais il n'aura garde de le faire ! De cette race ils ne se battent jamais. Charles Quint ne le voulut pas contre François Ier qui l'en pressa instamment.

— Ce discours-là ne me plaît pas, répond sa mère.

Louis s'incline, moqueur.

La vie est neuve. Se marier avec la princesse Marguerite de Savoie et continuer de passer des heures en compagnie de Marie Mancini, pourquoi pas ?

Elle se dérobe pourtant chaque fois qu'il l'effleure, mais il aime de plus en plus sa voix, son esprit.

Il danse avec elle, dans ces salles sombres de l'hôtel de ville de Lyon. Elle chante, elle raconte. Elle donne à la vie des couleurs que Louis ne lui connaissait pas.

Il écoute distraitement Mazarin qui lui parle de l'élection du nouvel empereur du Saint Empire romain germanique Léopold Ier, et de la constitution de la ligue du Rhin, composée de princes favorables à la France. Car il faut, poursuit Mazarin, prendre en compte les changements qui se produisent. Cromwell vient de mourir. Quels seront les lendemains en Angleterre ? Il faudrait conclure la paix avec l'Espagne, et pour cela le mariage avec l'infante Marie-Thérèse...

— Marguerite de Savoie ou Marie-Thérèse d'Espagne, murmure Louis.

Il a vingt ans. Il a envie de se marier.

Il chevauche à la rencontre du cortège de la duchesse et de la princesse de Savoie qui se dirige vers Lyon. Il voit d'abord les mules chargées des bagages, puis les gardes à casaque noir et or qui entourent le carrosse de la duchesse de Savoie et de sa fille.

Il veut la voir. Le carrosse s'arrête. Il dévisage la princesse, s'installe près d'elle dans le carrosse, faisant ainsi la route jusqu'à Lyon.

— Elle est petite, confie-t-il le soir même à Anne d'Autriche. Mais elle a la taille la plus aisée du monde. Elle ressemble fort à ses portraits. Elle a le teint un peu basané, mais cela lui sied bien. Elle a de beaux yeux. Elle me plaît et je la trouve à ma fantaisie.

Pourquoi pas Marguerite de Savoie, comme épouse?

Il danse avec elle, lors du grand bal donné en son honneur. Puis il retrouve Marie Mancini. Ils sont logés de part et d'autre de la place Bellecour. Lui, dans le somptueux palais du financier italien Mascarani. Ils s'y rencontrent, puis ils marchent lentement côte à côte, une partie de la nuit, allant et venant sur la place verglacée.

— N'êtes-vous pas honteux qu'on veuille vous donner une si laide femme? interroge Marie Mancini.

Elle glisse, s'accroche à son bras. Il est ému, sourit. Marie s'écarte, s'arrête. Dans cette pleine lune de décembre, avec le col de fourrure qui cache le bas du visage de Marie, Louis ne voit que les yeux vifs et les boucles noires qui tombent sur les épaules de la jeune femme.

— Laide, reprend Marie, et bossue.

Elle insiste, répète ce mot. Il serait donc le seul, s'étonne-t-elle, lui le roi de France, le futur époux, à ignorer la difformité de la princesse savoyarde.

Il est tenté de confier à Marie Mancini ce qu'il a appris. L'arrivée à Lyon, déguisé en mendiant, d'un envoyé du roi d'Espagne, son secrétaire d'État aux Affaires extérieures, Antonio Pimentel. Il s'est fait reconnaître par Colbert. Il a rencontré Son Éminence Mazarin. Il vient proposer, au nom de son souverain Philippe IV, un traité de paix entre la France et l'Espagne, après plus de deux décennies de guerre, et il offre au roi de France la main de l'infante d'Espagne, Marie-Thérèse, la nièce d'Anne d'Autriche.

Mais Louis se sépare de Marie Mancini sans ajouter que l'on dispose ainsi une nouvelle fois de son avenir.

Il est irrité à cette idée.

Le matin, il se rend chez Marguerite de Savoie. On veut lui interdire d'entrer dans cette suite de pièces obscures où loge la princesse. Il est hanté par les mots de Marie Mancini, « laide et bossue ». Il écarte les domestiques, il aperçoit Marguerite de Savoie en déshabillé. Il voit la difformité. Il s'incline, ressort.

Il en veut à Mazarin, à la reine mère. On agit avec lui comme s'il n'était pas le roi de France.

Il n'épousera pas cette Savoyarde. Quant à l'infante d'Espagne… Et pourquoi pas Marie Mancini ?

Il joue avec cette idée. N'est-il pas le roi de France, le maître ?

Il traverse la place Bellecour. Il entend la voix de Marie Mancini. Elle chante, s'avance vers lui quand elle l'aperçoit. Il aime son sourire et ses élans.

Il l'entraîne. Ils vont galoper toute la matinée. Parfois elle le distance, et il ne se lasse pas de voir sa silhouette dans un justaucorps de velours noir doublé de fourrure, les plumes de son bonnet tombant sur ses épaules. Elle est enjouée, mutine.

Pourquoi pas Marie Mancini ?

Il imagine les arguments d'Anne d'Autriche. Il sait que sa mère est depuis toujours favorable au mariage espagnol. Quant à Mazarin, comment savoir ? C'est un homme qui peut plier, se dérober si on lui résiste.

Louis se souvient de la Fronde.

Il apprend que Mazarin a déjà congédié les Savoyardes, en les comblant de cadeaux et de promesses. C'est donc que le cardinal, comme il l'avait plusieurs fois laissé entendre, choisit la paix avec l'Espagne. Le mariage savoyard n'a été qu'un leurre, pour attirer les Espagnols. Mais c'est moi qu'on veut marier, moi le roi.

Il a vingt ans.

Il voit s'avancer vers lui, dans la salle de bal, Marie Mancini, fière et belle, radieuse, portant rubans et émeraudes. Cette vision l'enchante et le grise.

Qu'importe les pensées et les stratagèmes de la reine mère et de Mazarin ? Il est le roi et, ce soir, cette jeune femme qui lui sourit le comble.

Il va vers elle. Il ne pense plus qu'à elle.

— Ma reine, murmure-t-il, cet habit vous sied à ravir.

# 19.

Il ne quitte plus Marie Mancini.

Il danse, il galope, il rit avec elle. Il ne se lasse pas de l'écouter. C'est donc cela aimer ?

Et l'on voudrait le priver d'elle ?

Il refuse d'obéir à Anne d'Autriche. Sa mère hausse le ton. Il frappe du talon. Je suis le roi. Elle pleure, elle s'emporte. Il voudrait crier *c'est ma vie*, répéter, *ne suis-je pas le roi ?* Mais il n'ose pas. Il lui faudrait tourner le dos, dire qu'il est désormais le seul maître de ses décisions. Mais sa mère pleure. Et il sent qu'il va pleurer lui aussi.

Il se laisse entraîner, loin des suivantes, des dames d'honneur qui assistent à la scène. Il est maintenant en tête à tête avec sa mère, dans ce cabinet de bains. Elle lui répète que le mariage avec l'infante Marie-Thérèse est le seul digne de lui, celui qui va permettre d'établir la paix entre les deux monarchies catholiques, pour le bien de l'une et de l'autre, et la paix du monde.

Louis, Roi Très Chrétien, pourrait-il oublier ses serments du sacre de Reims ? Sait-il que dans tout le royaume on espère ce mariage, on dit qu'il « finira la guerre, et que l'infante d'Espagne sera une reine de paix » ?

Lui, Louis, peut-il ignorer les souhaits de ses sujets, de la sainte Église ?

Elle a reçu ce matin une lettre de ce jeune prédicateur, Bossuet. Il lui écrit : « Madame, les victoires de notre grand roi relèvent l'éclat de votre couronne, et ce qui surpasse toutes les victoires, c'est qu'on ne parle plus, par toute la France, que de cette ardeur toute chrétienne, avec laquelle Votre Majesté travaille à faire descendre la paix sur la terre. »

Tel est l'enjeu, dit-elle.

Il se sent comme écrasé sous un poids immense qui l'étouffe.

Il essaie d'oublier Marie Mancini. Il tente de s'intéresser à cette querelle feutrée, à cette haine même, dont toute la Cour parle à mots couverts et qui oppose le surintendant Nicolas Fouquet, resté seul maître des Finances après la mort du second surintendant Abel Servien, et Colbert, l'homme de Mazarin.

« C'est une chose publique et connue de tout le monde, répète Colbert, que le surintendant a fait de grands établissements, non seulement pour lui, non seulement pour ses frères, non seulement pour ses parents et amis de longue main, non seulement pour tous les commis qui l'ont approché, mais encore pour toutes les personnes de qualité du royaume et autres qu'il a voulu s'acquérir, soit pour se conserver, soit pour s'agrandir. »

Louis écoute. On lui apprend que Fouquet organise dans son château de Vaux-le-Vicomte, dont les travaux viennent de s'achever, de somptueuses réceptions. Molière y donne la comédie. Lui dont la troupe a été accueillie au palais du Petit-Bourbon, et qui vient d'interpréter pour la Cour une pièce fort plaisante, *Les Précieuses ridicules*, n'a pas résisté à l'attrait de la puissance de ce Nicolas Fouquet. Et l'on vante la munificence du surintendant, la beauté de ses jardins, la splendeur d'une fontaine représentant Neptune.

Louis, quelques instants, oublie Marie Mancini, puis tout

à coup il s'emporte, comment pourrait-il être le maître, s'il se laissait imposer une épouse dont il ne veut pas ?

C'est sa souveraineté et sa liberté de roi qu'il défend, en s'obstinant à refuser ce mariage espagnol.

Il fait face à Mazarin. Il ne baisse pas les yeux. Il dit qu'il est prêt à se passer de lui, qu'il peut, qu'il doit gouverner à sa guise, et non à celle du Premier ministre – il ajoute, dans un murmure, fût-il dévoué au royaume et eût-il bien servi son souverain.

Mazarin d'une voix calme annonce que les pourparlers avec l'Espagne sont près d'aboutir. Une trêve entre les deux armées a été signée et est respectée.

N'est-ce pas là l'intérêt du royaume ?

Les préliminaires du traité sont en cours de rédaction. Le royaume de France y gagnera de nombreuses villes des Flandres. L'Alsace, la Franche-Comté, et même la Lorraine, si elles ne sont pas encore acquises sont dominées, elles vont mûrir comme des fruits qui tomberont inéluctablement dans les mains françaises.

N'est-ce pas à cela que se mesure la gloire d'un roi ?

Mazarin se tait un long moment puis ajoute qu'il est prévu que le roi épousera l'infante d'Espagne Marie-Thérèse, et, moyennant le paiement effectif fait à Sa Majesté Très Chrétienne, le roi de France, de cinq cent mille écus d'or, l'infante renoncera à tous ses droits de succession à son père, le roi d'Espagne Philippe IV.

— Et si l'Espagne ne peut payer ce « moyennant »... murmure Mazarin, l'infante, devenue reine de France, héritera.

Puis il précise que les négociations vont se poursuivre, à la frontière entre les deux royaumes, dans l'île des Faisans, au milieu de la Bidassoa. Il doit y rencontrer le Premier ministre espagnol, Luis de Haro, pour y conclure et signer ce traité qui terminera la guerre commencée, Louis le sait-il, en 1635. Et Monsieur le Prince, Condé, devra reconnaître ses fautes et supplier le roi de les oublier.

Ainsi seront éteints les derniers brandons de la Fronde, et le roi de France reconnu comme Louis le Grand.

La Cour, ajoute Mazarin, devra quitter Paris pour rejoindre Bordeaux, Toulouse, et la frontière espagnole, au mois d'août. Le roi visitera ainsi les provinces du Sud, en compagnie de la reine, et il pourra signer le traité et...

Silence de Mazarin, puis à mi-voix :

— ... le contrat de mariage.

Louis ne veut pas se soumettre. Il continue de voir Marie Mancini. Elle est sa liberté. Il lui semble impossible de vivre loin d'elle, et cependant il apprend que Mazarin décide d'éloigner ses nièces de la Cour. Marie s'en va en compagnie de ses sœurs Hortense et Marianne. Elles partent pour Fontainebleau, puis La Rochelle, dont Mazarin est le gouverneur.

Que faire ?

Louis entre chez sa mère, qui l'entraîne à l'écart.

Il entend à nouveau le rappel de ses devoirs de roi. Il la supplie de comprendre. Mais le désespoir le gagne. Il craint de ne pouvoir lui résister.

Il veut voir Marie avant son départ. Il pleure. Il a l'impression qu'il est à nouveau frôlé par la mort, comme durant sa maladie. Et qu'il n'a pas assez de force pour imposer sa volonté. Mais il veut aussi être un grand roi, celui qui apporte territoires et paix à son royaume.

Il prend les mains de Marie Mancini, les serre.

Elle ne pleure pas, mais elle mord ses lèvres. Elle murmure :

— Vous pleurez et vous êtes le maître. Vous êtes roi et je pars !

Il se débat encore. Il écrit lettre sur lettre à Marie qui lui répond par de longues missives. Il ne veut pas renoncer.

Mais Mazarin est déjà dans l'île de la Bidassoa. Et lui aussi écrit.

« Je vous conjure de bien vous appliquer pour vous rendre maître de toutes vos passions, répète Mazarin. Dieu a établi les rois pour veiller au bien, à la sûreté et au repos de leurs sujets et non pas pour sacrifier ce bien à leurs passions particulières. »

Et s'ils le font, la Providence divine les abandonne et les punit.

« Les histoires sont pleines de révolutions et des accablements que ces rois oublieux de leurs devoirs et de leurs serments ont attirés sur leurs personnes et sur leurs États. »

Il cède, pas à pas. Il continue d'écrire à Marie, et on lui transmet les lettres qu'elle lui adresse. Mais il faut quitter Paris avec la reine mère, à la fin août. Il ne veut pas admettre qu'il est déjà vaincu, qu'il a renoncé. Il exige qu'on lui laisse rencontrer Marie.

Anne d'Autriche cède enfin et il se précipite vers le lieu de rencontre, à Saint-Jean-d'Angély.

Lorsque les carrosses des sœurs Mancini apparaissent, il s'avance, entraîne Marie à l'écart, lui serre les mains. Il a le sentiment étrange qu'il échappe à la tristesse et qu'il s'y enfonce, car il sait qu'il continuera vers Bordeaux, Toulouse, la Bidassoa, qu'il signera ce traité, ce contrat de mariage, et il lui semble que Marie le sait aussi, qu'elle n'a plus aucune illusion, qu'elle aussi s'est soumise à la volonté de son oncle.

Elle parle peu. Ils marchent côte à côte en frôlant leurs mains et leurs épaules. La gouvernante de Marie Mancini, Mme de Venelle, qui espionne pour le compte du cardinal, ne les quitte pas des yeux. Et Olympe, l'une des nièces de Son Éminence, qui est devenue comtesse de Soissons et s'est offerte au roi, est là, aussi, comme pour annoncer qu'elle est prête, sans ambition matrimoniale, à se donner de nouveau à Louis lorsque, enfin, il aura renoncé à Marie.

C'est fait.

Il lui faut lire les admonestations de Mazarin.

« Vous avez recommencé à lui écrire et tous les jours, non pas des lettres mais des volumes entiers, lui donnant part des moindres choses qui se passent, morigène Mazarin. Vous pratiquez tous les expédients imaginables pour échauffer votre passion, alors que vous êtes à la veille de vous marier... »

Et il faut lire aussi cette lettre, dont Louis a l'impression qu'elle le salit. Mazarin accable sa nièce.

« Elle a une ambition démesurée, un esprit de travers et emporté, un mépris de tout le monde, nulle retenue en sa conduite et prête à faire toutes sortes d'extravagances. Vous savez enfin comme moi qu'elle a mille défauts et pas une qualité qui la rende digne de l'honneur de votre bienveillance. »

Louis jette la lettre, la reprend.

« Dites-moi, poursuit Mazarin, quel personnage prétend-elle faire après que vous serez marié ? A-t-elle oublié son devoir au point de croire que je serais assez malhonnête homme ou pour mieux dire assez infâme pour trouver bon qu'elle fasse un métier qui la déshonore ? »

Louis s'emporte. Que Son Éminence abandonne sa charge, crie-t-il.

Mais la missive de Mazarin contient aussi la lettre de démission du cardinal, et les articles du traité et du contrat de mariage.

Louis baisse un instant la tête puis, lèvres serrées, il la redresse.

Ses vingt ans sont passés.

La mort et l'amour se sont éloignés. Que vienne le temps de la puissance et de la gloire.

# 20.

Il veut être, il sera, il est Louis le Grand.

Il veut qu'on sache qu'il n'admettra plus que l'obéissance.

Il regarde s'avancer vers lui, dans la grande salle de l'hôtel de ville de Toulouse, un homme altier, vêtu de noir, qui marche lentement, comme à regret, semble hésiter, puis enfin s'agenouille.

C'est le pasteur Eustache, le représentant des Églises réformées, dont les députés viennent de se rassembler en synode, ici, à Toulouse. Le pasteur voulait haranguer le Roi Très Chrétien, debout, face à face, comme s'il n'était pas, ne devait pas être d'abord un sujet soumis. Il a finalement dû accepter de s'agenouiller devant le roi.

Louis ne le regarde pas. Il ne veut pas l'écouter alors que le pasteur s'exprime d'une voix étouffée par l'humiliation et le dépit.

Ce pasteur n'est qu'un sujet hérétique.

Il termine sa harangue.

— Je vous maintiendrai dans mes édits, dit Louis d'une voix méprisante.

Il faut que ces « religionnaires », ces « mal-sentants de la foi », sachent qu'il n'y a de place en ce royaume que pour l'obéissance.

Tous doivent l'apprendre. Qu'ils se nomment protestants,

jansénistes ou dévots rassemblés dans la Compagnie du Saint-Sacrement.

Louis va dire aux représentants de l'Église du royaume qu'il faut anéantir ce jansénisme, que trois raisons l'y obligent, « la conscience, l'honneur et le bien du royaume ».

Et que c'en soit fini des réunions sous couvert de piété et de dévotion.

« Unité, concorde, obéissance » : tels sont les principes du royaume de France.

Il pourra pardonner, mais il faudra d'abord que l'on demande grâce.

Il écoute le prince de Condé, venu à Aix-en-Provence, où se trouve la Cour, ce 25 janvier 1660.

Conformément aux termes du traité, dit des Pyrénées, signé entre l'Espagne et le royaume de France, la trahison de Condé et ses fautes sont effacées, mais il doit s'agenouiller devant le roi en présence de la Cour et faire repentance.

Après un long moment de silence, Louis d'un geste invite Condé à se relever.

— Mon cousin, dit Louis, vous avez aussi rendu de grands services à ma couronne, je n'ai garde de me ressouvenir d'un mal qui n'a apporté du dommage qu'à vous-même.

Puis il tourne le dos à Condé.

C'en est bien fini de toutes les frondes.

Alors que la Cour s'apprête à quitter Aix pour continuer son périple dans les provinces du Sud, montrer que le roi fait régner l'ordre de Bordeaux à Montpellier, d'Auch à Beaucaire, de Toulouse à Marseille, un message venu de

Blois annonce que Gaston d'Orléans, l'oncle du roi, le frère de Louis XIII, qui fut lui aussi frondeur, vient de mourir.

Dieu met de l'ordre dans le royaume.

C'est Philippe, le frère de Louis, qui devient duc d'Orléans.

Louis s'approche de la Grande Mademoiselle, sa cousine, elle aussi frondeuse, mais soumise désormais.

Il présente ses condoléances à la fille de Gaston d'Orléans. Et en s'efforçant de parler d'une voix égale, sans laisser paraître aucun sentiment, il dit :

— Vous verrez demain mon frère Philippe, avec le manteau d'Orléans. Je crois qu'il a été ravi de la mort de votre père pour avoir le plaisir de le porter. Je suis bien heureux que votre père ait été plus vieux que moi, sans cela mon frère aurait souhaité ma mort, pour pouvoir mettre ce manteau.

Il se tourne vers Philippe.

— Vous épouserez la princesse d'Angleterre, lui dit-il, parce que personne n'en veut.

Philippe se tait. Philippe est maté.

Et tous les rebelles doivent craindre la punition royale.

Louis apprend qu'à Marseille, on a malmené l'envoyé du roi.

Il donne l'ordre aux troupes d'occuper la ville.

Qu'on abatte une partie de ses murailles ! Il entrera dans la cité, à la tête de ses mousquetaires, en franchissant cette brèche ouverte, pour bien marquer que Marseille est traitée comme une ville ennemie et conquise. Dont on se méfie. Que deux forts royaux, ceux de Saint-Nicolas et de Saint-Jean, construits à cet effet, surveilleront.

Il est devenu le roi qui sait châtier.

Et il sent que le regard que l'on porte sur lui change.

Il est aussi le plus grand roi du monde, celui qui épousera dans quelques semaines l'infante d'Espagne, Marie-Thérèse, l'héritière du roi Philippe IV. Et si la monarchie espagnole ne peut honorer le contrat de mariage, verser les cinq cent mille écus d'or promis, « moyennant » lesquels Marie-Thérèse renoncera à la succession, alors le royaume de France aura des droits sur celui d'Espagne.

Et il est le roi de France.

Il aime chevaucher à la tête de la compagnie de ses trois cents mousquetaires à cheval. Il éperonne les flancs de sa monture, grisé par l'air vif, par le grondement du galop des chevaux. Il fait cabrer son cheval. Il lance des ordres. Il ordonne qu'on forme les escadrons. Il commande les exercices.

Puis il rentre, en sueur mais le corps dispos.

Ses valets de chambre s'affairent autour de lui. On l'apprête.

Il va retrouver Olympe, comtesse de Soissons, l'une des nièces de Mazarin. Il va souper, danser, jouer aux cartes avec elle.

On ne parle pas de Marie Mancini. C'est affaire close.

Il a brûlé les lettres qu'elle lui avait écrites. Et il a demandé à Marie de faire de même avec celles qu'il lui avait adressées.

Il veut oublier, comme s'il s'était agi d'une maladie qui l'a un temps terrassé. Il veut que cette passion qui l'a enfiévré disparaisse.

Et Olympe est une jeune femme joyeuse et complaisante. Il n'a plus besoin, il ne veut plus de *précieuse* comme l'était Marie Mancini, et il rit quand il assiste à la représentation de la troupe de Molière. Est-ce de Marie Mancini qu'on se moque ? Était-elle une *précieuse ridicule* ? Il a un mouvement d'humeur, comme une braise qui rougeoie, quand il apprend que Marie serait éprise du duc de Lorraine, qu'elle souhaiterait l'épouser vite.

Est-il possible qu'on l'oublie ainsi ? Lui ?

Mais il ne veut dévoiler à personne ses sentiments. Il ne l'a que trop fait quand la passion pour Marie le tourmentait et l'emportait. On l'a vu pleurer, lui, le roi de France !

Il a observé Son Éminence, écouté les leçons de cet habile. Il faut garder le secret, être capable d'une dissimulation absolue de ses pensées et de ses intentions. Il ne faut pas se plaindre. Il le sait.

Il regarde Mazarin.

L'homme est amaigri, il marche avec difficulté. Il se poudre, il se grime pour cacher les ravages de ces maladies qui dévorent ses poumons, ses reins. Il veut donner le change, agir jusqu'au bout de ses forces, organiser sa succession, jouir de ce triomphe que sont pour lui le traité des Pyrénées et le mariage espagnol. Mais la mort est en lui.

Louis dissimule le dégoût qu'il ressent en s'approchant de Son Éminence tant l'haleine de Mazarin est pestilentielle. Le cardinal suce continuellement des pastilles. Il en offre une à Louis, murmure :

— Voilà ce que c'est l'homme, Sire, j'ai de belles dents et je mange peu, mais mon ventricule est gangrené et voilà la cause de ma mort prochaine.

Louis ressent une forte émotion. Il tressaille. Lorsque Son Éminence disparaîtra, il sera, enfin, le seul maître du royaume. Il faut y songer, mais affecter l'indifférence, dissimuler comme tente de le faire, mais chaque jour plus difficilement, Son Éminence.

Mazarin veut donner l'illusion qu'il va vivre longtemps, tenant les rênes du royaume. Il veut assister au mariage de Marie-Thérèse et de Louis, en ces premiers jours de juin 1660, puis à l'entrée des souverains dans Paris, à la fin du mois d'août.

Louis voudrait que ces semaines soient déjà passées. Il galope le long de la Bidassoa. Les cérémonies du mariage doivent se dérouler à Saint-Jean-de-Luz. Mais avant il faut, dans l'île des Faisans, rencontrer Philippe IV, découvrir ces nobles espagnols, maigres et austères dans leurs pourpoints noirs. Et l'on célèbre d'abord, le 3 juin, un mariage par procuration à Fontarabie.

Louis, comme tous les jeunes gens de la Cour, est habillé de soie vive, de brocart, de rubans, de chapeaux à plumes.

Il est fier d'être ce roi qui chevauche à la tête d'une troupe rutilante. Les uniformes des chevau-légers et des mousquetaires, bleus ou rouges, tranchent sur le noir espagnol.

Il a hâte de découvrir cette Marie-Thérèse dont il n'a vu que des portraits imprécis.

Il la découvre enfin, petite et grasse, aux yeux bleus, aux lèvres un peu grosses mais vermeilles, à la peau laiteuse. Elle a les cheveux d'un blond cendré. Elle paraît douce et son regard est inexpressif. Elle sourit et il voit ses dents noires qui semblent complètement gâtées.

Elle est émue de quitter son père Philippe IV. Elle s'agenouille trois fois devant lui. Louis ne peut la quitter des yeux. Ce sera donc cela son épouse. Le souvenir de Marie Mancini, la brune, la piquante, lui revient. Il s'efforce de le chasser, de paraître satisfait quand sa mère l'interroge sur l'impression que lui a faite Marie-Thérèse, dont elle est la tante.

Ne rien montrer de ses sentiments.

Entrer le mercredi 9 juin dans l'église de Saint-Jean-de-Luz.

Il est le roi le plus puissant d'Europe.

Il marche vers l'autel, le corps serré dans son habit noir, couvert de pierres précieuses et de dentelles, près de lui avance Marie-Thérèse, portant une robe bleue sur laquelle sont brodés des lys d'or.

On s'agenouille devant l'autel.

Il essaie, plus tard, de parler avec Marie-Thérèse. Mais

elle ignore le français, et lui ne peut prononcer que quelques mots d'espagnol.

Il entre dans la chambre, et c'est Anne d'Autriche elle-même qui écarte, avant de se retirer, les rideaux du lit.

Louis s'approche de Marie-Thérèse. Il est celui qui sait.

Il fera son devoir d'homme et de roi.

Le lendemain déjà, il dîne seul.

Et quelques jours plus tard, alors que le cortège royal remonte vers Paris, il le quitte, se dirige vers La Rochelle, puis de là, abandonnant les quelques proches qui l'ont accompagné, il galope dans la lande vers le château de Brouage, isolé, perdu, où réside Marie Mancini.

Il veut la voir, comme un dernier accès de fièvre, l'ultime saignée avant la guérison définitive.

Il ne peut retenir ses larmes dans la chambre où il reste seul avec elle toute la nuit.

Lorsqu'il s'éloigne à l'aube, il sait qu'il n'aura plus pour elle que le regard de l'indifférence.

# 21.

Il ne peut, il ne veut distinguer aucun visage.

Il ne voit que la foule de ses sujets rassemblés tout au long des rues de Paris par dizaines de milliers, ce 26 août 1660.

Il entre avec la reine dans sa capitale.

Il s'est paré pour ce grand ballet qu'il va offrir au peuple. Il porte l'épée, son habit est de soie et d'argent, couvert de pierreries et d'or. Des diamants retiennent les plumes de son chapeau. Et la reine est elle aussi couverte de rubans, de dentelles, d'or, d'argent et de diamants.

Il s'assied sur le trône doré, situé sur une estrade au centre d'une place hors les murs. La reine est assise près de lui ainsi que le chancelier Séguier. Et avancent, montant lentement les marches de l'estrade, tous ceux qui, par leurs fonctions, leurs titres, forment le corps de son royaume. Ils s'inclinent. Ils font allégeance. Ils prêtent serment d'obéissance. Prêtres, parlementaires, marchands, docteurs en théologie, en droit, en médecine, professeurs et prévôts, commissaires et juges. Ils parlent à genoux. Ils offrent les clés de la ville. Et les sceaux de l'État.

Enfin on peut quitter cette *place du trône* et s'engager dans le faubourg Saint-Antoine, pour gagner le Louvre.

Louis cavalcade sur un cheval bai brun couvert d'argent et de pierreries. Il sait que derrière lui chevauchent les princes du sang, et parmi eux Condé, le repenti, le pardonné.

La reine est installée dans un char découvert que tirent six chevaux. Elle est comme enveloppée d'or et de diamants, de soie et de brocart.

On passe sous les arcs de triomphe de toile et de bois, les façades sont décorées de tapisseries. À chaque fenêtre s'agglutinent les spectateurs. Les troupes contiennent la foule, forment la haie, jusqu'au Louvre.

Quel roi peut, en ce monde, connaître une telle apothéose ?

Il voit, peint sur un portique, un soleil dont la lumière d'or dissipe les nuées.

Il est le Roi-Soleil.

Les cloches et le canon accompagnent son entrée.

On chante des vers de Corneille qui saluent la reine :

*C'est trop faire languir de si justes désirs*
*Reine, venez, venez assurer nos plaisirs*
*Par l'éclat de votre présence*
*Venez, venez nous rendre heureux*
*Sous vos augustes lois*
*Et recevez tous les cœurs de la France*
*Avec celui du plus grand de nos rois.*

Il lève les yeux. Le soleil l'éblouit. Il ne voit pas, rue Saint-Antoine, aux fenêtres de cet hôtel qui a été donné à Mme de Beauvais, Cateau la Borgnesse, par Anne d'Autriche, peut-être pour la remercier d'avoir été l'initiatrice de Louis, Mazarin, Henriette d'Angleterre et Marie Mancini. Au second étage de l'hôtel, la jeune femme qui se penche se nomme Françoise d'Aubigné, épouse Scarron, un écrivain difforme, paralysé, qui s'est offert une belle compagne mais de basse extraction, pauvre, à laquelle il a procuré gîte et couvert, et entrée dans le monde, comme gouvernante de l'une de ces dames importantes qui ont l'honneur d'être à la Cour.

Le regard de Louis passe sur ces visages.

Il n'est touché que par celui de Son Éminence, émacié, couvert de poudre, maquillé pour tenter de masquer les empreintes profondes de la maladie.

Mazarin veut lui aussi fêter l'entrée du roi et de la reine Marie-Thérèse. Cette paix, ce mariage sont son œuvre.

Il reçoit dans son palais. Il ne peut se lever de son fauteuil où, fardé, il accueille le roi et la reine, les princes et tous ceux qui espèrent obtenir une faveur, une part de son héritage, une fonction.

Louis s'avance. Il se veut impassible et pourtant ce visage gris l'émeut.

C'est l'homme qui l'a guidé, instruit de politique, et qui chaque jour encore passe plusieurs heures avec lui pour le conseiller, lui expliquer l'état des finances, le rôle indispensable de Nicolas Fouquet, de Colbert, de Michel Le Tellier et de son fils, qui brigue le marquisat et portera ainsi le nom de Louvois.

Louis se penche. Mazarin, qui mâchonne des pastilles, lui confie qu'il va le 23 septembre se faire ordonner prêtre. Car la mort s'avance, ajoute-t-il, les yeux fixes.

Louis recule. L'haleine de Mazarin est irrespirable. C'est comme si toutes les chairs malades exhalaient leur pourriture.

Louis quitte le palais de Son Éminence, où s'entassent, autour d'un homme qui agonise, des trésors : tableaux, sculptures, livres précieux.

« Les Italiens viennent ici gueux et maigres pour s'engraisser », chuchote-t-on à la Cour.

Pourtant, Louis en est persuadé, même si Mazarin a pillé l'État et est devenu la plus riche fortune d'Europe, dotant tous les siens, il a bien servi le royaume.

Mais la mort s'approche.

Louis le sait.

Il parcourt lentement les salles du Louvre. Il va bientôt être le seul maître du royaume.

Il évite de se rendre dans les appartements de Marie-Thérèse. C'est la meilleure femme du monde, et la plus vertueuse, mais elle le lasse déjà.

Il ne peut plus voir ses vilaines dents noires et gâtées. Elle mange à tout instant, par petits morceaux, comme si elle était un serin. Et il a découvert qu'elle aime le jeu outre mesure, mais qu'elle ne gagne jamais, car elle ne semble pas avoir compris les règles des cartes. Alors il l'honore quand il le faut, puisqu'elle est chargée d'assurer la descendance du roi.

C'est devoir de roi plus que plaisir d'homme.

Il préfère aller voir les comédiens italiens, qui attendent l'achèvement des travaux du théâtre qui doit s'élever aux Tuileries. Ils composent une chorégraphie, qu'ils se proposent de nommer *Ballet royal de l'Impatience.*

Et il est vrai qu'il est impatient de régner seul.

Il se calme en galopant jusqu'à Fontainebleau. Il parcourt les salles du château, regarde peindre Charles Le Brun qui achève un tableau fascinant, qu'il va titrer : *Les Reines de Perse aux pieds d'Alexandre.*

Louis rêve devant ces corps pulpeux et soumis.

# 22.

Il a vingt-trois ans.

Il aime chaque jour davantage le corps des femmes.

Il aperçoit, sur le bord de la route qui mène de Fontainebleau à Paris, une paysanne, bras nus, le col de sa blouse échancré. Il fait arrêter le carrosse. Il descend, s'approche.

Il est le roi.

Toutes elles se soumettent et il les désire toutes : paysannes ou filles de jardinier, femmes de chambre, dames d'honneur de la reine mère ou suivantes de son épouse Marie-Thérèse.

La pieuse infante d'Espagne lui a murmuré qu'elle est déjà enceinte. Et il en est ravi et flatté. Mais la peau blanche de Marie-Thérèse, son long visage, ses joues un peu grosses et ses dents ébréchées et noires ne suffisent pas à le retenir, à lui donner du plaisir.

Il préfère trousser dans une encoignure du Louvre une domestique aux formes plantureuses et qu'il comble, d'une courte étreinte et d'une poignée de pistoles.

Il ne lui déplaît pas que les femmes de la Cour murmurent avec un frisson qu'il «est galant mais que souvent il pousse la galanterie jusqu'à la débauche».

Dieu n'interdit pas à un roi de jouir des femmes qu'il a créées, des jeux qu'il a permis.

Louis se rend salle du Palais-Royal, où vient de s'installer la troupe de Molière. Il est séduit par les comédiennes, effrontées, rieuses et rouées. Il aime la comédie. Il a plus que jamais envie de danser.

Il exige que les travaux qui ont commencé dans la petite galerie du Louvre, afin qu'on puisse y représenter le 9 février de cette année 1661 le *Ballet royal de l'Impatience*, qu'il veut donner en l'honneur de Marie-Thérèse, soient au plus vite terminés. On décore tout le premier étage du palais.

Et tout à coup, dans la nuit du 6 février, il entend des cris. Les valets entrent dans sa chambre. L'incendie ravage la galerie dans laquelle les ouvriers travaillaient jour et nuit, et sans doute ont-ils, par ce froid glacial, allumé un feu pour se réchauffer.

Il se rend sur les lieux.

Les poutres, les parquets et les cloisons sont calcinés.

Dans les lueurs des flammes que les domestiques essaient d'étouffer, il aperçoit Son Éminence et il ressent à le voir une émotion qu'il ne peut maîtriser.

Mazarin a encore maigri. Son teint est terreux.

Malgré ses cheveux frisés au fer, sa fine moustache laquée semble collée sur la peau. Le fond de teint ne parvient à cacher ni les rides ni la pâleur.

Mazarin est un homme que la mort déjà enveloppe, qui avance hagard, qui murmure que cet incendie est le signe qu'il va mourir bientôt.

Les médecins lui ont conseillé de quitter le Louvre, de s'installer au château de Vincennes, près de la forêt. L'air y est pur, il pourra peut-être y survivre deux mois encore, le temps de mettre en ordre les affaires du royaume, de rédiger son testament, de choisir ses héritiers.

Il partira demain pour Vincennes, dit Mazarin. Il s'éloigne en titubant. Il est nu sous sa robe de chambre fourrée et il laisse voir ses jambes squelettiques couvertes de plaques rouges et jaunes, et il répand autour de lui une odeur de putréfaction.

Louis le suit des yeux.

En lui se mêlent la tristesse qui lui fait monter les larmes aux yeux, et une sorte de joie mêlée d'impatience.

Il va enfin régner.

Il ne remplacera pas Mazarin. Il en prend la résolution : il ne veut plus de Premier ministre auprès de lui. Le titre en sera pour jamais aboli en France, rien n'étant plus indigne que de voir d'un côté toutes les fonctions et de l'autre le seul nom de roi.

Il décidera de tout.

Il agira dans l'intérêt du royaume et selon son bon plaisir.

Il donne l'ordre, alors que Mazarin quitte le Louvre, que l'on s'apprête dans une des salles du Louvre que l'incendie n'a pas ravagée à représenter le *Ballet royal de l'Impatience.* Il veut le danser, plusieurs fois.

Son Éminence agonise, mais le roi vit.

Cependant comment oublier que celui qui fut son parrain, son tuteur, plus qu'un père, l'homme qu'il vit si proche de sa mère, se meurt ?

Comment ne pas lui obéir encore quand il prie que le roi se rende à Vincennes en cette fin du mois de février 1661 ?

Louis est surpris par la file de carrosses qui emplissent la cour du château, ont envahi les allées, les terrains alentour. Les couloirs, les salles du château sont pleins de quémandeurs qui espèrent une faveur, une part de l'héritage.

On sait que la fortune de Mazarin est immense, qu'elle se compte en millions de livres, en domaines, en apanages. Il possède des créances sur les princes du sang, et même sur le Trésor du royaume et sur le roi !

Et cet homme richissime, sans doute le plus fortuné d'Europe, n'est plus que ce corps souffrant, pourrissant, avec ces croûtes purulentes qui couvrent ses bras et ses jambes. Il est incapable de se déplacer, il parle avec difficulté.

Il dit qu'il veut léguer au roi toute sa fortune, afin que celui-ci en dispose à sa guise, veille sur les intérêts de la famille du cardinal, dont le roi est si proche.

Louis comprend le sens de cette requête : faire reconnaître par cette proposition habile et d'apparence désintéressée la fortune immense, empêcher qu'au lendemain de sa mort elle ne soit confisquée, contestée, morcelée. Il la donne au roi afin que celui-ci la lui rende, et que par ce simple jeu d'écritures elle devienne légale.

Louis hésite. Il s'enferme au Louvre. Il est tenté de duper Mazarin, d'accepter cet héritage, de se comporter comme s'il croyait à la sincérité de ce don, de prendre ainsi Mazarin à son propre piège.

Mais peut-il oublier ce qu'il doit à cet homme qui l'aimait, qui lui avait appris la manière dont il faut conduire les affaires du royaume ? Et il aimait Mazarin.

Il annonce qu'il renonce au legs universel que lui a consenti le cardinal.

C'est la dernière joie du cardinal. Il partage. Il attribue. Il marie sa nièce Hortense avec Armand de La Porte de Meilleraye, un riche descendant de Richelieu. Mais il ne peut même pas assister à la cérémonie qui se déroule dans la chapelle du palais Mazarin, située près du Louvre. Lors du festin qui suit, Louis aperçoit Marie Mancini que Mazarin a fiancée à un prince Colonna, mais le mariage tarde.

Louis détourne les yeux.

L'émotion le gagne, les souvenirs reviennent.

Il se rend au château de Vincennes.

Il entre dans la chambre de Mazarin et, à la vue de cet

homme dans lequel déjà la mort a planté ses griffes, il ne peut étouffer ses sanglots.

Il fait chaud dans cette chambre où l'atmosphère est nauséabonde. Derrière les portes, il y a la rumeur de cette foule qui se presse. Louis s'efforce de retrouver son impassibilité.

Il s'approche de Mazarin malgré la puanteur qui émane de ce corps.

— Je vous dois tout, Sire, murmure Mazarin, mais je crois m'acquitter de quelque manière en vous donnant Colbert. Il faut se servir de lui, c'est un homme fort fidèle. Il est prêt à tout et capable de régler l'État comme une maison particulière.

Mazarin parle de Le Tellier, et de son fils Louvois, de Nicolas Fouquet qui connaît tout des finances, et d'Hugues de Lionne, chargé des Affaires étrangères.

— Ce sont là serviteurs utiles, achève-t-il.

Puis sa tête retombe. Il ferme les yeux. Il veut voir Claude Joly, le curé de Saint-Nicolas-des-Champs, et le père Bissaro, son confesseur, et rester seul avec eux.

Louis sort de la chambre et, en dépit de la foule qui l'observe, qui l'étouffe, il veut rester contre la porte, regarder par une fente.

Il voit Mazarin se saisir du crucifix que lui tend le père Joly et embrasser le corps du Christ.

Louis se fraye un passage parmi les quémandeurs dont l'avidité et l'impatience sont telles qu'ils tardent à s'écarter. Louis ainsi que sa mère qui l'a rejoint sont bousculés. Il faut que les valets, les mousquetaires protègent le roi et la reine, et repoussent ces rapaces.

Durant les premiers jours de mars, parce que la mort est proche, la foule est encore plus dense dans le château de Vincennes.

Louis a décidé d'y loger.

Il voit le curé Joly qui a apporté le viatique à Mazarin. Son Éminence a murmuré, confie le prêtre, « Parlez-moi toujours de Dieu ». Il a, à plusieurs reprises, demandé pardon de ses fautes.

Louis ne peut retenir son émotion. Il demande que l'on fasse réciter, comme pour les princes de sang royal, les prières des quarante jours dans toutes les églises de Paris.

Il voudrait assister à la cérémonie de l'extrême-onction, qui a lieu le 7 mars. Le curé Claude Joly et le confesseur le père Bissaro l'en dissuadent.

Mais il ne peut s'éloigner. Il reste derrière la porte. Il pleure.

Il a été aimé par cet homme et il l'a aimé.

Il est bouleversé quand le 9 mars 1661, à deux heures du matin, on le réveille en lui murmurant que Son Éminence a été rendue à Dieu. Mazarin est mort en disant : « Ah ! Sainte Vierge, ayez pitié de moi et recevez mon âme. »

Louis se lève sans bruit. La reine, couchée près de lui, continue de dormir. Louis suit son ancienne nourrice qui vient de le prévenir. Il entre dans la chambre mortuaire.

Il regarde ce visage gris, ce corps raidi. Il devrait ne pas pleurer et cependant les larmes coulent. Il baisse la tête pour les dissimuler aux maréchaux Villeroy, Gramont et Noailles qui se tiennent près de lui, et aux gardes du cardinal qui font la haie dans les couloirs et les salles du château.

Il croise les nièces et le neveu, Hortense, Marie et Philippe.

Il ne veut manifester aucune émotion et n'échanger aucun regard avec Marie. Il est le roi.

Plus tard, on lui rapporte que Philippe Mancini a dit à Marie : « *Pure è crepatu.* » « Enfin il a crevé. »

Louis rentre au Louvre.

Il apprend qu'à l'annonce de la mort de Son Éminence, on a chanté dans les rues :

*Ici dessous gît Mazarin*
*Qui, plus adroit qu'un Tabarin*
*Par ses ruses dupa la France*
*Il eût éternisé son sort*
*Si par finesse ou par finance*
*Il avait pu duper la mort.*
*Enfin s'il est vrai ce qu'on dit*
*L'avarice eut tant de crédit*
*Dessus ce cœur insatiable*
*Qu'afin d'acquérir plus de bien*
*S'il n'eût donné son âme au diable*
*Il n'aurait jamais donné rien.*

D'un geste il ordonne aux gentilshommes qui l'ont suivi de le laisser seul.

Il veut leur cacher l'inquiétude qui tout à coup l'étreint.

Ces chansons de rue, ces « mazarinades », cette haine qui ne respecte même pas la mort lui rappellent les temps terribles de la Fronde. Et celui qui gouverne doit être capable d'affronter la violence, la rébellion, l'ingratitude des hommes.

Et maintenant que Son Éminence a disparu, c'est à lui de gouverner.

Il le désire depuis si longtemps.

Et il faut que, dès demain, tous comprennent qu'il est désormais le maître unique de ce royaume.

Et « en l'état des choses, les hommes étant ce qu'ils sont », un peu de sévérité est la plus grande douceur qu'il puisse avoir pour ses peuples.

« Car aussitôt qu'un roi se relâche sur ce qu'il a commandé, l'autorité périt et la paix avec elle. »

# TROISIÈME PARTIE

# 1661-1666

# 23.

Louis s'avance.

Il a convoqué pour ce 10 mars 1661, à sept heures au château de Vincennes, un Conseil du roi.

Sa voix n'a pas tremblé quand il a dit à sa mère qu'il ne voulait plus qu'elle siège à ses côtés. Et lorsqu'il a appris qu'elle s'était adressée à un secrétaire d'État, il a lancé d'une voix dure :

— Madame, ne faites plus de choses pareilles sans m'en parler.

Il n'a pas baissé les yeux, quand elle lui a répondu qu'elle était « outrée de douleur ».

Il a souhaité qu'elle confie sa déception à ses suivantes, qu'elle pleure, qu'elle dise que son fils, le roi, l'ingrat, l'a humiliée.

Ainsi l'on saura ce qu'il veut.

Il s'arrête devant un officier qui, dans le corridor du château qui mène à la salle du Conseil, a le visage empreint de tristesse et de désarroi.

— Console-toi, dit Louis, et me sers bien, tu as retrouvé un bon maître.

Il regarde autour de lui ces soldats, ces gentilshommes. Il faut que tous sachent.

Il est né roi pour être roi.

Toute la nuit, il a médité ce que cela signifiait.

« Tous les yeux sont attachés au roi, c'est à lui que s'adressent tous les vœux. C'est lui seul qui reçoit les respects, lui seul qui est l'objet de toutes les espérances. On n'attend, on ne fait rien que par lui seul. Tout le reste est rampant, tout le reste est impuissant, tout le reste est stérile. Le roi qui est né pour posséder tout et pour commander à tout ne doit être assujetti qu'à Dieu... La volonté du roi est que quiconque est né sujet obéisse sans discernement. Il n'est point de maxime plus établie par le christianisme que cette humble soumission des sujets envers celui qui leur est préposé. »

Tôt ce matin, il a dicté à son secrétaire ces quelques lignes, puis ce que dans les jours précédant sa mort Son Éminence lui avait répété, lui murmurant qu'il s'agissait là de son testament politique. Il fallait maintenir l'Église et la noblesse dans tous leurs droits, veiller à ceux de la magistrature tout en empêchant les parlementaires et les juges de s'émanciper, enfin soulager le peuple de ses charges souvent trop lourdes.

Il s'est souvent interrompu, ému de ces pensées de Mazarin qui survivaient à la mort.

« Je dois bien prendre garde, dicte-t-il, que chacun soit persuadé que je suis le maître, qu'on ne doit attendre les grâces que de moi seul, et surtout ne les distribuer qu'à ceux qui les méritent par leurs services, par leur capacité et leur attachement à ma seule personne... »

Il entre dans la salle du Conseil.

Il se découvre, regardant l'un après l'autre les huit hommes qui lui font face.

Tous, le chancelier Séguier, le surintendant Fouquet, Hugues de Lionne, Michel Le Tellier, La Vrillière, Duplessis-Guénégaud, Loménie de Brienne et son fils l'observent. Il devine leur curiosité anxieuse.

Il remet son chapeau, et se tient debout devant sa chaise.

— Messieurs, dit-il, je vous ai fait assembler pour vous dire que jusqu'à présent j'ai bien voulu laisser gouverner mes affaires par feu M. le cardinal. Il est temps que je les gouverne moi-même. Vous m'aiderez de vos conseils quand je vous les demanderai.

Il martèle :

— Ne rien sceller, ne rien signer, pas une sauvegarde, pas un passeport sans mon ordre.

Il fixe Fouquet :

— Et vous, monsieur le surintendant, je vous ai expliqué mes volontés, je vous prie de vous servir de Colbert, que feu M. le cardinal m'a recommandé.

Il se tait sans quitter Nicolas Fouquet des yeux.

Celui-là dont le blason est l'écureuil, dont l'ambition est insatiable, qui veut monter toujours plus haut, il faut le contenir, l'affaiblir, le briser. Les armes de Colbert sont d'or à la couleuvre d'azur. Ce serpent doit l'emporter sur l'écureuil.

Il continue à rester silencieux, et il sent avec plaisir monter l'inquiétude de ces hommes.

Ils ne sont pas de haute noblesse. Ils auront besoin de servir le roi, et les peuples comprendront que, avec ceux-là, l'autorité n'est pas partagée, que ces ministres sont des serviteurs, et qu'ils dépendent en tout du roi.

Il n'a pas cessé de fixer Nicolas Fouquet.

Il va demander à Colbert d'établir un état des finances, de faire l'inventaire de la fortune de Mazarin, qu'on estime à trente-deux millions de livres dont huit millions sept cent mille en liquide.

Il jugera Colbert, sa fidélité, sur ces premiers actes. On le surnomme « le Nord » ou « l'Homme de marbre ». Il faut qu'il soit aussi un serpent venimeux, empoisonnant tous ceux qui menacent le roi ou ternissent sa gloire.

— La face du théâtre change, reprend Louis. J'aurai d'autres principes dans le gouvernement de mon État, dans la régie de mes finances et dans les négociations au-dehors que n'avait feu M. le cardinal.

Il fait un pas en arrière.

— Vous savez mes volontés. C'est à vous maintenant, messieurs, à les exécuter.

Ils viennent à lui, soumis déjà.

Voici Nicolas Fouquet, qui reconnaît qu'en effet il y a eu des désordres dans les finances, qu'il a dû souvent ne pas respecter les règles parce qu'il y avait urgence. La guerre contre l'Espagne dévorait l'or.

Louis se tait.

Il se souvient des phrases du rapport que Colbert lui a déjà remis.

« Fouquet a voulu mettre ses créatures dans toutes les charges de la Cour et de la robe, écrit Colbert, et pour cet effet il a donné une partie du prix de toutes celles qui ont été à vendre et qui n'étaient pas remplies de gens à lui. »

Il a des affidés partout. Il est du parti dévot, conspire peut-être avec ceux de la Compagnie du Saint-Sacrement que Mazarin avait dissoute, mais qui survit dans l'ombre. Il paie même les pensions de la reine mère, et de tous ceux qui approchent le roi, femmes ou confesseurs. Il a fortifié Belle-Isle, il y dispose d'une garnison, de quatre cents canons, de navires. Les armes et les munitions sont achetées en Hollande. Et Fouquet cherche à faire nommer l'un de ses proches amiral des galères de la Méditerranée.

Fouquet, en outre, est à la tête du plus grand parti de financiers. Il entretient écrivains, peintres et femmes. Et l'on murmure que, craignant il y a quelques années de tomber en disgrâce, il a préparé contre Mazarin un plan d'action, une fronde, prête à soulever les provinces contre Son Éminence.

Et maintenant il fait repentance, promet de gérer les finances au mieux des intérêts du roi, d'en finir avec les désordres.

Il faut écouter Fouquet, le rassurer.

Fouquet parle de son château de Vaux-le-Vicomte, qu'il met à la disposition du roi. Il souhaite, dans quelques mois, quand tout sera prêt, y accueillir Sa Majesté, dont il sollicite une fois encore le pardon.

Il faut le lui accorder.

Un roi ne frappe que lorsqu'il est sûr de vaincre.

Et ce temps n'est pas encore venu.

Il faut dire à Fouquet qu'il a toute la confiance du roi.

Louis ne doit pas oublier cette leçon que lui a apprise Son Éminence le cardinal de Mazarin : un roi doit toujours dissimuler et ruser.

# 24.

Louis règne.

Il a le sentiment qu'il lui a suffi de ces quelques jours de mars 1661 pour que chacun comprenne qu'il décide de tout.

Il a toisé l'archevêque de Rouen, président de l'Assemblée du clergé, qui lui demandait à qui il devrait maintenant s'adresser pour régler les questions ecclésiastiques. Louis, en accentuant encore sa mimique dédaigneuse, a répondu :

— À moi, monsieur l'archevêque.

Il sait qu'il ne doit montrer ni faiblesse ni hésitation. Et cependant il connaît son ignorance. Alors il s'enferme dans sa chambre. Il étudie les dossiers que lui remettent Colbert, Le Tellier et Fouquet. Il lit ces ouvrages où l'on évoque *Les Devoirs d'un souverain* ou *L'Art de régner*, ou ce livre de Machiavel que lui a remis Mazarin.

Il doit être le *Prince*.

Il doit surprendre et fasciner, être craint et adulé.

Il doit savoir flatter et humilier, punir et gracier. Et il ne faut jamais oublier que chaque action, chaque parole doit être méditée.

Il dit à son frère Philippe, duc d'Orléans, dont il a voulu le mariage avec Henriette d'Angleterre, la sœur du roi Charles II :

— Mon frère, vous allez épouser tous les os des Saints-Innocents.

Il faut que Monsieur sache qu'il est destiné à obéir, qu'on le domine et ne le craint pas, au point qu'on peut lui dire ce que l'on pense de lui, et manifester le mépris qu'on éprouve à le voir parfumé, enrubanné, couvert de bagues et de colliers, frisé et poudré comme une femme, et oscillant sur ses talons hauts.

On peut se moquer de ses mignons, de son amant, le beau comte de Guiche, et même, au vu de tous, dès les lendemains du mariage de Philippe avec Henriette d'Angleterre, faire la cour à cette dernière.

C'est le printemps.

Louis a voulu que la Cour s'installe au château de Fontainebleau.

Les jours s'allongent. Il fait beau. On chevauche. On se rend au bord de la Seine. On s'y baigne. Les femmes rentrent en carrosse au château.

Louis cavalcade, parfois entouré de ses mousquetaires. Il chasse. On organise des bals champêtres. Il danse au son des violons.

Il bâille à l'idée d'avoir à retrouver Marie-Thérèse, sûrement agenouillée pour réciter ses prières, ou bien partant ou revenant de la messe, à laquelle elle assiste trois fois par jour. Pieuse et sainte épouse, mais ennuyeuse, passive, lourde de sa première grossesse, et grignotant sans fin ce chocolat qu'elle reçoit d'Espagne.

Il y a à la Cour tant de femmes parées, leurs grands chapeaux à plumes, comme la preuve de leur fantaisie, de leur audace et de leur liberté provocante.

Il est surpris, attiré par Madame, la jeune épouse de Philippe.

Comment a-t-il pu jusqu'alors ignorer que cette grande et

osseuse – et même un peu bossue – jeune femme de dix-sept ans a tant de charme ? Henriette est enjouée, rieuse, danseuse et cavalière, se baignant chaque jour dans la Seine, et affichant déjà son dédain, son mépris pour Monsieur, ce Philippe, adepte du « vice italien » et qu'accompagne toujours le comte de Guiche. Pourquoi se soucier de lui ?

Louis danse avec elle, l'accompagne au bord de la Seine, l'invite à se perdre avec lui dans ses chevauchées, ses chasses dans la forêt de Fontainebleau.

Jamais, depuis sa passion pour Marie Mancini, il n'a éprouvé un sentiment aussi vif. Henriette est gaie, pleine d'allant, peut-être coquette, mais c'est un charme de plus. Il éprouve pour elle un attrait joyeux.

Il est surpris quand la reine mère lui apprend que Monsieur se plaint de cette liaison affichée entre sa femme et son frère.

Marie-Thérèse elle-même, longtemps aveugle, a été avertie, et elle aussi est allée geindre, accompagnée de ses confesseurs, auprès d'Anne d'Autriche. Et Bossuet qui commence à prêcher à la Cour condamne ces mœurs dissolues, sacrilèges.

Mais Louis est prêt à imposer ses choix.

Un roi n'a de comptes à rendre qu'à Dieu. Quant à la reine, elle n'est que la première sujette, en cette qualité et en celle d'épouse, elle doit obéir. Il faut certes l'honorer, et il le fait, mais il faut surtout la contraindre. Il continue donc d'inviter Henriette à ces promenades nocturnes d'où on ne rentre qu'à l'aube.

Et Monsieur s'indigne maintenant, fait le siège de sa mère, l'invite à s'adresser à l'ambassadeur d'Angleterre afin qu'il prévienne le roi Charles II, et que celui-ci rappelle à sa sœur Henriette ses devoirs.

Louis hésite.

Il a voulu ce mariage entre Henriette et Philippe pour lier

Charles II à la France, et empêcher les Espagnols d'attacher ce roi à leurs intérêts.

Louis ne peut oublier ces raisons de son choix.

Il suffit de dissimuler, dit Henriette. Elle va choisir parmi ses suivantes une jeune femme que le roi feindra d'aimer, et Philippe et la Cour seront dupés.

C'est un jeu nouveau, excitant, comme une comédie, une intrigue de roman.

Et voici la jeune fille choisie.

Louis voit s'incliner devant lui cette suivante d'Henriette, Louise de La Baulme Le Blanc de La Vallière. Elle a dix-sept ans, elle rougit de timidité comme une nigaude. Elle paraît sans éclat. Elle boite.

Louis la regarde. Le trouble et la naïveté de Louise de La Vallière l'attirent. Il découvre ses yeux clairs, ses cheveux d'un blond cendré, son corps mince, et quand il lui murmure qu'il la trouve à son goût, elle répond avec l'élan de la sincérité qu'elle l'aime depuis qu'elle l'a vu, qu'elle est prête à lui donner toute sa vie.

Il est troublé.

Il ne sait plus s'il joue ou s'il éprouve pour Louise de La Vallière un amour naissant. C'est un sentiment différent de ceux qu'il a ressentis pour Marie Mancini ou Henriette d'Angleterre.

Cette jeune fille est sans artifice. Elle l'émeut. Et l'amour qu'elle lui porte et auquel il commence à répondre la transfigure. Elle est radieuse, belle.

Il veut cacher cet amour naissant, le préserver.

Il entraîne Louise dans des promenades en forêt. La pluie d'orage les surprend, et ils sont contraints de rester longtemps réfugiés sous un arbre, rentrant au château au milieu de la nuit, les vêtements trempés, les cheveux collés à leurs visages.

Ils se cachent encore, mais la Cour bruit déjà de cette nouvelle : le roi a une maîtresse.

Il écoute Louise de La Vallière lui rapporter qu'on s'empresse autour d'elle, que Nicolas Fouquet lui a même fait proposer vingt mille pistoles en signe d'amitié.

Louis s'indigne. Il sait que Fouquet séduit et corrompt. Mais l'heure n'est pas encore venue de le frapper. Il faut s'y préparer, convoquer Colbert, choisir le lieu et le moment où on pourra l'arrêter sans qu'il puisse faire appel à ses partisans. Et pour cela il faudrait l'inciter à abandonner sa charge de procureur général du parlement de Paris. Tant qu'il le demeure, il est protégé par ses pairs.

Il ne faut donc pas éveiller ses soupçons. Que Fouquet croie que le roi ne songe qu'à aimer et à danser.

Louis voit Fouquet au premier rang des courtisans qui applaudissent l'ouverture du *Ballet des Saisons*, qui se donne devant le château.

Louis entre en scène, en compagnie de Louise de La Vallière et d'Henriette qui semble accepter son infortune. Et Monsieur danse au côté du comte de Guiche.

Louis observe Fouquet.

À la joie de danser entre les deux jeunes femmes, à la satisfaction que Louis éprouve à sentir l'admiration de tous ces courtisans rassemblés, s'ajoute le plaisir de dissimuler ses intentions.

Pouvoir jouir de tout cela, c'est être roi.

# 25.

Un grand roi doit aussi apprendre à jouir de la patience.

Louis voudrait abattre ce Nicolas Fouquet dont la vanité et la prétention non seulement l'irritent mais le scandalisent.

Combien de milliers de livres tournois a-t-il engloutis dans l'embellissement toujours inachevé de son château de Vaux-le-Vicomte ?

Louis sait ce que sa mère a murmuré, et qu'on lui a rapporté.

— Le roi, a-t-elle dit, aime à être riche et n'aime pas ceux qui le sont plus que lui, puisqu'ils entreprennent des choses qu'il ne saurait faire lui-même.

Elle ne comprend pas qu'il ne s'agit pas de richesse mais de la gloire et du pouvoir du roi de France.

Louis convoque Colbert. Cet homme austère et secret a mesuré le défi que Nicolas Fouquet ne cesse de lancer. Il apporte chaque jour de nouvelles preuves de l'impudence du surintendant.

Louis l'écoute.

Il peut lui confier la préparation de l'arrestation de Fouquet. Il faut d'abord, insiste Colbert, que le surintendant des Finances vende sa charge de procureur général au parlement de Paris. Colbert se charge de l'en convaincre.

Au début du mois d'août, c'est fait. Fouquet a même

décidé de remettre au roi la somme qu'il a reçue de l'acheteur de sa charge, Achille de Harlay.

— Tout va bien, murmure Louis, Fouquet s'enferre lui-même.

Que Colbert dresse le plan de l'arrestation.

On préparera, explique Colbert quelques jours plus tard, un carrosse grillagé. Des mousquetaires arrêteront le surintendant, et l'escorteront jusqu'à sa prison. D'autres mettront les scellés sur chacune de ses demeures qui seront fouillées.

Reste à fixer le lieu et le moment.

Sera-ce au château de Vaux, où Fouquet vient de convier toute la Cour et le roi à une grande fête le 17 août ?

Il faut accepter, c'est peut-être l'occasion.

Louis quitte le château de Fontainebleau au début de l'après-midi, dans son carrosse tiré par six chevaux blancs. Il regarde les mousquetaires et les gardes du corps qui chevauchent, entourant le carrosse royal et ceux des princes du sang et des courtisans qui forment un long cortège. Louis hésite, puis il confie à sa mère son intention.

Elle le met en garde.

— Ah ! mon fils, cette action ne vous fera guère honneur. Ce pauvre homme se ruine pour vous faire bonne chère et vous le feriez arrêter, prisonnier dans sa maison ?

Louis a un mouvement d'humeur, puis d'un geste il se rend aux raisons de la reine mère.

Un grand roi doit être patient.

Il est surpris par la munificence de la fête.

Il n'en a jamais donné d'aussi splendide.

Il traverse les jardins, les grandes salles remplies de statues, décorées de tapisseries et de tableaux, au côté de Fouquet, qui murmure qu'il est prêt à offrir le château au roi. Le surintendant a fait disposer sur la cheminée de la salle à manger un portrait du roi par Charles Le Brun. Il a fait préparer un appartement luxueux pour Sa Majesté. Il a demandé à Vatel, le plus grand cuisinier du temps, de concevoir et de servir un banquet somptueux pour les trois mille invités.

Dans le parc, il montre le grand théâtre de verdure, les fontaines, les eaux qui jaillissent des roches qui s'ouvrent tout à coup.

Louis ne peut parler tant la colère lui serre la gorge.

Il s'assied.

Il voit surgir d'une conque, au milieu de jets d'eau, Mlle Béjart de la troupe de Molière. Celui-ci a écrit une comédie-ballet, *Les Fâcheux*, et Mlle Béjart récite :

*Si Louis l'ordonne*
*Les arbres parleront mieux que ceux de Dodone*
*Hôtesses de leurs trônes. Moindres divinités*
*C'est Louis qui le veut, sortez, nymphes, sortez !*

Des silhouettes, nymphes, faunes, satyres, bondissent hors des bosquets, et dansent sur une musique de Lully.

Mlle Béjart poursuit :

*Pour voir en ces beaux cieux le plus grand roi du monde*
*Je viens à vous mortels de ma grotte profonde.*

Elle s'avance vers le roi :

*Nous l'avons vu*
*Jeune, victorieux, sage, vaillant, auguste*
*Régler de ses États et ses propres désirs*
*Joindre aux nobles travaux les plus nobles plaisirs.*

Louis reste impassible. Il a l'impression que son corps est devenu un bloc de pierre.

Il ne sourit pas à la représentation des *Fâcheux*. On s'y moque des courtisans.

Impudence de ce Fouquet.

Il ne lève pas la tête pour voir le feu d'artifice qui embrase tout le château et les collines alentour.

Il prend congé. Il ne dormira pas au château.

Il monte dans son carrosse. Tout à coup, de la lanterne du dôme du château jaillissent des fusées multicolores.

Il donne le signal du départ.

Il murmure à sa mère :

— Ah ! Madame, est-ce que nous ne ferons pas rendre gorge à tous ces gens-là ?

Il est temps d'agir.

Il ne supporte pas que l'on rapporte partout que, comme l'écrit ce fabuliste, La Fontaine :

*Tout combattit à Vaux pour le plaisir du roi*
*Les musiques, les eaux, les lustres, les étoiles.*

Fouquet l'a défié et humilié, lui, Louis le Grand.

Il voit Colbert. On arrêtera Fouquet à Nantes, où se tiennent les états de Bretagne que le roi doit présider.

C'est Charles d'Artagnan, le lieutenant des mousquetaires, un fidèle de Mazarin, qui procédera à l'arrestation. On conduira ensuite Fouquet jusqu'au château d'Angers escorté par une centaine de mousquetaires. L'affaire doit être aisée à conclure. On se saisira des complices de Fouquet et on exigera la reddition de Belle-Isle.

Louis veut que cette arrestation ait lieu le 5 septembre, jour de son anniversaire. Puis la charge de surintendant des Finances sera supprimée et remplacée par un Conseil royal des finances.

Les peuples du royaume comprendront alors que le roi est bien le maître.

Louis vit ces événements dans une sorte d'exaltation intérieure dont il ne laisse rien paraître.

Mais il a besoin de se confier. Il prend la plume, au soir de ce 5 septembre. Il a vingt-trois ans.

« J'avais témoigné que je voulais aller ce matin à la chasse et, sous ce prétexte, j'ai fait préparer mes carrosses et monter à cheval mes mousquetaires.

« Ce matin, le surintendant étant venu travailler avec moi comme à l'accoutumée, je l'ai entretenu tantôt d'une manière, tantôt d'une autre et ai fait semblant de chercher des papiers jusqu'à ce que j'aie aperçu par la fenêtre de mon cabinet d'Artagnan dans la cour du château et alors j'ai laissé aller ce surintendant... »

Il s'interrompt, se remémore cette matinée.

« Vous savez qu'il y a longtemps que je l'avais sur le cœur, poursuit-il. Je leur ai déclaré que je ne voulais plus de surintendant mais travailler moi-même aux finances avec des personnes fidèles qui agissent sous moi... J'ai déjà goûté le plaisir qu'il y a de travailler soi-même aux finances, ayant, dans le peu d'application que j'y donne cet après-dîner, remarqué des choses importantes dans lesquelles je ne voyais goutte et l'on ne doit pas douter que je continue. »

Il pense à la pâleur, à la peur qu'il a vues sur le visage de certains de ses ministres. Il ajoute :

« Il y en eut de bien penauds mais je suis bien aise qu'ils voient que je ne suis pas si dupe qu'ils s'étaient imaginé et que le meilleur parti est de s'attacher à moi. »

# 26.

Maintenant, il est en tout et partout le roi Louis le Grand.

Il regarde les ministres.

Ils sont debout. Il est assis. Il a choisi celui d'entre eux qui va rester auprès de lui, quand la séance du Conseil d'État, ce Conseil-d'en-Haut qui se réunit le mercredi, le jeudi, le dimanche de chaque semaine, et le lundi tous les quinze jours, sera terminée.

Il observe Le Tellier et son fils Louvois, Hugues de Lionne et Colbert. Ils attendent. Ils espèrent. Ils n'osent lever les yeux. Ils savent que celui qui sera choisi peut ne plus l'être durant des semaines. La faveur du roi varie. Il distingue qui bon lui semble.

C'est ainsi qu'il faut gouverner.

Il faut abaisser l'orgueil des grands. Ils doivent comprendre qu'ils ne sont dans la lumière que parce que le rayonnement du roi les éclaire. Et il en va ainsi pour tous ceux qui siègent au Conseil-d'en-Haut ou à celui des Dépêches, au Conseil royal ou au Conseil privé. Et les secrétaires d'État doivent eux aussi être suspendus à la décision du roi.

Il doit la garder secrète jusqu'à ce qu'il l'énonce.

Et il ne peut se permettre de montrer ses hésitations ou ses doutes. Il est au centre de la scène. Sa vie est un spectacle dont il est l'acteur unique, que ses sujets ne quittent pas des yeux.

Les courtisans sont présents alors qu'il s'habille, dans les minutes qui suivent son réveil. Ils assistent à son déjeuner, à son dîner, à son souper, à son coucher. Il les reçoit assis sur sa chaise percée.

Les ministres lui soumettent leurs rapports, les secrétaires d'État les dépêches. La reine et les princes du sang sont à côté de lui durant la messe.

Louis ne souffre pas de la répétition quotidienne des mêmes actes. Il peut la briser à son gré, être seul. Il est le maître des horloges. Il disposera dans les lieux qu'il aura choisis les mêmes hommes toujours prêts à le servir.

Alors, certains jours il quitte le château de Fontainebleau où la Cour continue de résider et il chevauche, à bride abattue, suivi par une compagnie de ses mousquetaires. Il va jusqu'à Vincennes, puis il se rend à Paris et à Saint-Cloud.

Il entre en roi dans le château de Philippe. Monsieur lui offre une grande et splendide chère. Henriette, son épouse, boude un peu. Elle est jalouse de Mlle de La Vallière.

Il reste impassible, malgré ses reproches voilés. Il remonte en selle, rejoignant Versailles, le petit pavillon de chasse d'une vingtaine de chambres et d'un dortoir que son père avait fait construire. Chaque fois que Louis y pénètre, l'émotion le gagne. Il se remémore cet homme, ce roi, son père qu'il a si peu et si mal connu.

Puis, à la nuit tombée, après avoir pour la troisième fois changé de cheval, il rentre à Fontainebleau :

*Ayant fait à n'en mentir pas*
*Plus de cent douze mille pas*
*À compter trois mille pour lieue*
*Et c'est ce me semble ma foi*
*Assez bien courir pour un roi,*

écrit un gazetier que Louis lit avec plaisir. Qui est meilleur et plus endurant cavalier que lui ?

Louis, le jour suivant, chassera toute la journée dans la forêt de Fontainebleau en compagnie de Louise de La Vallière.

Il apprécie qu'elle soit grande chasseresse, ses cheveux blonds dénoués tombant sur ses épaules.

Souvent, il retourne au pavillon de chasse de Versailles.

La table a été dressée. Les violons jouent, le bal commence. N'y participent que quelques courtisans privilégiés. On a quitté les habits de chasse, on s'est enrubanné, on porte des collerettes de dentelles aux tons pastel, les vêtements sont de satin et de soie.

Les valets attisent le feu dans les cheminées, disposent les grands candélabres.

Louis entend un courtisan qui murmure : « Voici le règne des amours », qui récite quelques lignes d'un roman de Mlle de Scudéry.

Louis entraîne Louise de La Vallière dans l'une des chambres. Elle était vierge, et il a dû la forcer. Il aime qu'elle joue encore les jeunes filles effarouchées. Elle a à peine dix-huit ans. Et elle a pour lui des élans d'adolescente, une spontanéité qui le ravit et des timidités qui l'enchantent.

On rentre au château de Fontainebleau.

Louis s'isole. Il veut étudier certains dossiers, lire les projets de lettres que Colbert lui a préparés.

Il hésite à signer les demandes de prêts adressées à des financiers qui ont aidé Nicolas Fouquet à trouver de l'argent mais aussi à détourner ces fortunes qui ont servi à construire, à décorer le château de Vaux-le-Vicomte.

Louis appelle Colbert. Il veut que tout ce qui appartient

à Fouquet, statues, tapis, meubles, tableaux, soit saisi, et placé dans les châteaux du roi. Quant aux artistes, Le Brun, Le Vau, Le Nôtre, ils seront désormais au service exclusif du roi.

Et naturellement, que l'on s'empare de l'argent liquide, des rentes.

Colbert s'incline. Il s'exécutera. Louis apprécie l'intelligence et la servilité aussi de cette « couleuvre ».

Colbert a donné des gages. Il a remis les millions de livres que Mazarin conservait en liquide et qui ainsi ne sont pas tombés dans l'escarcelle des héritiers du cardinal.

Cet homme-là est dévoué, habile, prudent.

Louis reprend la lettre que Colbert a rédigée. Elle est destinée au financier Hervart :

« Feu M. le cardinal m'ayant assuré les derniers jours de sa vie que je trouverais toujours dans votre bourse une assistance de deux ou trois millions de livres, toutes les fois que le bien de mon service m'obligerait d'apporter quelque changement dans l'administration de mes finances. À présent que j'ai été obligé de faire arrêter le surintendant, j'ai été bien aise de vous écrire ces lignes pour vous dire que vous me ferez le plaisir de me préparer soit par votre moyen, soit par celui de vos amis la plus grande somme que vous pourrez... »

Il signe puis lit la seconde lettre que lui présente Colbert. Elle est adressée à l'un des héritiers de Mazarin :

« J'aurai besoin de deux millions de livres que vous m'avez offert de me prêter. Je vous dépêche ce courrier exprès pour vous mander que vous me feriez plaisir de donner ordre à vos gens d'affaires de fournir cette somme à mesure que je jugerai à propos de m'en servir et suivant ce que je leur ordonnerai... »

Il ne doute pas qu'on lui verse cet argent. Il vient déjà d'obtenir un don de trois millions de livres des états de Bretagne.

Qui peut résister à la volonté d'un roi ?

Il dit à Colbert :

— Le roi se réserve la distribution entière et absolue des finances.

Il veut punir ceux qui ont créé à leur profit des désordres dans l'épargne. Il faut, dit-il, que soit constituée une Chambre de justice, qui jugera d'abord Nicolas Fouquet, puis ce parti des financiers qui l'ont aidé.

Qu'on recherche les coupables d'abus et de malversations, et ce depuis 1635 !

Il charge Colbert de nommer les magistrats qui auront à enquêter, à condamner. Il faudra écarter ceux qui hésitent, qui invoqueront l'absence de preuves.

Les juges doivent dire la vérité au roi.

Et non prendre en compte les arguments de Fouquet ou ceux de ses amis, ce parti des dévots, des lettrés, tels Mme de Sévigné, Mlle de Scudéry, La Fontaine, qui sont restés fidèles à celui qui les a flattés, honorés, payés.

Il faut que passe la justice du roi !

À punir les puissants, les sujets les plus humbles comprennent qu'il faut obéir et se soumettre.

Et le temps est venu de rétablir l'ordre dans le royaume.

Il le dit à Colbert :

— Je jette les yeux sur toutes les diverses parties de l'État, et non pas des yeux indifférents, et je vois que le désordre règne partout.

Là, près de Joigny, les villageois pillent des navires de sel qui remontent la rivière pour fournir la Bourgogne. Dans la région de Montauban, les peuples refusent de payer les tailles et ce rejet de l'impôt se propage en Auvergne, dans le pays d'Aunis.

Il lit les rapports des intendants qui signalent des séditions, à Dieppe, en Picardie, en Roussillon, à Metz, à La Rochelle. Dans cette dernière ville, on a écorché vif un fermier d'impôt. Dans le Boulonnais, on dénombre des rassemblements de six mille hommes, armés, furieux, qui refusent de payer l'impôt.

Il faut envoyer des troupes !

Il veut qu'on lui rende compte de leur action.

Il ne veut rien laisser apparaître de ses sentiments quand on lui rapporte que trente-six compagnies ont dispersé les rebelles, dont plusieurs centaines ont été tués ou blessés, quatre cents, faits prisonniers, ont été envoyés aux galères, et une douzaine pendus ou roués.

C'est le devoir du roi d'agir ainsi. Il est le lieutenant de Dieu sur la terre. Et c'est pour cela que le droit du roi est supérieur à celui de tous les autres.

Parfois, alors qu'il vient de quitter le Conseil et qu'il parcourt les couloirs du château de Fontainebleau, il s'interroge.

Il entre dans le théâtre où la troupe de Molière s'apprête à interpréter la dernière pièce du comédien, dont le titre, *L'École des maris*, fait déjà murmurer et sourire, parce que l'amour et la tromperie des époux sont le grand divertissement de la Cour.

Louis à cet instant pense à ces paysans rebelles, suppliciés ou envoyés aux galères.

Il a été tenté de les gracier, mais il a refoulé cette inclination, au nom de la raison.

Il doit punir pour que l'ordre règne. Il est le roi.

Dieu l'a choisi. Il n'a de comptes à rendre qu'à Lui.

Il rit à cette *École des maris*, qui rend morose Philippe d'Orléans. Monsieur doit avoir appris que son épouse Henriette le trompe avec le comte de Guiche dont il est épris et qui, tout en s'adonnant au vice italien, n'en aime pas moins les femmes et les séduit par sa beauté et son élégance.

Louis se félicite de la liaison de sa belle-sœur. Ainsi elle n'est plus à le guetter comme une femme jalouse, lui reprochant de l'avoir abandonnée pour Louise de La Vallière.

Il ne se lasse pas de cette jeune femme. Il s'impatiente quand les soupers avec la reine se prolongent et retardent le moment où il ira la rejoindre.

Un soir, vers onze heures, il voit s'avancer le comte de Brienne, secrétaire d'État aux Affaires étrangères. Celui-ci s'arrête, le visage grave, hésite à parler, à troubler le souper.

— Qu'y a-t-il de nouveau, Brienne ?

C'est un courrier de l'ambassadeur de France à Londres, M. d'Estrade. Il faut ordonner au secrétaire d'État de ne pas attendre la fin du souper, de raconter ce qui est survenu.

Louis s'emporte quand il apprend que l'ambassadeur d'Espagne, Watteville, a voulu lors de l'audience royale anglaise passer devant le représentant français, dont le carrosse a été immobilisé. Les domestiques de l'Espagnol, des bateliers de la Tamise, et un nombre infini de canailles ont attaqué les Français, imposé la préséance de l'Espagnol.

Louis se lève. Il est si irrité qu'il heurte la table qu'il manque de renverser.

Sa mère tente de le retenir, l'invite à terminer de souper.

— J'ai soupé, Madame, j'aurai raison de cette affaire ou je déclarerai la guerre au roi d'Espagne.

Il entraîne Brienne, sans un regard pour sa mère qui pleure, murmure que le roi d'Espagne est son frère.

— Ne rompez pas la paix qui m'a coûté tant de larmes, dit-elle.

Louis lance :

— Laissez-moi, Madame ! On veut me brouiller avec le roi d'Angleterre. Allez vous remettre à table et qu'on me garde seulement un peu de fruits.

Il ne peut accepter qu'on humilie l'ambassadeur qui le représente. Ceux-là s'abusent lourdement qui s'imaginent que ce ne sont là que des affaires de cérémonie. Les peuples sur lesquels le roi règne, ne pouvant pénétrer le fond des choses, règlent leurs jugements sur ce qu'ils voient et c'est le plus souvent sur les préséances et les rangs qu'ils mesurent leur respect et leur obéissance.

Il doit être Louis le Grand, celui qu'on ne peut ni confondre, ni comparer à d'autres, ni surpasser. Et l'on ne peut sans faire tort à tout le corps de l'État ôter à son chef les moindres marques de la supériorité qui le distingue.

Il veut des excuses solennelles de l'Espagne !

Qu'on rappelle les ambassadeurs de France à Madrid et à Londres et qu'on expulse de Paris celui d'Espagne.

Il a le sentiment que cette colère, ces décisions, et toutes celles que, depuis la mort de Mazarin, il a dû prendre lui ont donné une force et une plénitude qu'il ne connaissait pas.

Il lui semble que seule sa volonté peut limiter son pouvoir qui reste cependant entre les mains de Dieu. Mais il est sûr de la bienveillance divine, et son énergie en est décuplée.

Il n'a jamais eu un tel appétit, il dévore dès le matin des viandes, des poissons, des fruits.

Il chasse et chevauche des heures sans ressentir la fatigue, puis il revêt ses habits de soie enrubannés et il danse, souple et léger.

Il aime tant ce divertissement qu'il décide de créer une Académie royale de danse, et il nomme Lully surintendant de la musique du roi.

Il entraîne Louise de La Vallière dans ses virevoltes, elle est sa partenaire dans les ballets qu'il danse devant la Cour. Il aime son corps jeune qu'il serre entre ses bras, souvent plusieurs fois chaque jour, et il n'est pas insensible à l'attrait de l'une ou l'autre des suivantes de la reine ou de Madame, Henriette, l'épouse de son frère.

Mais le plaisir qu'il se donne ne lui fait jamais négliger de présider les Conseils avec une autorité qui s'impose à tous.

Il étudie seul les rapports, ou bien il reçoit en tête à tête le ministre qui veut lui soumettre une affaire particulière. Il écoute, c'est le roi qui décide. Et chaque jour de Conseil en « liasse » – ces tête-à-tête – il consacre plusieurs heures à son ouvrage de roi, à l'examen de la recette et de la dépense de son État, se faisant rendre compte directement par ceux qu'il met dans les emplois importants, mais veillant à tenir ses affaires secrètes.

À lui de trancher, toujours.

Il est sûr que « nul autre ne peut le faire mieux que lui, car la décision a besoin d'un esprit de maître, et il est sans comparaison plus facile de faire ce que l'on est, que d'imiter ce que l'on n'est pas ».

Il ne s'est jamais senti autant roi de France, Louis le Grand, que lorsque dans la nuit du 1er novembre de cette année 1661, celle de ses vingt-trois ans, les médecins viennent lui annoncer que la reine Marie-Thérèse ressent les premières douleurs.

Il veut que ce soit un fils.

Il reste près de la reine qui hurle, tant les souffrances sont intenses, et l'accouchement long.

Il se rend à la chapelle pour prier et communier.

Et à midi, le dauphin, Louis de France, naît.

Louis éprouve un sentiment de joie et d'orgueil.

La naissance de ce fils, c'est comme une preuve de plus qu'il est roi. Il va se rendre en pèlerinage à Chartres pour célébrer l'union du royaume de France, de son roi et de l'Église de Dieu.

Il est heureux comme il ne l'a jamais été.

Et il va partager son bonheur, cette assurance qui est en lui, avec Louise de La Vallière.

Un roi n'a de comptes à présenter qu'à Dieu.

# 27.

Louis tout à coup s'inquiète, s'assombrit.

Il relit cette *Requête des pauvres de Paris* qu'on vient de lui adresser.

« Sire, les pauvres de Paris sont en très grand nombre et très grande nécessité. Ils supplient Votre Majesté d'avoir pitié d'eux. Leur misère est parvenue à son comble. Ils ont souffert mille maux avant de recourir à Votre Majesté... Les charités des paroisses, Sire, ne peuvent plus les assister, étant surchargées de malades, d'invalides et d'orphelins. Les hôpitaux sont si pleins qu'ils n'en peuvent plus recevoir... Où iront donc les pauvres de Paris ? Ils sont condamnés à mourir de faim... »

Dans presque tous les rapports qu'envoient les intendants, Louis lit les mêmes mots.

La Touraine, la Normandie, le pays de Blois, le Boulonnais connaissent la famine. La chaleur puis des pluies torrentielles ont dévasté les récoltes. Le prix du blé s'envole. Les paysans se nourrissent d'herbes et disputent aux loups les cadavres d'animaux. Les épidémies accompagnent la faim.

Un médecin écrit : « Je viens d'apprendre qu'on a trouvé à Cheverny un enfant qui s'était mangé les mains. »

Et des paysans affamés refusent de payer l'impôt. La

révolte des « Lustucru » rassemble jusqu'à six mille hommes dans le Boulonnais. On en tue quatre cents. On en pend. On en roue. On en condamne des centaines aux galères.

Louis s'interroge.

Pourquoi ces calamités ?

Et si le bonheur qu'il vit, le plaisir qu'il éprouve à danser, à jouir du corps de Louise de La Vallière, Dieu les trouvait trop grands, les condamnait même ?

Dieu afflige peut-être le royaume pour avertir son roi, tempérer les biens par les maux, balancer les grandes et heureuses espérances de l'avenir par l'infortune présente ?

Et pourtant, Louis ne l'oublie pas, un roi doit considérer le bien de ses sujets, bien plus que le sien propre.

Ses sujets font partie de lui-même. « Je suis la tête d'un corps dont ils sont les membres. »

Si la gangrène, la famine et la misère détruisent les parties du corps, alors la tête sera elle aussi malade.

Il donne l'ordre qu'on achète du blé en Bretagne, en Guyenne, dans ces provinces que les intempéries ont épargnées.

— C'est une chose que j'ai extrêmement à cœur, dit-il. Je veux être obéi sans autre réplique ni délai.

Il demande à Colbert qu'un édit oblige chaque ville et bourg du royaume à créer un hôpital pour les pauvres, les malades et les orphelins.

Mais rien n'y fait, la famine et les maladies s'aggravent.

Colbert, à mi-voix, indique que les pauvres font partout entendre leurs plaintes et leurs murmures, que les épidémies menacent tout l'État et risquent de s'étendre aux personnes de la plus haute qualité.

— Tout cela cause, par toute la France, une désolation qu'il est difficile d'exprimer, conclut Colbert.

Que demande donc Dieu ? murmure Louis.

Il regarde monter en chaire, dans la chapelle du palais du

Louvre, Bossuet, ce prédicateur au teint pâle, au regard fiévreux, dont on murmure qu'il est du parti dévot.

Il faut rester impassible, subir la leçon que donne d'une voix forte et bras tendu l'homme de Dieu.

« Pour éviter les cris de reproche que feront contre vous les pauvres, écoutez les cris de la misère, Sire... commence Bossuet. Dieu semblait s'être apaisé en donnant la paix à son peuple, mais nos péchés ont rallumé sa juste fureur. Il nous a donné la paix et lui-même nous fait la guerre ! Il a envoyé contre nous, pour punir notre ingratitude, la maladie, la mortalité, la disette extrême, une intempérie étonnante, je ne sais quoi de déréglé dans toute la nature qui semble nous menacer de quelques suites funestes, si nous n'apaisons pas sa colère. »

Louis veut avoir la rigidité d'une statue. Il est le roi. Il connaît le malheur de ses sujets.

« Et dans les provinces éloignées, poursuit Bossuet, et même dans cette ville, au milieu de tant de plaisirs et de tant d'excès, une infinité de familles meurent de faim et de désespoir... Ô calamité de nos jours ! Quelle joie pouvons-nous avoir ? Ne nous semble-t-il pas qu'à chaque moment tant de cruelles extrémités que nous savons, que nous entendons de toutes parts nous reprochent devant Dieu et devant les hommes ce que nous donnons à nos sens, à notre curiosité, à notre luxe... »

Que veut ce prêtre exalté ? Condamne-t-il ce que je vis ? Ce qu'un roi a le droit de vivre ?

« Si l'on n'aide le prochain selon son pouvoir, continue Bossuet, on est coupable de sa mort, on rendra compte à Dieu de son sang, de son âme, de tous les excès où la fureur de la faim et du désespoir le précipite... »

Faudrait-il laisser le désordre, la rébellion détruire le royaume ?

« Sire, c'est tout ce qu'un sujet peut dire à Votre Majesté. Il faut dire le reste à Dieu... »

# 28.

Louis ne veut plus entendre de sermon.

Dieu est le seul juge du gouvernement des rois.

À eux d'agir.

Dieu a mis sur leur front et sur leur visage une marque de divinité. Ils sont les dieux de chair et de sang, de terre et de poussière, ils meurent comme des hommes, mais leur autorité ne meurt pas.

Voilà ce qu'il ne doit jamais oublier.

Louis convoque Colbert, donne ses ordres.

Qu'on fasse venir par mer de Dantzig et d'autres pays étrangers le plus de blé qu'il est possible. Qu'on consacre à ces achats mon épargne, et qu'on en distribue la plus grande partie au petit peuple des meilleures villes comme Rouen, Paris, Tours et autres. À la campagne où les distributions de blé ne peuvent se faire promptement, qu'on donne de l'argent.

Il prend la plume. Il veut écrire de sa main aux intendants, aux gouverneurs, aux présidents des parlements des provinces.

Colbert attend les missives, les prend en s'inclinant.

— Je veux, dit Louis, agir comme un véritable père de famille qui fait la provision de sa maison et partage avec équité les aliments à ses enfants et à ses domestiques.

Maintenant il veut rester seul, afin d'étudier les dépêches que Colbert, et d'autres ministres et secrétaires d'État lui ont remises.

Le travail n'épouvante que les âmes faibles. Et dès lors qu'un dessein est avantageux et juste, ne pas l'exécuter est une faiblesse. Il a voulu obtenir réparation de l'injure faite par l'ambassadeur d'Espagne à Londres à l'ambassadeur de France.

C'est fait. Au Louvre, le comte Fuentes s'est incliné, a présenté des excuses devant les ambassadeurs de toute l'Europe.

Louis ressent à se remémorer la scène une satisfaction intense.

« Je ne sais pas si depuis le commencement de la monarchie, pense-t-il, il s'est jamais rien passé de plus glorieux pour elle, car si les rois et les souverains que nos ancêtres ont vus quelquefois à leurs pieds y étaient comme seigneurs de quelques principautés moindres, ici, c'est une espèce d'hommage qui ne laisse plus douter à nos ennemis même que la nôtre ne soit la première de la chrétienté. »

Il lit les dépêches envoyées par le duc de Créqui, ambassadeur de France à Rome.

Il s'indigne. Des Corses de la garde pontificale ont attaqué le siège de l'ambassade, le palais Farnèse, tiré des coups de mousquet sur le carrosse de l'épouse de l'ambassadeur, tué un page français.

Le pape doit s'excuser comme n'importe quel souverain, et s'il s'y refuse qu'on envoie des troupes, qu'on s'empare de la principauté pontificale d'Avignon, qu'on ne laisse en aucune manière cet outrage impuni.

C'est cela être roi.

Décider.

Ce travail, cette fonction que Dieu lui a donnée, exalte Louis.

«J'ai les yeux ouverts sur toute la terre; j'apprends à toute heure les nouvelles de toutes les provinces et de toutes les nations, le secret de toutes les cours, l'humeur et le faible de tous les princes et de tous les ministres étrangers. Je suis informé d'un nombre infini de choses qu'on croit que j'ignore. Je pénètre parmi mes sujets, je découvre ce qu'ils veulent cacher avec le plus de soin; je connais les vues les plus éloignées de mes propres courtisans, leurs intérêts les plus obscurs qui viennent à moi par des intérêts contraires.»

Il sait ce qui se cache derrière les masques, dans l'intimité des pensées.

Il l'a dit à Colbert. Il veut que des hommes sûrs écoutent, ouvrent les correspondances, et d'abord celles des courtisans, des Grands, rapportent ce qu'ils ont entendu, lu.

Le roi qui veut être obéi et qui veut bien gouverner doit tout connaître, aucun secret ne doit exister pour lui dans son royaume. Et il faut aussi s'employer à conserver et à faire croître la splendeur du roi.

Que l'on gratifie les artistes, les sculpteurs, les peintres, les musiciens et même les comédiens, français et étrangers, pour qu'ils célèbrent Louis le Grand. Qu'on frappe des médailles, qu'on tisse des tapisseries dans cette Manufacture royale des Gobelins que Colbert vient de créer, qu'on entreprenne des travaux dans le pavillon de chasse de Louis XIII à Versailles.

Rien n'est trop beau quand il s'agit du roi.

Louis s'avance dans cette salle des Tuileries où l'or des colonnes resplendit.

Il a voulu qu'on construise ce théâtre d'opéra, le premier de France.

Et maintenant il y paraît, sur la scène, dansant ce ballet

l'*Ercole amante*, entouré des princes, de Louise de La Vallière et même de la reine Marie-Thérèse. On récite :

*Est-ce un homme ? Il est sans faiblesse.*
*Est-ce un Dieu ? Mais il est mortel.*
*Si c'est trop de l'appeler Dieu,*
*C'est trop peu de l'appeler homme.*

Il est le roi, Hercule et Apollon.

Et il faut que le peuple le voie.

Il ordonne que les 5 et 6 juin 1662, se tienne dans l'espace qui s'étend du Louvre aux Tuileries, un carrousel – char du soleil. Il fait dresser des tribunes pour plusieurs milliers de spectateurs.

Il dirigera, habillé en empereur romain, le premier quadrille. Les autres seront conduits par les princes du sang, Monsieur, duc d'Orléans.

Il veut que l'on écrive sur son écu sa devise *Nec pluribus impar*, qu'on sache ainsi qu'il se proclame tel le Soleil, *supérieur à tous les autres*, le plus noble des astres, produisant sans cesse de tous côtés la vie, la joie et l'action. Le soleil est la plus belle image d'un grand monarque.

Il est debout, le torse serré dans la cuirasse d'or, d'argent et de rubis, *Imperator* rayonnant.

Il est le Roi-Soleil.

Qui peut résister à son éclat ?

Les courtisans s'inclinent et tremblent devant lui.

Il reçoit ce comte de Brienne qui s'excuse, les larmes aux yeux, de s'être approché de Mlle de La Vallière, de lui avoir proposé de la faire peindre par l'artiste Lefebvre, en Madeleine ou en Diane, puis d'avoir appris qu'elle était aimée du roi, choisie par lui.

— Laissez là son portrait, dit Louis, et vous me ferez plaisir.

— Ah ! mon maître, murmure Brienne, je ne lui parlerai

de ma vie et je suis au désespoir de ce qui s'est passé. Pardonnez-moi cette innocente méprise de mes yeux à laquelle mon cœur n'a point de part et ne vous souvenez jamais de ce que j'ai fait.

Brienne pleure.

*Telle est ma puissance, mon emprise.*

Il faut pardonner à Brienne.

— N'en parlons plus, dit Louis.

Puis il se rend, alors que la pénombre gagne le palais, dans les combles des Tuileries, où loge encore Louise de La Vallière, toujours suivante d'Henriette et subissant les accès de jalousie de celle-ci, et la curiosité agressive des autres dames.

Il doit l'arracher à cela, la loger dans des appartements qui manifesteront qu'elle est, aux yeux de tous, la maîtresse du roi, et qu'elle occupe ainsi le premier rang.

Il la fait déjà asseoir près de lui, dans la salle du théâtre des Tuileries, où la troupe de Molière donne *L'École des femmes.*

Il ne rit pas. Il n'applaudit pas.

Mais il est là et, comme le Soleil, il éclaire tout autour de lui.

# 29.

Louis sait qu'il n'existe pas de soleil qui puisse rayonner et durer sans qu'on le nourrisse, comme un brasier, afin que sa lueur soit toujours étincelante.

Il convoque Colbert.

Il veut qu'au Louvre, à Versailles, les architectes et les peintres, Le Vau et Le Brun, les jardiniers, Le Nôtre, se mettent au travail, décorent ici, au Louvre, les galeries, et là transforment le pavillon de chasse de Louis XIII, créent une orangerie.

Il faut que les palais du roi Louis le Grand étonnent, manifestent aux yeux des sujets, des ambassadeurs de tous les pays étrangers, la suprématie, la puissance et la gloire du Roi Très Chrétien.

Il faut que les Grands, les princes du sang, les ducs, les comtes, cette noblesse qui s'imagine encore pouvoir être frondeuse comme au temps des féodaux, sache qu'elle n'existe que dans la lumière royale, et au service du roi.

Louis sent Colbert réticent et cela l'irrite. Il faut que ce ministre obéisse et comprenne que ces travaux, l'embellissement et la construction des palais, ne sont pas destinés seulement au plaisir et au divertissement du roi, mais qu'ils sont les moyens d'accroître sa gloire.

— Quand je demande, dit Louis, il me semble que cela

veut dire je veux, j'aurai, ou au moins il y a si peu de différence qu'elle n'est pas connaissable.

Colbert s'incline. Les travaux commencent. Colbert enfin rend compte et reconnaît que : « Rien ne marque davantage la grandeur et l'esprit des princes que les bâtiments. La postérité mesure la grandeur à l'une de ces superbes maisons qu'ils ont élevées durant leur vie. »

Louis se rend à Versailles.

Il parcourt les nouvelles constructions qui, avec les grandes façades blanches, semblent envelopper le pavillon de chasse.

Il faut que la Cour se réunisse ici, qu'elle découvre les premiers éléments de ce nouveau palais.

Louis imagine la nature boisée et parfois marécageuse transformée en un jardin qui marquera que rien ne peut résister à la volonté du Roi-Soleil.

Il s'efforce de paraître insensible aux compliments que lui adressent les courtisans agglutinés dans ce château.

Il fait froid dans les grandes pièces, mais c'est là qu'il veut danser, avec Louise de La Vallière, le *Ballet des arts*, puis celui des *Noces de village*, là qu'il assiste à la représentation de nouvelles pièces que Molière a intitulées *L'Impromptu de Versailles* ou *La Critique de l'École des femmes*.

Il est satisfait de ces premières fêtes versaillaises, de l'audace de Molière, qui n'hésite pas à fustiger les courtisans, à se moquer des critiques, à reconnaître la grandeur du roi.

Molière ne doit pas être le seul à louer le monarque.

Louis demande à Colbert de rassembler des écrivains, tels Charles Perrault et Jean Chapelain, des peintres, des théologiens, des historiens. Ils constitueront une Académie des inscriptions, destinée à célébrer par ses travaux la grandeur du roi, sa gloire. Il faut peindre des tableaux, frapper des médailles qui doivent rappeler les actions du roi, les chanter, leur donner l'éclat qu'elles méritent.

Il faut soutenir la gloire, entretenir le feu du Soleil.

Louis reçoit ces académiciens qui se réunissent deux fois par semaine autour de Colbert.

— Vous pouvez, messieurs, dit-il, juger de l'estime que je fais de vous puisque je vous confie la chose du monde qui m'est la plus précieuse, qui est ma gloire.

Il ne veut rien tolérer qui puisse la ternir.

Et ce peut être simplement l'attitude de tel ou tel prince ou princesse de sang qui s'arroge le droit d'agir à sa guise.

Louis ne peut accepter que l'on veuille contester ses ordres ou ne pas se plier à son autorité.

Il demande à sa cousine, la Grande Mademoiselle, pardonnée déjà, bien qu'elle fût frondeuse et ait fait tirer le canon depuis la Bastille sur les troupes royales, de le rejoindre.

Il la regarde s'avancer, avec sa démarche de grande femme, orgueilleuse et sèche, qui a rêvé un temps de l'épouser, de devenir reine de France, alors qu'elle est son aînée de onze ans.

Vieille histoire, mais Mademoiselle prétend refuser le mari que Louis lui destine, le roi du Portugal, Alphonse VI, au prétexte qu'il est chétif et imbécile.

Croit-elle que le roi de France peut se désintéresser des épousailles d'une femme dont la richesse est immense, et dont les terres sont si étendues dans le royaume qu'elles font d'elle une puissance ?

— Je vous marierai où vous serez utile pour mon service, dit Louis en la congédiant et en lui signifiant qu'il l'exile, loin de la Cour, dans son château de Saint-Fargeau.

Ne rien céder, jamais.

Obtenir du pape des excuses officielles pour l'agression

commise contre l'ambassade de France à Rome, et exiger que soit dressée dans cette ville une pyramide, rappelant l'événement et les excuses de la papauté au roi de France.

Acheter Dunkerque aux Anglais et y pénétrer pour marquer la volonté du roi de France d'être maître sur tout son territoire. Et contraindre le duc de Lorraine à céder la ville de Marsal, comme le prévoient les traités. Et faire connaître à tous les sujets du royaume ces victoires, en ordonnant que tableaux, tapisseries, médailles rappellent ces événements glorieux.

Il veut qu'on montre le roi, à Dunkerque, en Lorraine, à la tête de ses troupes, ou recevant debout les excuses de l'ambassadeur d'Espagne puis de l'envoyé du pape, le nonce Chigi.

Cette gloire répandue est le moyen de tenir ensemble, dans l'ordre, ces sujets du royaume qui ici ou là continuent de se rebeller, comme en Chalosse, où ils refusent de payer la gabelle, et il faut que l'intendant réprime leur révolte, tue, condamne aux galères quelques centaines de ces paysans toujours rétifs dès qu'il s'agit de verser l'impôt.

Il approuve Colbert qui veut demander à tous les intendants de réaliser une enquête dans les provinces, afin d'établir exactement ce qu'il en est de l'activité et de la richesse du commerce et des manufactures et d'évaluer ainsi le niveau de l'impôt.

Le royaume et les sujets sont le corps du roi, et quand le corps est malade le roi est souffrant.

Il l'est, contraint de ne pas chevaucher, de renoncer à la chasse, de rester dans ces salles du château de Versailles dont la décoration n'est pas encore achevée.

Il faut accepter ces douleurs du ventre, ces migraines, ces nausées, cette sensation que le corps, habituellement souple et léger, est devenu cette masse dont la lourdeur paralyse.

Louis reste longuement assis sur sa chaise percée, recevant quelques gentilshommes mais soucieux aussi de ne pas montrer qu'il souffre, que la sueur coule sur son front.

Et impatient de recouvrer sa vigueur, pour se rendre auprès de Louise de La Vallière.

Enfin, il peut quitter Versailles où la maladie durant plusieurs semaines l'a retenu prisonnier.

Il a hâte de retrouver Louise dans cette petite maison à un étage située dans le jardin du Palais-Royal. Colbert l'a aménagée, organisant l'installation de la jeune femme, recrutant des domestiques discrets, veillant sur elle, rendant compte chaque jour de l'humeur de Louise.

Elle est, comme toujours, déchirée entre son amour et la crainte du châtiment de Dieu. Elle est la maîtresse, elle trompe la reine, elle a avec le roi cette liaison cachée, dont tous les courtisans connaissent l'existence et qu'il faut cependant dissimuler.

Louis manifeste son amitié et son attention, sa tendresse, il danse avec elle, elle est dans la chorégraphie des ballets, la femme aimée, la souveraine. Mais il impose le silence, il ne retrouve Louise que dans le secret, s'obligeant à partager chaque nuit avec la reine.

Souvent Louise l'a menacé de rompre, de se retirer dans un couvent. Une fois déjà elle a fui la Cour, et il a dû galoper jusqu'au couvent de la Visitation de Chaillot où après avoir chevauché seul il l'a retrouvée, allongée à même le sol de l'oratoire, secouée par les sanglots. Il a dû la rassurer, la serrer contre lui, l'arracher à ses craintes, au couvent.

En cette fin d'année 1663, il est inquiet et ému. Colbert vient de lui annoncer que Louise de La Vallière est enceinte. Louis connaît ce dicton qui vaut pour les princesses et les paysannes : « Femme grosse a un pied dans la fosse. »

Et il faudra cacher cette naissance, parce que les courtisans, les suivantes de la reine, guettent, surveillent Louise de La Vallière.

Colbert a pris toutes les dispositions nécessaires, pour que le nouveau-né soit retiré à sa mère, aussitôt, et confié à un couple d'anciens domestiques du ministre.

Le 18 décembre, Louis est assis au chevet de Louise de La Vallière dont le visage est creusé par l'effort, la souffrance déjà.

Louis voudrait rester près d'elle, mais il doit regagner le palais. Il sait que Louise de La Vallière a décidé, pour écarter tous les soupçons, que, l'accouchement à peine terminé, elle se rendra à la Cour, comme à l'habitude, qu'elle accomplira ses obligations.

Le chirurgien Boucher rassure Louis. Les douleurs ont commencé. L'accouchement aura lieu dans quelques heures.

Et Louis s'en va.

Le lendemain matin, un messager lui apporte la nouvelle. Un garçon est né. Il est fort. La mère est déjà sur pied.

Louis remercie Dieu de lui avoir donné la joie d'avoir un second enfant.

C'est un bâtard, mais il est fils de roi.

## 30.

Louis a vingt-sept ans.

Il est seul dans ses appartements du Louvre. Devant lui, sur la table, cette feuille où l'un des espions de Colbert a retranscrit les quelques vers ironiques qu'on récite à la Cour.

Il les relit. Il se sent gagné par l'amertume, la colère, qu'il s'efforce de maîtriser. Mais ces mots de méchanceté et de jalousie l'atteignent au moment même où il vient d'apprendre que le fils né de Louise de La Vallière, son bâtard royal, est déjà empoigné par la maladie, et que la mort s'avance vers lui alors qu'il vient à peine de naître.

Et l'on se moque de Louise.

*Soyez boiteuse, ayez quinze ans*
*Pas de gorge, fort peu de sens*
*Des parents, Dieu le sait ! Faite-en fille neuve*
*Dans l'antichambre, vos enfants*
*Sur ma foi ! Vous aurez le premier d'amant*
*Et La Vallière en est la preuve.*

L'espion a précisé que l'on murmure que l'auteur de cette vilenie se nomme Athénaïs de Montespan. Issue d'une des plus vieilles familles de la noblesse française liée aux Bourbons, les Rochechouart de Mortemart. Mariée à un noble gascon depuis une année, cette jeune femme aux cheveux blonds, danseuse accomplie, interprète quelques figures lors des ballets donnés à Versailles. Elle est l'une de ces suivantes d'Henriette – Madame, l'épouse de Philippe duc d'Orléans – qui composent ce qu'à la Cour on appelle le « jardin », et où l'on va cueillir les plus belles fleurs.

Et Louis ne s'est pas privé de le faire. Mais l'espion ajoute que ce jardin, qui rassemble les plus belles filles de France, est un nid d'intrigues. On ne se contente pas de s'y moquer de Louise de La Vallière.

Le comte de Guiche, l'amant à la fois du duc d'Orléans et de Madame son épouse, aurait fait parvenir à la reine Marie-Thérèse une lettre révélant la liaison entre Louise de La Vallière et Sa Majesté. Heureusement la missive a été interceptée par une domestique de la reine.

La sœur d'Athénaïs de Montespan, Gabrielle de Rochechouart de Mortemart, marquise de Thianges, est une protégée – et peut-être davantage – de Philippe d'Orléans. Le marquis de Vivonne, le frère d'Athénaïs et de la marquise de Thianges, est un familier de la Grande Mademoiselle, la cousine du roi et de son frère Philippe d'Orléans. Olympe, la nièce de Mazarin devenue comtesse de Soissons, est la plus ardente à calomnier celle-ci ou celle-là, comme si elle ne se consolait pas de ne plus être l'une des favorites, maîtresse du roi.

Dans ce milieu où naissent toutes les rumeurs, chacun est aux aguets, craignant des pièges, des cabales et même le poison.

Louis se souvient de l'affolement de Louise de La Vallière lui racontant comment elle avait été réveillée en pleine nuit par le bruit d'une fenêtre que l'on tentait de forcer. Elle avait appelé ses domestiques qui avaient découvert une échelle de corde accrochée le long de la façade. Voulait-on la tuer ?

Aimer le roi et être aimée de lui est périlleux. Louis le sait.

Il demande à Colbert de faire surveiller la maison de Louise. Et il exige des domestiques de goûter la nourriture avant de la servir à leur maîtresse.

Louis se lève, va jusqu'à la fenêtre.

Il est indigné sans être surpris. Il se souvient de la Fronde, des conspirations, des trahisons, des dangers.

Est-ce pour cela qu'il ne sent en lui aucune crainte ? Il s'en remet à la volonté de Dieu.

Mais il a appris qu'il faut imposer sa volonté à tous, agir, combattre, punir, condamner les uns à l'exil, les autres aux galères, et les plus rebelles à la mort.

C'est devoir de roi.

Il ressent comme un défi le verdict prononcé par la Cour de justice après plus de trois ans d'enquête contre Nicolas Fouquet.

Les magistrats, et le premier d'entre eux, Olivier Lefèvre d'Ormesson, ont refusé de punir de mort ce surintendant qui jonglait avec les finances du royaume et qui s'était constitué une place forte à Belle-Isle. Ils ont prétendu qu'ils ne disposaient pas de preuves suffisantes pour choisir la peine capitale. Ils se sont donc contentés de celle du bannissement.

Louis questionne Colbert, plus pâle et plus sombre qu'à l'accoutumée.

Il a nommé Colbert surintendant et ordonnateur général des Bâtiments du roi. Il a confiance dans cette « couleuvre venimeuse », qui sait garder un secret, qui a choisi avec soin les magistrats qui auraient dû condamner Fouquet à mort, qui a placé parmi eux le chancelier Séguier, un courtisan toujours soucieux de plaire, de servir.

Mais ces hommes se sont dérobés, sans doute influencés par le parti dévot, par ce peuple de Paris qui au fur et à mesure que le temps passait prenait parti pour le surintendant, manière de se rebeller contre le pouvoir royal.

Et pour briser ce mouvement, pour affirmer qu'on ne peut s'opposer au roi, il faut sévir, exiler certains des magistrats, leur interdire de transmettre leur charge à leur fils, quant à Lefèvre d'Ormesson il ne sera ni conseiller d'État ni intendant ! Qu'il se retire sur ses terres et qu'on l'oublie.

On ne peut sans risque défier le roi.

Louis murmure :

— Si Fouquet avait été condamné à mort, je l'aurais laissé mourir.

Mais maintenant, l'exécution de Fouquet est impossible. Et cependant il faut aller au-delà de la sentence prononcée.

Être roi, c'est savoir punir, au nom de ce qu'on croit juste et bon pour le royaume. Et c'est le roi seul qui en est juge.

Qu'on exile les proches de Fouquet, dit Louis.

Après un silence, il ajoute qu'il veut que l'on condamne Fouquet à la détention à vie dans la forteresse de Pignerol. Qu'il soit interdit au surintendant de communiquer avec quiconque, qu'il ne soit autorisé à communier que rarement car il pourrait influencer son confesseur, en faire un complice, et préparer ainsi une évasion, facilitée par le fait que Pignerol est situé à proximité du royaume piémontais.

Louis répète :

— Je commue la peine en détention à vie.

Un roi doit tenir fermement son royaume, et chaque jour il y a ici ou là des sujets qui se rebellent.

Il faut étouffer dans leur commencement ces frondes.

Il le dit à l'archevêque de Paris, Hardouin de Péréfixe, qui tarde à sévir contre ces catholiques qui se proclament jansénistes.

— Je suis persuadé, martèle Louis, qu'il y a une nouvelle hérésie qui prend naissance dans le royaume. Il faut y remédier, disperser ces religieuses qui dans leur monastère, à Port-Royal, s'obstinent, rassemblent autour d'elles des personnalités de la Cour. Ne dit-on pas que la sœur de Condé, la duchesse de Longueville, les protège ? Que des parlementaires et même des évêques sont sensibles à ces propositions que le pape a condamnées, que les jésuites combattent ?

Louis insiste. Tout cela a un air de Fronde. Et il ne veut pas connaître à nouveau ce temps des agitations.

Il n'est plus l'enfant sans pouvoir, mais Louis le Grand.

Et qui peut douter encore qu'il est le Roi-Soleil ?

Il lit et relit ce portrait que trace de lui l'ambassadeur de Venise à Paris. Alvise Grimani. Un homme de Colbert s'est procuré une copie de la correspondance du Vénitien.

Louis savoure les phrases, il éprouve un contentement tel qu'il se sent apaisé comme si son âme et son corps étaient envahis par une sensation de plénitude.

« Le roi de France est né dans la guerre, écrit l'ambassadeur. Il a été nourri dans les armes, élevé au milieu des victoires... Il est de complexion vigoureuse, de grande taille, d'aspect majestueux ; son visage est ouvert et imposant à la fois, son abord est courtois et sérieux, il est de tempérament sanguin mais point trop vif... Il traite chacun également selon ses qualités ; il ne témoigne de partialité à l'égard de personne et personne ne peut s'en prévaloir ; il ne permet pas qu'on plaisante avec lui et d'ailleurs ne plaisante pas avec autrui. Il ne parle pas avec prolixité, mais avec juste mesure et il emploie les termes propres... Il ne se laisse pas aller à la colère. »

Louis aime ce portrait. Il a voulu être ainsi. Et il y est parvenu.

« Les inclinations du roi et ses distractions, poursuit l'ambassadeur, ont toujours été les armes, la chasse, la danse et les chevaux. Quant aux affaires il ne s'y est pas effectivement appliqué jusqu'à la mort de feu le cardinal. Mais alors, dès qu'il eut assumé le gouvernement il fit voir à la France et au monde qu'il était très différent qu'on ne le supposait peut-être… »

Cela convient aussi à Louis.

Il pense avec orgueil à ces princes allemands qui s'inquiètent parce que, à la demande de l'électeur de Mayence, la France a envoyé six mille soldats pour mater une rébellion protestante à Erfurt. Et six mille hommes encore pour combattre les Turcs aux côtés des troupes chrétiennes rassemblées par l'empereur Léopold Ier, et commandées par le général Montecuccoli. Dans la plaine de Hongrie, à Saint-Gotthard, les Français du comte de Coligny ont décidé de la victoire !

Voilà ce que peut l'armée du roi de France ! Sa flotte bombarde Alger, Tunis, et ses troupes occupent Djidjelli, frappent ainsi les barbaresques jusque dans leurs repaires.

Il faut qu'on le sache.

Que Le Brun, qu'il vient de nommer premier peintre de Sa Majesté, rappelle dans ses toiles les exploits et la gloire du roi.

Et que les écrivains, les savants fassent de même, expriment leur reconnaissance à celui qui les gratifie.

Louis demande à Colbert de les rassembler dans la grande galerie du Louvre. Il veut être présent lorsqu'on donnera à chacun d'eux une bourse de cuir brodée, contenant la pension que leur offre Louis le Grand : quatre mille livres à Eudes de Mezeray, historiographe de France, deux mille livres à Corneille, six cents à Racine, deux mille à Boileau, mille à Molière.

Louis observe Molière.

Il apprécie ce comédien et cet auteur singulier. Il a même accepté d'être le parrain de son fils. Et il sait qu'on s'est étonné à la Cour de cette distinction accordée par le roi à un saltimbanque.

Mais peu importe les murmures. Louis le Grand veut.

Il décide que Molière et sa troupe participeront au divertissement qui durant plusieurs jours, en ce mois de mai 1664, transformera le pavillon de chasse et les jardins de Versailles en un grand lieu de fêtes. On dresse déjà les gradins qui accueilleront six cents invités. Ils assisteront aux *Plaisirs de l'île enchantée.*

Louis veille à chaque détail de ce grand spectacle qui doit enchanter la Cour, étonner les ambassadeurs, prouver à tous que le roi de France est le plus éclatant des monarques.

Et la troupe de Molière y jouera *La Princesse d'Élide*, *Les Fâcheux*, *Le Mariage forcé*, une comédie-ballet que le roi a dansée déjà, et cette pièce étrange que, à la lecture, Louis a trouvé fort divertissante, qui s'intitule *L'Hypocrite*, et que Molière pense appeler *Le Tartuffe.*

Tout le spectacle sera inspiré par l'œuvre de l'Arioste, *Orlando furioso – Roland furieux.*

Le mercredi 7 mai commencent *Les Plaisirs de l'île enchantée.*

Le pavillon de chasse et les jardins conçus par Le Nôtre servent de décor à ces ballets, à ces défilés, à ces tournois, à ces jeux, à ces représentations qui se succèdent.

Le roi paraît, chevauchant, vêtu et armé tel un guerrier grec, un destrier caparaçonné d'or, d'argent et de pierreries.

Quand la nuit tombe après la course à la bague, des milliers de bougies, des centaines de flambeaux éclairent les bâtiments, les parterres de fleurs et les bosquets.

Puis vient le somptueux souper, servi par la foule des valets aux uniformes rutilants.

Louis est le créateur, l'acteur, le spectateur de ce divertissement. Quel roi eût pu le concevoir ?

Et chaque jour c'est un spectacle encore plus étonnant qui se déroule, alternant ballet, défilé de violons, cavalcades, course à la tête, quand, lancé au galop, le cavalier doit enlever avec sa lance une tête de Turc, de Maure ou de Méduse.

C'est le roi qui sort vainqueur de l'épreuve, lui qui porte sur son écu la devise *Nec cesso nec erro*, « Je ne m'arrête ni ne m'égare ».

Les grands qui l'accompagnent, qu'ils soient princes du sang, ducs ou comtes, arborent des devises qui rappellent qu'ils sont soumis au roi. L'une dit : « C'est pour un seul astre que je combats ». L'autre : « C'est un bonheur d'être brûlé par un tel feu ». Et la dernière : « Il tient son éclat de son obéissance ».

Louis contemple, jour après jour de fête, ces grands qui reconnaissent qu'il est le Soleil auquel ils doivent leur éclat.

Il est satisfait.

Il veut que la Cour, le royaume soient à l'image de cette fête où il a dansé, le corps léger et agile, où il a dans ses vêtements tissés de fil d'or et d'argent défilé, chevauché, remporté la victoire dans ces tournois et où il a rassemblé autour de lui tout ce que le royaume compte de grands. Et il a vu dans le regard des femmes l'attente. Mais il n'a été le chevalier servant que de Louise de La Vallière, veillant à ne blesser ni sa mère ni son épouse.

Il a pourtant entendu, lors de la représentation du *Tartuffe*, des murmures. La reine mère n'a pas aimé cette pièce, et les dévots sans oser parler ont manifesté par leurs mimiques leur désapprobation. Puis ils se sont précipités à la chapelle.

Louis s'y rendra aussi, mais il ne se confessera pas.

Il est adultère. Il ne veut pas avouer sa faute.

Il n'est pas Tartuffe. Il n'est pas hypocrite.

# 31.

Louis est assis au premier rang dans la salle du théâtre du Palais-Royal.

Molière s'avance jusqu'au bord de la scène en dom Juan à la voix éraillée. Il lance à son valet Sganarelle :

« L'hypocrisie est un vice à la mode et tous les vices à la mode passent pour vertus... La profession d'hypocrite a de merveilleux avantages... Combien crois-tu que j'en connaisse qui par ce stratagème ont rhabillé adroitement les désordres de leur jeunesse, qui se sont fait un bouclier de leur manteau de la religion et, sous cet habit respecté, ont la permission d'être les plus méchants hommes du monde... »

Louis pourrait citer mille noms, celui du marquis de Vardes, amant de la comtesse de Soissons, cette Olympe Mancini dont on murmure qu'elle se rend masquée, dans le nouveau quartier de Bonne-Nouvelle, chez des magiciennes, des cartomanciennes, des astrologues, peut-être des empoisonneuses, pour faire jeter des mauvais sorts sur Louise de La Vallière, et qui sait se servir des astres, des drogues, afin de reconquérir l'amour du roi.

Louis ne veut pas connaître le détail de ces intrigues. Il a exilé le comte de Guiche, un autre hypocrite, l'amant d'Henriette d'Orléans, et chassé Olympe Mancini, comtesse de Soissons, de la Cour.

Et il défend Molière que les dévots et les bigots accusent d'impiété, d'athéisme même. Louis confirme qu'il veut que Molière soit le chef de la troupe des comédiens du roi. Il aime que cet acteur dénonce les travers des courtisans, se moque des médecins incapables. Et Louis veut que soit dansée cette comédie-ballet *L'Amour médecin*, qui les fustige et les ridiculise.

Mais il ne doit pas donner à croire qu'il approuve dom Juan, qu'il serait prêt à s'attabler pour un « festin de pierre » avec la statue d'un Commandeur.

Un roi doit garder la mesure. Ses actes sont observés par tous ses sujets.

Il doit éviter toute provocation, et c'est pour cela qu'il veille chaque jour, chaque nuit, à rendre hommage à la reine. Il supporte les bouffons, les nains, les fous que Marie-Thérèse appelle « mon cœur », « pauvre garçon », « mon fils » !

Il accepte que des dizaines de petits chiens enrubannés viennent japper, réclamant les reliefs de la table. Ils coûtent quatre mille écus par an !

Après souper, il conduit Marie-Thérèse à sa table de jeu.

Les apparences sont sauves. Ce n'est pas hypocrisie d'un Tartuffe ou d'un dom Juan, mais respect dû à l'épouse.

Mais si Marie-Thérèse boude, si elle veut lui imposer de rompre avec Louise de La Vallière, alors il faut qu'elle sache qu'il l'ignorera, que c'en sera fini entre eux de la courtoisie, des dîners et des soupers. Il ne lui jettera plus un seul regard. Et il sait qu'elle cédera, qu'elle acceptera qu'il aime ailleurs, et elle se contentera de sa déférence et de son attention.

Et il agit de même avec la reine mère qui veut elle aussi qu'il cesse d'aimer Louise de La Vallière.

Ne se souvient-elle pas des rumeurs qui couraient à son

propos, de ses liaisons avec le duc de Buckingham, et même le cardinal de Mazarin ! Alors Anne d'Autriche peut menacer de se retirer au couvent du Val-de-Grâce, il ne renoncera pas.

— En quoi, Madame, doit-on tout croire ce que l'on dit, lui assène-t-il. Je n'imaginais pas que vous prêchiez, vous, cet évangile. Cependant, comme je n'ai pas glosé sur les affaires des autres, il me semble qu'on en devrait user de même pour les miennes.

Louis veut bien redire l'amour qu'il lui porte, fils attentionné. Et d'autant plus que la pâleur du teint d'Anne d'Autriche, ces nouvelles rides qui creusent son visage, les douleurs au sein dont elle se plaint, son humeur sombre, après que son frère le roi Philippe IV d'Espagne est mort, font pressentir à Louis la présence de la maladie.

Anne d'Autriche, apprenant le décès de Philippe, n'a-t-elle pas dit :

— Je le suivrai bientôt.

Louis est ému, mais il ne cède pas à sa mère.

Il voit chaque jour Louise de La Vallière. Elle est enceinte à nouveau et l'accouchement sera difficile. Et Louis ressent durement la mort de l'enfant qui décède encore plus vite que le premier-né.

Les rumeurs, grâce à Colbert qui a veillé sur toute l'affaire, ont été peu nombreuses et se sont vite dissipées, car Louise est revenue à la Cour, le jour même de ses couches, chancelante mais réussissant à danser, à sourire.

Il lui est reconnaissant de cette volonté, de cette fierté, mais il ne peut pas dépendre d'elle.

Il s'écarte d'elle, offre son bras à l'une des filles d'honneur de Marie-Thérèse dont le regard, les soupirs et le sourire disent qu'elle souhaite céder au roi.

Il n'est pas dom Juan, mais au nom de quoi, de qui, refuserait-il ce plaisir qu'on lui offre ?

Il le prend et, durant quelques nuits, il se rend chez cette jeune blonde, Anne-Lucie, qui lui abandonne son corps généreux.

Et puis on l'avertit que la jeune femme, qui lui adresse des lettres enflammées, les fait écrire, et qu'en fait on se sert d'elle pour l'éloigner de Louise de La Vallière.

Il faut toujours qu'il soit sur ses gardes.

Un roi, en abandonnant son cœur, doit demeurer maître absolu de son esprit, confie-t-il.

Et un jour de mars 1665, alors qu'il vient de nommer Colbert surintendant général du Commerce, et qu'il songe à le désigner aussi contrôleur général des Finances parce qu'il apprécie les talents de cet homme capable de créer des compagnies de commerce, des manufactures de fil, de favoriser l'installation en France du Hollandais Van Robais, fabricant de draps, Louis dit à Colbert, aux maréchaux de Villeroy et de Gramont, à Lionne et à Le Tellier :

— Vous êtes mes amis, ceux en qui j'ai le plus de confiance. Les femmes ont bien du pouvoir sur ceux de mon âge. Je vous ordonne, si vous remarquiez qu'une femme, quelle qu'elle puisse être, me gouverne le moins du monde, vous ayez à m'en avertir. Je ne veux que vingt-quatre heures pour m'en débarrasser, et vous donner contentement.

Les affaires du royaume sont affaires d'hommes.

Elles ne peuvent être réglées que par le roi prenant conseil des ministres qui l'entourent.

Il le dit :

— Dès lors que vous donnez la liberté à une femme de vous parler de choses importantes, il est impossible qu'elle ne vous fasse faillir.

Comment pourrait-on se fier à des « précieuses ridicules », dont Molière a eu raison de se moquer ?

Que pourraient-elles dire des finances et de l'épargne de l'État dans lesquelles Colbert essaie de mettre de l'ordre en dressant dans un Grand Livre l'« état au vrai » des recettes et des dépenses de l'année précédente ?

Et l'ordre, après ces quatre années durant lesquelles il a régné, il sait qu'il faut l'imposer partout. Des provinces, comme l'Auvergne, échappent à la Justice royale. Des seigneurs font régner la terreur à leur profit, volant et violant, terrorisant les paysans.

Louis ordonne que des magistrats parisiens se rendent en Auvergne, et que durant ces « Grands Jours » ils punissent, sans s'arrêter à la qualité nobiliaire ou roturière des coupables.

Il faut purger la montagne d'une infinité de désordres et de crimes atroces, y faire régner la justice et régner par elle dans l'État.

Et il faudra que Paris cesse d'être ce nid de voleurs et d'assassins.

On vient d'y tuer le lieutenant général Tardieu et son épouse pour les dépouiller.

Il est impossible d'y sortir la nuit sans risquer sa vie.

Le jour, on s'enfonce dans la boue car les rues ne sont pas pavées, et les laquais qui s'autorisent à porter l'épée se sont ligués entre eux et font la loi, bousculant, dépouillant, battant et parfois tuant ceux qui leur résistent.

Il faut changer cela. Et il charge Colbert d'étudier les mesures nécessaires.

Louis veut aussi qu'on achève au plus tôt ces agrandissements, ces embellissements du Louvre.

Qu'on fasse appel à ce sculpteur et architecte italien, le Bernin, pour qu'il donne enfin au Louvre la majesté digne du palais du plus grand des rois d'Europe. Et Louis pose pour le Bernin qui sculpte son buste.

Les courtisans se tiennent à distance, formant dans la pièce une couronne chatoyante.

De cette foule qui chuchote un homme se détache. C'est Racine, l'écrivain qui vient au grand dépit de Molière de donner sa dernière pièce, *Alexandre le Grand*, aux comédiens de l'hôtel de Bourgogne et non à la troupe de Molière, au Palais-Royal.

Racine s'incline, commence à lire la dédicace de sa pièce.

« L'histoire, dit-il d'une voix forte, est pleine de jeunes conquérants et il n'est pas extraordinaire de voir l'un d'eux gagner des batailles et même mettre le feu à toute la terre. Mais Votre Majesté me permettra de lui dire que, devant elle, on n'a point vu de roi qui, à l'âge d'Alexandre, ait eu la conduite d'Auguste, et qui sans s'éloigner du centre de son royaume ait répandu sa lumière jusqu'au bout du monde. »

# 32.

Louis a froid.

En ces premiers jours de janvier 1666, malgré les troncs d'arbres qui brûlent dans les hautes cheminées du palais du Louvre, il ne peut se réchauffer.

La glace est en lui.

Il traverse les salons. Les courtisans s'inclinent, chuchotent un compliment, sollicitent une faveur, tendant un placet qu'ils veulent remettre au roi en mains propres, prononcent d'une voix tremblante une louange.

Il écoute ces murmures.

Il ne s'étonne pas de cette émotion qui saisit des hommes illustres et âgés lorsqu'ils s'adressent à lui, lui répondent : « Sire, j'obéis. »

Mais il sait aussi qu'il ne doit pas oublier que la modestie et l'humilité sont des vertus de roi, et même qu'elles lui sont plus nécessaires qu'au reste des hommes, précisément parce qu'il est leur souverain.

Et qu'il est mortel comme eux.

Il entre dans la chambre de sa mère, où une foule de princes, de duchesses se presse autour du lit de la reine.

Voilà plusieurs jours qu'elle agonise, rongée par cette maladie qui dévore ses seins, ses aisselles, ses épaules. Et les humeurs malignes gonflent ses mains, qu'elle avait si fines, son visage et son cou.

Louis voit son frère Philippe agenouillé, auprès du lit, qui baise les pieds de sa mère et sanglote.

Les prêtres apportent les saintes huiles.

— Levez bien ma cornette, dit Anne d'Autriche, de peur que cette huile n'y touche, car cela sentirait mauvais.

Louis sent qu'il défaille, qu'il tombe.

On le retient. On l'entraîne loin de la ruelle du lit, dans un cabinet. On asperge son visage d'eau froide. On déboutonne son pourpoint.

Il se redresse. Il grelotte. Il voit tous ces gens qui entrent et sortent de la chambre, s'en vont au bord du lit, se penchent jusqu'à toucher le visage de la reine mère.

Il veut s'approcher. On le retient. Le médecin, Seguin, présente une tasse de bouillon à Anne d'Autriche.

Elle boit avec avidité.

Peut-être la mort s'éloigne-t-elle ?

— Madame, prenez-le plus doucement, dit Seguin.

— Je le trouve bon, il faut se soutenir tant que l'on peut.

Louis sort de la chambre. Il gagne ses appartements.

Il somnole, ankylosé par le froid.

Il se souvient de ces bals que Philippe d'Orléans a donnés à Saint-Cloud pour fêter le début de l'année. Ils ont duré plusieurs jours et la fête a été somptueuse.

Louis a dansé avec Louise de La Vallière et des suivantes de Marie-Thérèse.

La reine avait refusé de quitter le Louvre, portant le deuil de son frère le roi d'Espagne, exigeant de Louis qu'il choisisse, puisqu'il tenait à participer aux festivités, un vêtement violet pour marquer qu'il s'associait au deuil de son épouse, et qu'il n'oubliait pas sa mère malade.

Louis s'était plié à cette exigence mais il avait demandé à ses valets d'accrocher à ses vêtements de grosses perles et des diamants.

Il avait dansé joyeusement, distingué une nouvelle fois cette Athénaïs de Rochechouart de Mortemart, marquise de Montespan, une blonde flamboyante, aux formes rondes, au regard plein de défi et dont les jeux de mots, les saillies, la beauté faisaient qu'elle avançait entourée d'un groupe d'hommes riant à ses bons mots.

À côté d'elle, Louise de La Vallière était tout à coup apparue à Louis comme une femme réservée, douce et apaisante, mais si terne !

Il en avait ressenti du dépit, détournant les yeux d'Athénaïs de Montespan. Cette femme cherchait à l'attirer. Il serait facile de la conquérir. Il avait même l'impression de la connaître déjà intimement, puisqu'il avait obtenu les faveurs de la sœur d'Athénaïs, Gabrielle de Rochechouart de Mortemart, marquise de Thianges. Et sans doute les deux femmes avaient-elles échangé des confidences. Et qui sait si cette naïve Louise de La Vallière n'avait pas, elle aussi, évoqué ses amours ?

Louis avait eu l'impression qu'Athénaïs de Montespan cherchait à tisser autour de lui une toile dans laquelle il serait prisonnier. Il la rencontrait de plus en plus souvent, suivante de la reine Marie-Thérèse. Il la croisait le soir dans l'antichambre de son épouse.

Mais elle était aussi l'amie de Louise de La Vallière, et il la retrouvait dans l'appartement de sa maîtresse. Et sa sœur, la marquise de Thianges, lui parlait d'elle. Et Athénaïs de Montespan était devenue l'une des familières de Philippe d'Orléans qui certes n'était guère avide de femmes, mais aimait la compagnie de celles qui le divertissaient.

Louis s'était irrité, avait remontré à son frère qu'il voyait trop la marquise de Montespan.

— Elle a de l'esprit, elle m'amuse, avait répondu Philippe.

Le duc d'Orléans s'était étonné des propos du roi, l'avait interrogé, le soupçonnant de vouloir honorer l'exceptionnelle beauté d'Athénaïs de Montespan, qui à l'évidence espérait ce moment.

— Elle fait ce qu'elle peut, mais moi je ne veux pas, a murmuré Louis.

Et cependant la pensée de cette femme, sans doute l'une des plus belles, sinon la plus belle qu'il ait vue, ne l'a pas quitté.

Elle le hante même dans cette nuit du 20 janvier 1666 alors que, seul dans ses appartements, il s'est assoupi.

Le froid le réveille. Il se rend à la chapelle entendre la messe de six heures. Tout à coup, le battement sourd de la grosse cloche de Notre-Dame résonne.

Louis tremble, traverse les salons, s'approche de la chambre de sa mère, voit venir vers lui sa cousine, la Grande Mademoiselle. Elle murmure :

— On croit la reine morte.

Un cri. C'est Philippe qui s'est effondré.

Louis entre dans la chambre.

— Est-elle morte ?

— Oui, Sire.

Comment ne pas pleurer devant le corps noirci, gonflé, de celle qui vous a donné la vie, et que la mort vient d'emporter ?

Les prêtres ont déjà envahi la chambre, en même temps qu'une foule d'officiers qui ont le droit de demeurer auprès des corps de la maison royale.

On accroche dans les couloirs et les salons les tentures noires du deuil.

Louis voudrait rester impassible, mais l'émotion à plusieurs reprises le submerge.

Et cependant il doit ordonner les cérémonies, décider que le cœur de sa mère sera, selon ce qu'elle désirait, porté au Val-de-Grâce, la chapelle qu'elle avait fait construire.

Mademoiselle l'interroge :

— S'il arrive des disputes entre les carrosses des princesses et des duchesses, comment ferai-je ?

— Comme à l'accoutumée.

— Sire, cela n'a jamais été réglé, il serait mieux qu'elles n'en menassent ni les unes ni les autres...

Il accepte.

Il doit voir, parce que le passage est un peu étroit en sortant de la chambre de la reine mère, le cercueil traîné avec des cordes. Puis on charge la bière sur un chariot. Et c'est le cortège dans un froid à fendre pierre.

Les services funèbres, à Notre-Dame, à Saint-Denis, sont interminables. Louis regarde ce cercueil sur lequel Mademoiselle a appuyé sa tête et s'est endormie !

Il doit écouter l'oraison de l'évêque : « Dieu voulait faire deux cœurs incomparables, un cœur de mère, un cœur de fils. Et du côté d'Anne d'Autriche tendresse à nulle autre pareille. Et du côté de Louis respect et amour à nuls autres pareils. »

Louis s'abandonne à l'émotion, à la peine. Sa mère ne lui a jamais failli. Il lui doit d'avoir pu régner, dès le lendemain de la mort du cardinal de Mazarin.

Et la reconnaissance des biens reçus est une des qualités les plus inséparables des âmes bien nées.

Maintenant il est vraiment seul. Il a vingt-sept ans.

Sa mère ne le morigénera plus, l'invitant à rompre avec celle-ci ou celle-là, lui prêchant de ne pas faire la guerre, fidèle à sa lignée espagnole.

Certes, depuis cinq ans, rien ni personne, pas même la reine mère, ne l'a empêché d'agir, d'aimer à sa guise.

Mais le regard qu'Anne d'Autriche portait sur lui, ses soupirs, ses pleurs, ses conseils, ses suppliques, ses menaces de se retirer au couvent ont pesé sur sa conduite.

Et Anne d'Autriche s'est souvent liguée avec son épouse, la reine Marie-Thérèse, la tante et la nièce, toutes deux espagnoles.

C'en est fini.

Marie-Thérèse, sans l'appui d'Anne d'Autriche, ne pèsera plus.

Il imposera à la Cour la maîtresse qu'il aura choisi de montrer.

Et à l'Europe la politique qu'il aura décidé de mener.

Et d'abord il va quitter le Louvre. Il ne peut plus soutenir la vue de ce lieu où sa mère est morte. Il va abandonner Paris.

Il vit quelques jours à Versailles, dans le pavillon de chasse de son père.

Mais les lieux sont inconfortables, les bâtiments trop petits. Il fera entreprendre de nouveaux travaux et, d'ici là, il vivra au château de Saint-Germain, là où il est né.

Une autre époque commence.

# QUATRIÈME PARTIE

# 1666-1678

# 33.

Louis porte encore les vêtements du deuil.

Mais sur le tissu violet il a demandé qu'on couse des rubans aux couleurs vives et des flots de dentelle. Et il a voulu qu'il y ait encore plus de perles et de diamants, faisant de sa collerette une parure éclatante.

Il avance lentement.

Il a convoqué la Cour au château de Fontainebleau.

Il aperçoit au premier rang Louise de La Vallière. Elle lui semble grise, entourée de toutes ces femmes, ses rivales. Athénaïs de Montespan et sa sœur la marquise de Thianges, blondes et provocantes, mais d'autres dames d'honneur de la reine se pressent autour de Louise, toutes prêtes à s'offrir.

Et la reine est absente. Marie-Thérèse a préféré garder la chambre, grosse qu'elle est d'une prochaine naissance.

D'un signe, Louis demande aux violons du roi, debout sur une estrade, de commencer à jouer.

Dès les premières notes, il sent en lui naître une joie, une énergie, qu'il veut contenir.

Mais le désir est le plus fort. Il tend la main à Louise de La Vallière tout en regardant Athénaïs de Montespan, qui ne baisse pas les yeux. Et il en est troublé et irrité.

S'il cédait à cette pulsion qui l'envahit, il saisirait le bras de cette jeune femme et il l'entraînerait.

Mais c'est avec Louise de La Vallière qu'il ouvre le bal, le premier depuis la mort d'Anne d'Autriche. Et il a décidé que désormais, tout en respectant la reine, il afficherait son penchant pour telle ou telle femme qui aurait ses faveurs.

Et tout en dansant, son regard ne quitte pas Athénaïs de Rochechouart de Mortemart, marquise de Montespan.

À chaque pas de danse, Louise de La Vallière trébuche, comme si sa claudication s'était accentuée.

Louis sent qu'elle se raidit, qu'elle se meut sans grâce et sans joie, qu'elle n'est pas rayonnante, comme elle devrait l'être puisqu'elle a été choisie par le roi. Elle devrait être la plus belle et la plus brillante des femmes, puisqu'elle est la plus proche du Roi-Soleil, qu'il l'éclaire après l'avoir distinguée.

Mais il a l'impression qu'elle obscurcit sa propre gloire au lieu d'en attiser les feux.

Une idée peu à peu le gagne, l'attriste et le réjouit dans un même mouvement.

Louise de La Vallière appartient désormais à ce passé que la mort d'Anne d'Autriche a scellé.

Louis veut qu'on sache qu'il va désormais conduire autrement le royaume.

Il a convoqué Colbert, lui donnant l'ordre de brûler les comptes secrets du cardinal de Mazarin. Voilà pour le passé.

Il ordonne à Hugues de Lionne de faire connaître à l'Angleterre que le royaume de France a décidé d'apporter son soutien à la Hollande, et donc de se joindre à elle dans la guerre qu'elle mène contre Londres. Et il veut que, sans tarder, on envoie six mille hommes de troupe contre les reîtres et les lansquenets que l'évêque de Münster, von Galen, a loués aux Anglais pour attaquer les Provinces-Unies par voie de terre.

Il faut que le roi d'Angleterre, Charles II, comprenne que

Louis le Grand n'est plus entravé dans sa volonté guerrière par les prudences de sa mère.

Et maintenant qu'elle est morte, elle l'Espagnole, il veut être prêt à faire la guerre à l'Espagne qui n'est gouvernée depuis la mort de Philippe IV que par une régente et un enfant de cinq ans.

Or la France a des droits sur la succession d'Espagne, puisque Madrid n'a jamais versé la dot de cinq cent mille écus d'or prévue lors du mariage de Marie-Thérèse et du roi de France.

Louis le répète à Hugues de Lionne, à Colbert, à Louvois qui, avec son père Le Tellier, est en charge de l'armée et donc de la guerre.

Il ne renoncera pas à cet héritage espagnol auquel il peut avoir droit. Et il sait bien qu'à Madrid, on n'est pas disposé à accepter les clauses du traité de mariage. On souhaite que les possessions espagnoles tombent entre les mains de la sœur cadette de Marie-Thérèse, échappant ainsi à la reine de France, et qu'elles passent, par mariage, à l'empereur Léopold Ier.

Inacceptable, martèle Louis.

Il veut qu'on crée de nouveaux régiments, qu'on enrôle des mercenaires suisses, que dans les manufactures on fonde plusieurs centaines de canons, qu'on crée des réserves de munitions, d'armes, d'uniformes.

Il va passer les troupes en revue, les faire manœuvrer.

Il chevauche, entouré de princes et de jeunes femmes, dans les environs de Fontainebleau, et il éprouve à commander, à organiser des simulacres de batailles, un plaisir qui le comble. La guerre est métier de roi.

Il assiège la ville de Moret, afin de montrer à ces dames qui l'accompagnent comment on prend une place.

Il demande à ce que l'on mette à la disposition des troupes des tentes de toutes les couleurs, et il jouit depuis le sommet d'une colline de ce spectacle du camp militaire bariolé.

C'est une sorte de ballet guerrier, la forme la plus martiale et la plus royale d'une chorégraphie dont il veut être le créateur, l'ordonnateur et l'acteur.

Il caracole sur un cheval blanc.

Il se sent porté par l'admiration de ces jeunes femmes qui, bottées, chevauchent à ses côtés.

Que la guerre vienne enfin pour qu'il puisse montrer à tous ses sujets, à tous les souverains, à toutes les femmes, le courage et les vertus guerrières du Roi-Soleil.

Il sera Apollon et Mars.

Il est impatient d'agir, mais il veut préparer cette guerre à laquelle il est déjà résolu, avec méthode. Et il lui semble qu'autour de lui et dans le royaume, les querelles, les esprits rebelles, les rivalités sont des obstacles à la mise en œuvre de sa politique.

Là, ce sont des jansénistes qui se sont réjouis de la mort d'Anne d'Autriche, y voyant un châtiment du ciel. Il faut les embastiller !

Ici, ce sont Colbert et Louvois qui entrent en conflit, jaloux l'un de l'autre.

Et Louis est surpris par la violence des propos de Colbert, qui déclare :

— Sire, à l'égard de l'assemblée des troupes et de leurs marches, je n'ai pas cru qu'une affaire si importante serait confiée à un jeune homme de vingt-quatre ans, sans expérience sur cette matière, fort emporté, et qui croit qu'il est de l'autorité de sa charge de ruiner le royaume, et qui veut le ruiner parce que je veux le sauver.

Louis est irrité de ces conflits qui ne cessent de naître entre ses proches et, en même temps, il veut utiliser cette division, jouer les hommes les uns contre les autres, parce que c'est ainsi qu'on règne.

Lorsque, le 4 juin de cette année 1666, il assiste à la première représentation du *Misanthrope*, il applaudit Molière d'avoir su brosser un tableau précis des relations entre les hommes.

Et alors qu'il a pensé qu'un roi ne pouvait être ni Tartuffe ni dom Juan, il lui paraît qu'il peut devenir, voyant les hommes du haut de sa condition, les observant, serviles et lâches, misanthrope.

Et il y a ces femmes qui cherchent à le séduire, et sont prêtes à tout pour y parvenir, pour se débarrasser de leurs rivales.

On dit qu'elles se rendent chez une empoisonneuse, devineresse et astrologue, nommée Catherine Monvoisin, et qu'on appelle la Voisin. Cette femme, entourée d'un prêtre, de quelques brigands, voleurs et alchimistes, élabore des drogues qui devraient déclencher l'amour, et des poisons pour en finir avec les maris, les gêneurs, les maîtresses.

La Voisin célébrerait des messes sataniques, où l'on sacrifierait des nouveau-nés.

Des espions rapportent ces faits à Louis.

Comment ne pas devenir misanthrope ? Ne pas se méfier de tous ?

Et ne jamais livrer ses sentiments.

Et pourtant il ne peut dissimuler qu'il se sent de moins en moins attiré par Louise de La Vallière, enceinte une nouvelle fois, et dont l'accouchement, le 2 octobre, au château de Vincennes où se trouve la Cour, doit être comme les précédents caché.

Puis, avec toujours le même courage, le même souci de sauver les apparences, Louise de La Vallière, chancelante, quitte sa chambre, rejoint, parée et poudrée, les courtisans et s'efforce de sourire.

Louis n'a pas voulu assister à cette scène qu'il a vu jouer à chaque naissance !

Louise a accouché trois fois : deux enfants sont morts ! La

dernière-née, qu'on a prénommée Marie-Anne, paraît se mieux porter.

Cependant tout cela semble à Louis la répétition de ce passé, dont il veut se dégager.

Il pense à Athénaïs de Montespan, mais maintenant qu'il manifeste son intérêt pour elle elle se dérobe, comme si elle craignait tout à coup l'amour du roi.

On rapporte à Louis les rumeurs qui commencent à naître parmi les courtisans. On murmure qu'il ne se rend plus auprès de Louise de La Vallière que pour y rencontrer Athénaïs de Montespan dont elle est l'amie et qui se trouve toujours auprès d'elle, chaque fois que Louis y paraît.

« Le roi songe un peu à Mme de Montespan, confie le duc d'Enghien, et, pour dire la vérité, elle le mériterait bien car on ne peut avoir plus d'esprit ni plus de beauté qu'elle en a, mais je n'ai pourtant rien remarqué là-dessus. »

Et Athénaïs aurait dit :

— Dieu me garde d'être la maîtresse du roi. Mais si je l'étais, je serais bien honteuse devant la reine !

Louis hésite à croire à la sincérité de ce propos. Mais cette dérobade inattendue, et cette duplicité sans doute, l'attirent.

Il décide de donner au château de Saint-Germain-en-Laye, en ce mois de décembre 1666, au terme d'une année aussi importante pour lui que celle de la mort de Mazarin, il y a cinq ans déjà, de grandes fêtes auxquelles toute la Cour sera conviée.

Il y verra Athénaïs de Montespan, et il y dansera avec toutes les femmes du « jardin », ces suivantes de la reine, le *Ballet des Muses*.

Et le temps sera venu de choisir parmi elles celle qui remplacera Louise de La Vallière.

## 34.

Louis est devant son miroir.

Il écarte, en levant à peine la main, les valets qui s'affairent autour de lui.

Il avance d'un pas. Il se cambre.

Il lisse du bout des doigts la fine moustache qui désormais ombre sa lèvre et dont il colle les extrémités avec un peu de cire.

Il veut être le plus martial des officiers de cette armée de soixante-douze mille hommes, Français et mercenaires suisses et lorrains, dont il va prendre la tête pour la conduire dans les Pays-Bas espagnols, en Brabant, et peut-être plus tard en Franche-Comté.

Il a fait adresser à tous les monarques et princes d'Europe ce *Traité des droits de la reine sur divers États de la monarchie d'Espagne.*

Il faut qu'on sache qu'il veut prendre sa part de l'héritage du roi d'Espagne, auquel il a droit, en vertu du traité de mariage de Marie-Thérèse avec lui, et d'un *droit de dévolution* qui accorde aux enfants du premier lit la propriété des biens paternels.

Il est temps qu'il cesse d'être seulement ce que les gazettes des Pays-Bas espagnols, du Brabant, des Provinces-Unies, de Franche-Comté, appellent un « roi des revues », et qu'il devienne un « roi de guerre ».

Il est prêt.

Il a vu se présenter à la Cour des gentilshommes venus de tout le royaume, le suppliant de leur permettre de lever à leurs frais des recrues, des compagnies nouvelles ou bien de ranimer les vieux corps de troupe.

À cet instant, il a mesuré combien la guerre était le cœur même de l'activité d'un roi qui veut être grand.

Tout ce qu'il avait entrepris jusqu'alors comptait peu au regard de la renommée qu'allaient lui donner la guerre, la conquête de villes et de provinces par les armes.

Il s'est pourtant soucié de la prospérité du royaume, favorisant la création de compagnies commerciales et de manufactures.

Il a voulu, en visitant celle des Gobelins, montrer l'importance qu'il attachait à leur activité.

Il a protégé le royaume en multipliant par deux les droits d'entrée des marchandises étrangères, et cela a provoqué la colère des Anglais, des Hollandais, dont il vient d'apprendre qu'ils se sont coalisés avec la Suède pour former une triple alliance contre lui.

Il a négligé leurs menaces, approuvé Colbert qui a décidé de mettre sur pied une Compagnie des Indes orientales, créant pour elle le port de Lorient, comme il a ouvert en Méditerranée celui de Sète. Et les travaux d'un grand canal, reliant les deux mers depuis le port jusqu'à Toulouse, ont commencé.

Tout cela était nécessaire pour le bien du royaume et celui des sujets.

Il a eu le souci de voir partout dans le royaume régner justice et sécurité. Il a promulgué un Code Louis rassemblant les principales lois, les règles de procédure. Et il a voulu que les villes cessent d'être des coupe-gorge fangeux.

Il a nommé à Paris un lieutenant général de police,

Gabriel Nicolas de La Reynie, disposant de pouvoirs s'étendant à tous les domaines d'activité, l'ordre public, le nettoiement des rues ou l'impression des libelles, la surveillance et l'espionnage de tous les lieux. À cette fin, La Reynie utilisera des espions des rues, ces « mouches » voletant dans tous les milieux, rapportant ce qu'ils y trouvent, y entendent, et apprenant ainsi que des dames de la Cour se rendent de plus en plus fréquemment chez cette devineresse, la Voisin, et que certaines d'entre elles participent à des messes sataniques, leurs corps dénudés servant d'autel à des prêtres devenus suppôts et adorateurs du diable.

Et Louis a voulu que La Reynie le tienne chaque jour informé de ce qui se trame dans ces bas-fonds ou au parlement de Paris. Et que le lieutenant de police n'hésite pas à arrêter, à demander une lettre de cachet afin que le suspect, le coupable, soit enfermé à la Bastille.

Les criminels, voleurs, assassins, malfaiteurs doivent être roués ou pendus sans délai. Des troupes placées à chaque carrefour afin que l'on puisse circuler dans les rues, toute la nuit, sans crainte d'être dépouillé, égorgé. Et ces rues doivent cesser d'être des ruisseaux drainant les immondices. Elles seront pavées et éclairées. Et le palais du Louvre, avec la colonnade construite par Claude Perrault, doit devenir le joyau majestueux d'une capitale digne du royaume de France et de son roi.

Mais tout cela ne suffit pas à établir la renommée d'un souverain. Or, sans la gloire, il n'est point de grand roi.

Louis le confie à Colbert dont parfois il devine que la guerre qui vient le préoccupe.

— Les princes, dit Louis, doivent avoir pour première vue d'examiner ce qui peut leur donner ou leur ôter l'applaudissement public.

Il poursuit d'une voix plus forte :

— Les rois qui sont nés pour posséder tout et commander à tout ne doivent jamais être honteux de s'assujettir à la renommée : c'est un bien qu'il faut désirer sans cesse avec plus d'avidité et qui seul, en effet, est plus capable que tous les autres de servir au succès de nos desseins. La réputation fait souvent à elle seule plus que les armées les plus puissantes.

Louis passe les troupes en revue une dernière fois avant leur départ vers la frontière des Flandres. Il veut que la Cour l'accompagne, parce que les princes et les dames doivent le voir caracoler, s'exposer au cours des sièges des villes qu'il va falloir conquérir.

Il le sait : « Tous les conquérants ont plus avancé par leur nom que par leur épée. Leur seule présence a mille fois abattu sans effort des remparts capables de résister à toutes leurs forces assemblées. »

Il prend la tête des troupes. Il parcourt les tranchées creusées autour des villes qui refusent de se rendre. Il visite les bivouacs des soldats. Il aime leurs acclamations. Il sait que ces hommes respectent en lui le roi qui s'expose aux boulets et aux mousqueteries ennemis, qui a vu mourir près de lui l'un de ses valets, que les boulets et les éclats ont frôlé, le talon de sa botte ayant été arraché par l'un d'eux, et il n'a pas tremblé.

Il entre en compagnie de la reine à Douai puis à Tournai.

Il encourage les officiers et les soldats lors du siège de Lille. Et lorsqu'on le supplie de ne point rester ainsi sous le feu de l'ennemi, il répond :

— Puisque vous voulez que je me conserve pour vous, je veux aussi que vous vous conserviez pour moi.

Il se tourne vers son frère Philippe d'Orléans qui depuis plusieurs jours participe au siège, vivant dans la tranchée.

Il lui lance :

— Diable, mon frère, je vous conseille de faire sac à terre. Allez vous reposer car vous en avez grand besoin.

La gloire, le danger sont d'abord pour le roi.

Et les villes, Charleroi, Argentières, Courtrai, Tournai, Douai, Audenarde, Lille, capitulent l'une après l'autre.

L'empereur du Saint Empire romain germanique reconnaît le 19 janvier 1668, dans un traité secret, qu'à la mort du roi d'Espagne Charles II, Marie-Thérèse, reine de France, obtiendra les Pays-Bas, la Franche-Comté, la Navarre, Naples et la Sicile, l'empereur se réservant notamment l'Espagne, les Indes et le Milanais.

Le royaume de France s'agrandit, dit Louis.

Peu importe que dans des pamphlets on l'accuse de vouloir la « monarchie universelle », de faire un acte de brigandage, une piraterie, un injuste attentat.

« L'on pourrait dire que le Roi Très Chrétien n'agit pas en cette occasion en qualité de souverain », écrivent ainsi les écrivains à la solde des Provinces-Unies de l'Angleterre et de la Suède, ces puissances hostiles.

— Je ne suis pas d'humeur à me laisser faire la barbe à contre-poil, répond Louis.

Il est entré dans sa trentième année. Il veut la renommée.

Il veut la grandeur du royaume.

Il veut la gloire et son plaisir.

# 35.

Louis regarde les troupes qui défilent puis ces jeunes femmes aux grandes robes de soie.

Elles se pressent dans les vastes tentes qu'il a fait dresser sur une hauteur dominant le camp où bivouaquent les soldats.

Autour de la reine Marie-Thérèse, au visage joufflu, à la peau trop rouge, aux traits lourds, les suivantes et les dames d'honneur forment une corolle éblouissante.

Il ne quitte pas des yeux Athénaïs de Montespan, au centre d'un cercle de courtisans qui rient à ses mots d'esprit.

Louis s'avance vers elle.

Le plaisir, c'est jouir de la guerre et de l'amour.

Et c'est pour cela qu'il a convoqué la Cour, afin qu'entre deux visites dans les tranchées, après avoir respiré l'odeur de la poudre, il puisse retrouver le parfum des femmes et leur beauté.

Il veut cette femme-là, Athénaïs, qui après l'avoir défié se dérobe. Et cependant, par mille regards, il lui a fait comprendre ses intentions, mesurer son désir.

Elle sait sûrement ce qu'il attend d'elle. Elle ne peut qu'avoir deviné qu'il l'a choisie.

Il a fait de Mlle de La Vallière une duchesse en lui achetant la terre et le château de Vaujours. Puis il a légitimé sa fille, Marie-Anne, devenue Mlle de Blois, et puisque Louise de La Vallière est de nouveau enceinte, si l'enfant à naître survit et si c'est un garçon, il le reconnaîtra aussi, et le fera comte de Vermandois.

Les enfants du roi cessent d'être des bâtards dès lors que le souverain les reconnaît de son sang.

— Il est juste d'assurer à ces enfants l'honneur de leur naissance, dit-il.

Mais il montre ainsi que Louise de La Vallière a cessé d'être la favorite, la maîtresse en titre, et la distinction qu'il lui accorde proclame aux yeux de toute la Cour qu'elle n'est déjà plus qu'un souvenir, une relation qu'on tranche en la cautérisant par un titre de duchesse, et la légitimation des enfants. Il faut qu'elle le comprenne au lieu de tenter de renouer, de séduire, de solliciter un geste d'attention, sinon d'amour.

Et Louis ne le veut pas.

Qu'elle quitte la Cour, qu'elle se marie ou qu'elle se retire dans un couvent, mais qu'il ne la voie plus.

L'égoïsme d'un roi est une nécessité.

Il lui faut être libre pour faire d'Athénaïs de Montespan sa maîtresse en titre.

Il n'invitera donc pas Louise de La Vallière à se joindre à la Cour. Et cependant elle est là, morose, parmi ces femmes qui se tiennent loin d'elle.

Elle n'a pas accepté d'être écartée. Elle a fait atteler son carrosse et a suivi ceux des courtisans, puis, apercevant la tente du roi, elle a quitté le long cortège des voitures, et coupé à travers les champs de blé, ordonnant au cocher de fouetter les chevaux, de galoper, pour arriver la première près de lui, et qui aurait pu s'interposer ?

Elle a fait arrêter son carrosse à quelques pas du roi.

Il ne veut pas montrer sa surprise et son ennui. Et la colère qui monte. On lui désobéit. On tente de lui imposer la poursuite d'une relation qui, pour lui, est rompue.

Il se contente de dire, glacial :

— Quoi, Madame, avant la reine ?

Puis il se détourne et s'éloigne à pas lents.

Il passe au milieu des femmes, frôlant le bras d'Athénaïs de Montespan.

Il reconnaît Françoise d'Aubigné, la veuve de l'écrivain Scarron, à laquelle il a finalement accordé une pension, puisqu'elle est une amie d'Athénaïs de Montespan et que celle-ci a plaidé à plusieurs reprises pour celle qu'elle appelle son « amie ».

Il a cédé pour plaire à Athénaïs.

Il revient sur ses pas, s'approche de Louise de La Vallière. Elle est duchesse, elle peut s'asseoir à la table royale, monter dans le carrosse de la reine.

Il faut respecter les usages. Et tout en s'irritant de cette situation, il en jouit. Dans la même voiture, il voit son épouse, Marie-Thérèse, sa maîtresse, Louise de La Vallière, et cette Athénaïs de Montespan qu'il va conquérir ce soir, il le veut, quand la Cour aura atteint Avesnes. Athénaïs, comme le roi, doit loger dans la demeure de l'une de ses amies, Julie de Montausier.

Devant chaque chambre, une sentinelle monte la garde.

Il ne veut pas de soldat devant celle d'Athénaïs.

Cette nuit sera celle de sa victoire.

Il revêt la livrée d'un domestique de Mme de Montausier. Il se glisse dans la chambre d'Athénaïs. Elle prend son bain, et il est saisi par la beauté de cette jeune femme enveloppée dans une large serviette.

Il la fixe. Il n'a pas l'attitude d'un domestique mais celle d'un roi.

Elle rit tout à coup, et cette gaieté ironique le ravit.

Il s'avance, elle laisse tomber sa serviette.

Cette nuit-là, il découvre ce qu'est la liberté d'une femme que n'emprisonnent ni les préjugés ni la timidité.

Athénaïs de Montespan aime le plaisir et sait le donner.

# 36.

Louis regarde Athénaïs de Montespan.

Elle s'avance avec la majestueuse beauté d'une jeune femme de vingt-six ans. Il aime chacun de ses gestes, ses cheveux blonds, son port de tête, et ses rires et ses reparties.

Elle l'enchante. Il n'a jamais éprouvé une telle sensation d'épanouissement, de gaieté aussi.

Il a trente ans, et il lui semble qu'avec Athénaïs il a trouvé une femme digne de lui. Elle est de Rochechouart de Mortemart, marquise de Montespan. Elle prétend qu'elle peut en remontrer par l'ancienneté de sa noblesse aux rois de France.

Louis a le sentiment qu'elle est l'image féminine de sa propre grandeur. Elle lui renvoie la gloire dont il l'éclaire. Elle l'éblouit.

Il ne peut même plus effleurer du regard Louise de La Vallière. Et pourtant, en acceptant qu'elle demeure auprès de lui, elle peut servir de leurre, pour tromper la Cour, ou tout au moins maintenir les apparences.

Il a décidé qu'Athénaïs de Montespan logerait aux côtés de Louise de La Vallière, au château de Saint-Germain, dans l'appartement des dames. Et lorsqu'il se rend chez elle, il traverse les salons et les chambres de Louise de La Vallière.

Elle se plaint. Elle pleure. Elle lui reproche ces humiliations, l'amour qu'il porte à Athénaïs.

Il doit imposer ce qui lui convient.

— Vous ne devez rien exiger de moi, dit-il. Vous devez vous contenter de tout ce que je fais pour vous sans rien désirer davantage parce que je n'aime pas être contraint.

Il se dirige vers l'appartement d'Athénaïs.

— Je désire que vous viviez avec Mme de Montespan, ajoute-t-il. Si vous témoigniez la moindre chose de désobligeant à cette dame, vous m'obligeriez à prendre d'autres mesures.

Il est irrité par les jérémiades de Louise, ses prières, ses soupirs. Ne l'a-t-il pas faite duchesse, n'a-t-il pas légitimé ses enfants, accepté chacune des requêtes qu'elle lui présentait afin de favoriser ses parents et ses amis ?

Elle ne doit pas exiger davantage. Il est le roi, libre de ses amours.

Pourquoi ne se contente-t-elle pas de l'honneur d'être logée près de lui, au château de Saint-Germain, d'être assise à sa gauche, signe qu'elle est toujours la maîtresse en titre ?

Et cette apparence doit lui suffire.

Il est troublé cependant quand, lors de la première représentation de la nouvelle pièce de Racine, *Andromaque*, il entend l'actrice qui incarne Hermione lancer d'une voix déchirante à Pyrrhus, le roi qui l'abandonne :

*Mais, Seigneur, s'il le faut, si le ciel en colère*
*Réserve à d'autres yeux la gloire de vous plaire,*
*Achevez votre hymen, j'y consens. Mais du moins*
*Ne forcez pas mes yeux d'en être les témoins*
*Pour la dernière fois je vous parle peut-être,*
*Différez-le d'un jour, demain vous serez maître.*

C'est cela sans doute que ressent Louise de La Vallière. Mais un roi ne peut être soumis à la loi des passions. Il doit être en effet maître de lui et de ses sentiments. Et ceux qui cèdent à leurs émotions ne sont que gens de rien.

Il décide de faire arrêter puis exiler l'époux d'Athénaïs, le marquis de Montespan, qui s'est présenté au château de Saint-Germain, s'en est pris violemment à Julie de Montausier, l'amie d'Athénaïs, l'interpellant, l'accusant d'avoir favorisé les rencontres entre Athénaïs et le roi lors de la guerre des Flandres, la traitant de « sale entremetteuse, de vile maquerelle ».

Et il est revenu, couvrant sa femme d'injures, puis commençant à la battre avec sa canne.

Que ce possédé reste exilé dans sa province ! Et peu importe qu'il décrète sa femme morte, organisant ses funérailles et prenant le deuil ! Qui s'en souciera à la Cour ?

La passion rend fou et Louis ne veut connaître que le plaisir.

Il ne se lasse pas de celui que lui donne Athénaïs de Montespan.

Il s'attarde chez elle tard dans la nuit, ne rejoignant la reine Marie-Thérèse qu'au moment où pointe l'aube.

Mais il veille, malgré le désir qui le saisit de retrouver Athénaïs à toute heure du jour, à ne jamais négliger ses devoirs de roi.

Il ne doit pas se laisser emprisonner entre les bras d'une femme, fût-elle aussi belle qu'Athénaïs. Les femmes sont des parures, elles agrémentent la vie, mais il faut se garder d'elles.

Il a dit à Colbert et à Louvois, avec qui il prépare une campagne militaire qu'il veut foudroyante en Franche-Comté :

— Les femmes sont éloquentes dans leurs expressions, pressantes dans leurs prières, opiniâtres dans leurs sentiments et tout cela n'est souvent fondé que sur une aversion qu'elles auraient pour quelqu'un, sur le dessein d'en devancer un autre ou sur une promesse qu'elles auraient faite légèrement. Le secret ne peut être chez elle aucune sûreté ; car si elles manquent de lumières, elles peuvent par simplicité découvrir ce qu'il fallait le plus cacher ; et si elles ont de l'esprit elles ne manquent jamais d'intrigues et de liaisons secrètes.

Des espions au service de Louvois ne rapportent-ils pas que des dames de la Cour, peut-être Athénaïs de Montespan elle-même, ou l'une de ses suivantes, Mlle des Œillets, sont en relation avec des devineresses, des jeteuses de sort, des astrologues, des magiciennes qui préparent des philtres d'amour, des poisons. Et elles se rendraient chez la Voisin, la plus connue de ces sorcières, afin de se procurer ces drogues.

Louis écoute Louvois, sans paraître l'entendre. Il se sent sûr de lui, de l'amour qu'il inspire à Athénaïs de Montespan, à Louise de La Vallière et à tant d'autres femmes.

Et le temps d'ailleurs n'est pas aux intrigues et aux plaisirs d'alcôve.

Il veut conquérir la Franche-Comté, afin de s'assurer d'un gage territorial et de contraindre l'Espagne à lui abandonner les places fortes des Flandres.

Le 2 février 1668 au matin, après la messe, il quitte le château de Saint-Germain pour rejoindre l'armée qui s'est rassemblée, sous les ordres du prince de Condé, en Bourgogne.

Il fait un temps épouvantable, froid, pluie, grêle, neige. Mais autour de son carrosse, il voit les mousquetaires et, au-delà, ces nobles qui ont quitté la Cour pour le suivre.

Comment les Francs-Comtois pourraient-ils résister à cette armée de près de vingt mille hommes ?

Besançon et Salins tombent sans combat. Louis dirige le siège de Dole, une place fortifiée, garnie de sept grands bastions. Il veut voir par lui-même ces défenses et, durant un jour et demi, il chevauche le long des murailles de la ville, au pied de ces rocs sur lesquels elles sont bâties.

Il lance les premières attaques, et la ville aussitôt capitule.

Les portes s'ouvrent le 14 février 1668. Il pénètre dans Dole, se rend directement à la cathédrale, où l'évêque va célébrer en son honneur un *Te Deum.*

Gray remet ses clés à son tour. Qui peut résister à Louis le Grand ?

Il écoute les compliments des Francs-Comtois, qui s'inclinent devant lui :

*Dole n'a souffert qu'une attaque*
*Gray s'est rendu sans qu'on l'attaque*
*Joux et Saint-Agnès sans canon*
*Ont cédé : direz-vous que non ?*
*Les Français nous ont pris sans guerre.*

Il suffit de montrer et de brandir le glaive pour faire plier les nations devant le roi de France.

Louis s'attarde à peine quelques jours sur ces territoires conquis.

Pour les gens de qualité qui l'ont suivi, et afin de tâcher d'adoucir pour eux la rigueur d'une saison fâcheuse, il organise des banquets somptueux, recevant ses officiers et ses courtisans.

Il écoute, sensible à la gratitude de ces hommes qui peuvent, plus facilement que lors des réceptions dans les salons du Louvre ou de Saint-Germain, s'approcher de lui, lui faire leurs compliments et présenter leurs requêtes.

Il est attentif, mais demeure sur ses gardes, veillant à ne rien montrer de ses sentiments. Il est accoutumé déjà à ce qu'il appelle « les malicieux artifices des hommes ».

Avec les courtisans – comme avec les nations –, un roi doit être capable, « pour être habile et bien servi », de se montrer généreux, courtois et capable de négocier, mais sans jamais renoncer à l'usage de l'autorité et de la force.

Louis a voulu qu'on grave sur l'affût des canons la devise *Ultima ratio regium,* « l'ultime argument des rois ».

Mais il ne faut l'employer qu'à bon escient, lorsque du feu de l'artillerie dépendent la conquête et la gloire.

La Franche-Comté est tout entière tombée, sans grandes batailles. Et la gloire du roi s'en est pourtant trouvée accrue.

Le temps est donc venu de la négociation.

Il donne des ordres à Hugues de Lionne, à Le Tellier, à Louvois pour que l'on recherche une paix, provisoire, avec l'Espagne. On lui restituera le gage comtois, contre l'abandon des places fortes de Flandre : Lille, Armentières, Courtrai, Tournai, Douai, Audenarde.

Depuis son départ de Saint-Germain, seulement une vingtaine de jours se sont écoulés, mais il est impatient déjà de retrouver Athénaïs de Montespan.

Il devine cependant que les officiers qui viennent de faire campagne sont déçus de cette paix – signée à Aix-la-Chapelle –, qui les dépossède de Besançon ou de Dole, de ces villes qu'ils ont conquises.

Il faut qu'aux plus importants d'entre eux, aux princes et aux ministres, à Condé, à Louvois, à Colbert, il laisse deviner ses desseins afin que ces hommes n'imaginent pas qu'il ne recherche la paix que pour retrouver plus vite les femmes et les ballets de la Cour.

— Je ne manquerai pas d'occasion de rompre quand je voudrai avec l'Espagne, dit-il. La Franche-Comté que je rends se peut réduire en tel état que j'en serai le maître à toute heure ; mes nouvelles conquêtes bien affermies m'ouvriront une entrée plus sûre dans le reste des Pays-Bas ; la paix me donnera le loisir de me fortifier chaque jour de finances, de vaisseaux, d'intelligences et de tout ce que peuvent ménager les soins d'un prince appliqué dans un État puissant et riche, et qu'enfin dans toute l'Europe je serai plus considéré et plus en pouvoir d'obtenir de chaque État particulier ce qui pourrait aller à mes fins, tant que l'on me verrait sans adversaire, que quand il y aurait un grand parti formé contre moi.

Maintenant, la paix expliquée et signée, il peut danser.

# 37.

Il veut unir dans un grand divertissement royal le plaisir de la guerre victorieuse et celui de l'amour triomphant.

Il veut à Versailles, où Le Nôtre a étendu l'espace ordonné de ses jardins et de ses labyrinthes, où l'on a élevé des fontaines et créé des plans d'eau, où le relais de chasse du père s'est enfin agrandi pour devenir château, et où les grandes allées permettent des cavalcades et des promenades majestueuses, célébrer la conquête des villes, des places fortes des Flandres, et celle, il y a déjà plus d'un an, d'Athénaïs de Montespan.

Il a voulu que les trois mille invités, toute la Cour, soient en cette journée du 18 juillet 1668 éblouis. Il veut, puisqu'ils ont été privés du carnaval de février à cause de la conquête de la Franche-Comté, les combler.

Il faut que chaque invité, qu'il soit prince ou marquis, soit à ce point séduit que le seul rêve qui l'habite soit d'être à nouveau convié à côtoyer le roi, à participer à l'une de ces fêtes, et que le plus grand malheur qui puisse advenir à un homme de qualité soit d'être rejeté de la Cour, ignoré du roi.

Et Louis veut que les ambassadeurs des autres puissances puissent mesurer à la munificence du divertissement la grandeur unique du Roi-Soleil.

Il faut que chacun d'eux écrive à son souverain :

« Il y a du héros dans toutes les choses que fait Louis le Grand. Et jusqu'aux affaires de plaisir il y fait éclater une grandeur qui passe tout ce qui a été vu jusqu'ici. »

Il fait ouvrir les portes du château, afin que les dames puissent s'y reposer, et chaque invité s'y rafraîchir. Puis quand, vers six heures du soir, le soleil s'étant effacé, la chaleur faiblit, il conduit la promenade, dans les jardins.

Dans l'un des bosquets une collation est servie, somptueuse. Dans trente-six corbeilles se dressent des pyramides d'oranges du Portugal et de toutes sortes de fruits.

Un théâtre aux murs de feuillage, couverts de tapisseries, a été construit pour mille cinq cents spectateurs.

Louis s'assied au premier rang, entre la reine et Louise de La Vallière. Il ne se retourne pas mais il sent qu'Athénaïs de Montespan est placée derrière lui.

Il va bientôt danser avec elle et la retrouver cette nuit. Il reconnaît son rire quand commence la représentation de la comédie de Molière *George Dandin ou le Mari confondu*.

« Ah ! qu'une femme demoiselle est une étrange affaire et que le mariage est une leçon bien parlante... » lance George Dandin au milieu des rires.

Puis la pièce s'interrompt, laissant place aux intermèdes et aux ballets des *Fêtes de l'amour et de Bacchus*, dont la musique est de Lully.

Louis se lève, se dirige vers une grande salle octogonale où le souper est servi à quarante-huit femmes de haut rang, qui ont le privilège de dîner avec le roi.

La reine préside un autre souper, entourée des ambassadeurs.

Et la foule des invités se répand dans les jardins, où les buffets couverts de viandes froides, de fruits confits, ont été dressés. Puis c'est le bal éclairé par des centaines de bougies, avant que le château ne soit tout entier embrasé par un gigantesque feu d'artifice.

Louis se place devant un rocher d'où jaillissent des cascades, puis il se dirige dans une salle du château, où un autre bal est donné dans la lueur dorée tombant des lustres de cristal.

Il saisit enfin la main d'Athénaïs de Montespan, celle dont avec cette fête il célèbre la possession.

Lorsque, le lendemain, il parcourt en carrosse les allées du parc, il entend des cris aigus. Il se penche. Il voit une femme qui se précipite, s'accroche à la portière. Elle a les cheveux gris, le visage grimaçant. Elle gesticule cependant que les valets et les mousquetaires l'arrachent au carrosse. Elle montre un placet qu'elle veut remettre au roi. Puis, tout à coup, elle repousse ceux qui tentent de la retenir.

Le carrosse s'est arrêté.

Louis entend les mots hurlés par cette femme :

— Roi masochiste, tyran, roi putassier.

Est-il possible qu'on l'injurie ainsi, lui, Louis le Grand ?

— Oui, tyran, oui, roi putassier, hurle-t-elle.

On l'empêche enfin de crier.

Il veut savoir qui elle est.

Elle se débat à nouveau, dit que son fils est mort en travaillant aux machines de Versailles.

Cela n'excuse rien. On n'insulte pas son roi.

Qu'on la juge sur-le-champ et qu'elle subisse sa peine.

« Elle fut condamnée à avoir le fouet, dit un témoin, et menée aux Petites Maisons – un hôpital situé à Paris, à l'angle de la rue de la Chaise et de la rue de Sèvres et où sont enfermés les “extravagants”. Le fouet lui fut donné par le bourreau de Saint-Germain avec une rigueur extrême, et cette femme ne dit jamais mot, souffrant ce mal comme un martyre et pour l'amour de Dieu. »

# 38.

Louis, debout face à l'autel, baisse la tête.

Le prêtre officie, élève l'hostie, invoque l'Esprit saint. Et la chapelle du Louvre est envahie par le murmure des prières.

Louis ne bouge pas. Ce n'est que devant Dieu qu'il s'incline ainsi.

Dieu est le souverain de Louis le Grand.

Et Louis l'accepte.

Chaque matin, et souvent une seconde fois dans la journée, il assiste à la messe.

En quittant la chapelle, il dit à Colbert, qui marche près de lui, un peu en retrait :

— Je ne suis que le lieutenant de Dieu. Et je manquerais non seulement de reconnaissance et de justice, mais de prudence et de bon sens si je manquais de vénération pour celui qui gouverne l'univers.

Il s'arrête, dévisage Colbert. Il vient de le nommer secrétaire d'État et des Commandements, des Finances et de la Marine. Il a fait ainsi de ce « Nord », de cette « couleuvre venimeuse » l'homme le plus puissant du Conseil. Et il a su que, dès le lendemain de sa nomination, tous les princes et les ducs, tous les courtisans, les quémandeurs, et les dames les plus titrées, l'ont entouré, félicité, flatté. Ils se sont tous rendus au collège de Clermont où le fils de Colbert était reçu docteur. Et le palais du Louvre a été pour quelques heures abandonné, comme si le secrétaire d'État avait été plus important que le roi.

Louis fixe Colbert, l'oblige à baisser les yeux. Il connaît les qualités de cet homme qui, désormais, dans ses nouvelles fonctions, devient l'organisateur de l'État. Il peut aussi bien créer des manufactures, prendre un édit portant sur la qualité des toiles et des draps, ou bien promulguer les grandes ordonnances sur la justice, celles veillant à préserver les massifs forestiers du royaume, ou l'édit décrétant que tout officier de marine est désormais nommé par le roi.

Il a accordé tous les pouvoirs à Colbert. Mais le secrétaire d'État ne doit jamais oublier qu'il n'est qu'un serviteur, qu'on peut mépriser, punir et renvoyer, s'il n'accomplit pas sa tâche.

— La soumission du roi à Dieu, reprend Louis, est la règle et l'exemple de celle qui nous est due.

Louis s'éloigne mais, lorsqu'il atteint le bout du couloir, il se retourne et aperçoit Colbert toujours le dos courbé, attendant pour se redresser que Louis disparaisse.

C'est bien ainsi.

L'humilité et l'obéissance envers le roi ne sont que la reconnaissance de l'ordre voulu par Dieu, qui impose le respect des hiérarchies.

Louis ordonne ainsi que, dans toutes les provinces du royaume, soient vérifiés les titres de noblesse.

Il ne suffira plus de « vivre noblement » pour être reconnu gentilhomme. Il faudra que tous ceux qui prétendent à la noblesse puissent montrer par des actes juridiques, actes de mariage, de propriété de terre, qu'ils possèdent une noblesse d'au moins quatre degrés. Et les autres seront rejetés dans la roture et seront soumis à l'impôt. Et l'État a besoin de cette extension de la taille pour remplir ses caisses.

Car les dépenses sont énormes.

Louis veut que les travaux entrepris à Versailles soient

accélérés, que les plans de l'architecte Le Vau visant à envelopper le pavillon de chasse de Louis XIII par de vastes bâtiments, un château neuf, soient réalisés au plus vite.

Partout du marbre, des colonnes, des sculptures, des fontaines, que l'on dise en voyant ce château : c'est celui du Roi-Soleil à nul autre pareil. *Nec pluribus impar.*

Et pour cela il faut rassembler plus de trente mille ouvriers et, pour cette année 1669, six cent soixante-seize mille livres, soit deux fois plus que l'année précédente. Colbert, quand on commence à creuser le Grand Canal, annonce que dans les années suivantes il faudra tripler ou quadrupler les dépenses.

Mais la gloire n'admet pas de comptes d'usurier.

Le roi ne peut être un Harpagon, cet avare dont Molière a fait le sujet de sa dernière pièce.

Et Louis n'a pu rester impassible, donnant le signal des rires, devant l'affolement de ce pauvre homme cherchant sa « cassette ».

Louis apprécie ce comédien et sa troupe. Il aime le regard implacable de Molière, qui arrache les masques des hypocrites, fustige le ridicule des médecins, la prétention des précieuses, et l'austère orgueil du misanthrope.

Et Louis est satisfait du respect, de l'humilité, que Molière manifeste à son égard.

Comme Colbert, Molière baisse les yeux devant le roi, et Louis a assisté plusieurs fois à la représentation d'*Amphitryon*, où Molière console un mari trompé par son roi :

*Un partage avec Jupiter*
*N'a rien du tout qui déshonore ;*
*Et sans doute il ne peut être que glorieux*
*De se voir le rival du souverain des dieux.*

Que le marquis de Montespan médite en exil ces quelques vers, et s'assagisse.

Et cependant Louis est préoccupé.

Athénaïs de Montespan est moins gaie, son teint se ternit. Elle est essoufflée. Elle a même maigri, comme si, maintenant que chacun devine, sait, qu'elle est la maîtresse du roi, au lieu d'en tirer gloire, elle en était honteuse.

Louis l'interroge, et tout à coup Athénaïs sanglote. C'est la première fois qu'elle pleure devant lui, elle croise les mains sur son ventre. Elle est grosse d'un enfant du roi.

Louis reste un instant figé. Athénaïs est mariée. Le marquis de Montespan peut en revendiquer la paternité. Et l'Église ne pourra que condamner le double adultère qui à ses yeux est un sacrilège.

Louis tente de se rassurer.

L'Église n'a qu'à se louer de lui.

Il a, dans une déclaration royale en trente-neuf articles, restreint les libertés des huguenots, ces « religionnaires ». Il a, suivant les conseils de l'Église, accepté de libérer de la Bastille des jansénistes et accepté la paix que l'Église voulait conclure avec eux.

Il a envoyé quatre mille hommes et plus de dix vaisseaux, pour essayer de repousser les Turcs qui depuis vingt-trois ans assiègent en Crète la ville de Candie ! Et pour plaire aux dévots, il a accepté d'interdire les représentations du *Tartuffe*.

Cela sera-t-il suffisant pour obtenir l'indulgence de l'Église ?

Louis serre les mains d'Athénaïs de Montespan. Il la rassure.

Aux yeux de la Cour, Louise de La Vallière est toujours la maîtresse en titre. Il suffira de dissimuler la grossesse et la naissance. L'enfant à peine né sera emporté, caché. Athénaïs se calme. Son visage a même repris des couleurs. Elle dit qu'elle confiera l'enfant à son amie Françoise d'Aubigné, veuve Scarron, une femme pieuse, dévouée et discrète, qui sera la gouvernante parfaite des enfants du roi.

Athénaïs ferme les yeux.

— Si d'autres viennent encore, murmure-t-elle.

Elle demande à ce que l'on introduise Françoise Scarron. La jeune veuve salue avec grâce, joint les mains quand Athénaïs lui indique qu'elle sera chargée de veiller sur les enfants du roi. Elle se confond en remerciements, en proclamations de dévouement.

Elle a une voix douce, pénétrante, une retenue, une beauté singulière qui lui vient de ses origines créoles.

Louis se souvient qu'il lui a déjà accordé, à la demande d'Athénaïs de Montespan, une pension de veuve, alors que son défunt mari avait sans doute été, au temps de la Fronde, l'auteur acerbe de mazarinades, et peut-être de pamphlets contre la monarchie, la reine.

Le roi la congédie, la regarde s'éloigner. Il y a de la dignité, presque de la majesté dans la démarche de cette femme.

Il se tourne vers Athénaïs de Montespan, belle, attirante.

Il est prêt pour elle à affronter les rumeurs et les intrigues de la Cour, et même les condamnations de l'Église.

Il faut d'abord à tout prix dissimuler cette grossesse, prévoir le lieu où se déroulera l'accouchement. Une nouvelle fois, il se tourne vers Colbert qui loue une petite maison, rue de l'Échelle, à proximité des Tuileries. Athénaïs s'y rendra dès les premières douleurs. Le chirurgien ne devra pas connaître son identité. Elle sera masquée. Et dès que l'enfant sera venu au monde, une suivante d'Athénaïs, Mlle des Œillets, le portera à Françoise d'Aubigné, veuve Scarron.

D'ici là, il faut qu'Athénaïs de Montespan continue de tenir son rang, afin que personne ne se doute de son état, et n'en avertisse le marquis de Montespan. Louis le fait surveiller, Colbert rapporte les propos du marquis comme ceux des courtisans qu'une foule de valets écoutent, surveillent pour le compte du secrétaire d'État.

Un roi doit tout savoir.

Les quatre gardes du corps qui protègent Athénaïs de Montespan sont aussi des espions. Ils indiquent que la marquise a suscité l'étonnement et l'envie, en apparaissant dans une nouvelle robe qu'elle a elle-même créée, une « robe battante » si large qu'elle dissimule la rondeur du ventre sous des flots de mousseline de soie. Chaque dame de la Cour a voulu l'imiter, et seuls quelques mauvais esprits ont appelé cette robe « l'innocente », suggérant que, précisément, elle était conçue pour dissimuler la preuve de la faute, ce double adultère que personne n'ignore, et que tout le monde tait.

Parce que les apparences sont sauves.

Le chirurgien Clément n'imagine pas que l'homme qui dans la pénombre l'accueille dans cette maison de la rue de l'Échelle où on l'a conduit les yeux bandés, est le roi. Et que c'est Louis le Grand qui lui sert le repas que l'accoucheur a réclamé avant de se mettre au travail. Louis a veillé à ce que son visage soit dissimulé comme celui d'Athénaïs. Et dès la besogne finie, on couvre de nouveau les yeux du chirurgien, et on le guide hors de la maison, le faisant monter en carrosse et le déposant loin de la rue de l'Échelle.

Quant à l'enfant, une fille, Louise-Françoise, Mlle des Œillets comme prévu l'emporte.

Et le lendemain Athénaïs de Montespan apparaît à la Cour.

Elle n'esquisse que quelques pas de danse, alors que Louis, aux Tuileries, participe au *Ballet de Flore*.

Mais il n'éprouve plus cet élan, cette joie qu'il avait ressentis lorsqu'il était en scène l'acteur principal des chorégraphies de Lully.

Il lui semble que, à trente et un ans, sa dignité, la majesté du Roi-Soleil, du roi de guerre, du souverain qui sait qu'il devra bientôt faire rendre gorge à ces Hollandais qui se sont alliés avec l'Angleterre et la Suède, ne lui permettent plus de se couvrir de rubans et de dentelles, et de danser comme un acteur. Il préfère le ballet des troupes sur un champ de bataille, à ceux imaginés par Lully !

Il doit affirmer sa puissance et son rang.

Et tous, même les plus proches, doivent savoir qu'il est le maître.

Il écoute Philippe d'Orléans, son frère, prince du sang, réclamer pour Madame, son épouse, Henriette, le droit de s'asseoir sur une chaise à dossier chez la reine.

Louis refuse. Cela est réservé aux petits-fils et petites-filles de France.

Il faut aussi ne pas accorder à Philippe ce gouvernement du Languedoc qu'il sollicite.

Louis a pour Philippe de l'amitié. Il ne craint pas cet homme qui accroche des boucles à ses oreilles, se colle des mouches, se travestit, s'assied parmi les femmes, et est amoureux fou du chevalier de Lorraine, bâtard de la maison de Guise, bel intrigant, pervers et séducteur.

Mais quelle que soit la trempe du cœur de Philippe, on ne donne pas un gouvernement de province à un prince du sang. Qui peut imaginer quelles ambitions le griseraient ?

Louis le dit à M. de Valence, que Philippe a chargé de présenter au roi la requête.

— Dites à mon frère que les princes du sang ne sont jamais bien en France qu'à la Cour, dit Louis, et qu'à l'égard du gouvernement du Languedoc, je le prie de se souvenir que nous sommes convenus, lui et moi, qu'il n'aurait jamais de gouvernement.

Louis ne veut prêter aucune attention aux bouderies et aux colères de son frère qui quitte la Cour, s'en va dans sa propriété de Villers-Cotterêts, ulcéré d'apprendre que Louis a chargé son épouse, Henriette, d'une mission auprès du roi d'Angleterre, Charles II, son frère, afin de le détacher des Hollandais et des Suédois. Mais il faut sévir quand avec son amant, le chevalier de Lorraine, Philippe commence à ruminer des vengeances, peut-être des complots.

Louis décide d'exiler le chevalier de Lorraine à l'autre extrémité du royaume, à Montpellier.

Il regarde avec mépris et compassion son frère venu en larmes solliciter la grâce du chevalier de Lorraine. Philippe s'agenouille et sanglote.

Louis se penche.

— Reprenez un peu votre sang-froid, mon frère, dit-il.

Un roi ne cède pas.

# 39.

Il rentre de la chasse.

Il est fourbu mais heureux.

Il aime ce moment quand, après plusieurs heures de chevauchée dans les forêts, de l'aube au soleil de midi, il pénètre dans la cour du château de Chambord où les veneurs, les rabatteurs, les valets, les équipages, les meutes de chiens sont déjà rassemblés.

Louis reste encore un instant en selle, contemplant les dépouilles de sangliers et de cerfs alignées devant l'entrée du château.

Il saute à terre, s'approche, marche lentement devant le gibier mort. Il éprouve un sentiment de plénitude.

Tout doit céder devant le roi Louis le Grand. Il impose sa volonté aux bêtes sauvages, aux souverains des autres nations, à ses sujets, aux princes du sang, à la nature elle-même, aux femmes.

D'un signe il écarte les valets. Il gagne ses appartements, puis, sans avoir retiré ses cuissardes maculées de boue, ses vêtements froissés, il passe dans les salons et la chambre de Louise de La Vallière.

Elle est là qui s'avance vers lui, soumise, implorant un regard, un mot.

Elle sait pourtant qu'elle n'est plus qu'un « paravent », un «prétexte» comme on dit à la Cour, où personne n'ignore qu'elle ne sert plus qu'à préserver les apparences, à dissimuler le double adultère, la liaison du roi avec Athénaïs de Montespan.

Louise soupire, pleure, mais se soumet. Elle est devenue une sorte de suivante d'Athénaïs, la coiffant, l'aidant à choisir ses robes, à s'habiller, semblant retirer un plaisir douloureux de ces épreuves qu'on lui inflige, cherchant peut-être à se punir.

Louis est assis. Il attend que son premier valet lui retire ses bottes. Il va changer de vêtements, se coiffer, se parfumer, puis se diriger vers les appartements d'Athénaïs, en abandonnant parfois à Louise de La Vallière son chien, un épagneul qu'elle doit garder, le temps des amours du roi.

Et parfois Louis se retourne, la regarde avec un mépris mêlé de commisération.

Il ne ressent aucun remords. Ne lui a-t-il pas accordé le titre de duchesse? Ses enfants n'ont-ils pas été légitimés? Sa fortune faite? Et ne continue-t-elle pas de s'asseoir près de lui, lors des fêtes?

Mais elle est le passé.

Il fait construire pour Athénaïs, à Versailles, un château, où elle disposera d'un appartement de vingt pièces, alors que la reine n'en possédera que onze!

À Clagny – non loin de Versailles –, il ordonne à Hardouin-Mansart d'élever un «hôtel de Vénus», un véritable palais.

Rien ne doit être trop grand, trop beau pour celle dont la vue seule le comble!

Qu'elle roule carrosse à six chevaux, qu'elle ait à son service une foule de domestiques, plus de vingt femmes de chambre, des suivantes. Et il ne veut pas lire les rapports des espions, qui prétendent qu'Athénaïs s'est rendue plusieurs fois chez cette femme (dont le nom revient), la Voisin, devineresse, chiromancienne, jeteuse de sorts. Ou bien même qu'elle s'est livrée à des incantations, à des pratiques sataniques, à des messes noires, se dénudant devant un prêtre impie qui célébrait une messe pour le diable, le corps d'Athénaïs tenant lieu d'autel.

Louis se souvient. L'accusation n'est pas nouvelle ! Mais on la lui répète à mots couverts.

Il refuse de s'y attarder.

Il ne se sent pas en danger. Il ressent même, en imaginant les intrigues, ces jalousies qui se nouent autour de lui, ce grouillement de passions, une jouissance. Ces serpents qui s'entrelacent à ses pieds sont une autre preuve de sa grandeur inaccessible, de son pouvoir que seul Dieu peut atteindre, affaiblir ou briser.

Mais l'heure n'est pas encore venue.

Il se rend à Versailles. Les nouveaux bâtiments sortent de terre.

Il rencontre Charles Perrault qui s'incline, dit :

— Sire, l'ouvrage d'un jour égale le travail de la nature pendant deux ou trois siècles...

Puis Perrault lui tend un placet, sur lequel il a écrit quelques vers :

*Ce n'est pas un palais, c'est une ville entière*
*Superbe en sa grandeur, superbe en sa matière*
*Non c'est plutôt un monde, où du grand univers*
*Se trouvent rassemblés les miracles divers.*

Il voit Charles Le Brun, l'écoute présenter le plan et les décors des appartements.

Il y aura une succession de sept salons, évoquant la ronde des sept planètes du système solaire. Louis veut des tableaux représentant Jason, Cyrus, César, Ptolémée, Alexandre. Et il faut que l'or et le marbre y rivalisent de beauté et d'éclat.

Il s'impatiente, malgré les dizaines de milliers de terrassiers, de charpentiers, de maçons, de jardiniers, il faudra encore plusieurs années avant que les travaux ne soient achevés.

Il faut que sa détermination à embellir le royaume soit connue de tous. Paris doit être agrandie. Il faut abattre les fortifications pour que la ville n'étouffe plus entre ces murailles. Elle sera ville ouverte, n'en déplaise à Vauban qui craint que l'ennemi un jour ne s'en approche, ne la bombarde. Mais le royaume se défend aux frontières et il donne l'ordre à Vauban de fortifier les villes afin qu'elles deviennent des places fortes.

À Paris, seul le palais des Invalides, pour les soldats blessés ou vieillis, doit rappeler la guerre. Pour le reste, qu'on ouvre des boulevards, des Champs-Élysées, qu'on élargisse les rues. Et que le lieutenant général de police, Gabriel Nicolas de La Reynie, y fasse régner l'ordre et y surveille, y démasque les magiciens, les tireurs d'horoscopes, les empoisonneurs et autres sorciers et alchimistes, prêtres retournés en disciples de Satan, qui prétendent par leurs poudres et mixtures, leurs cérémonies sataniques, leurs messes noires, leurs expériences chimiques, transmuter le vil métal en or, changer un beau seigneur indifférent en amoureux soumis, un rival ou une rivale, un vieux mari en cadavres, et, s'il le faut, on sacrifiera des nouveau-nés, car leur sang peut être indispensable à la réussite de ces projets.

Louis se rend sur le chantier du palais des Invalides et, en attendant que les constructions de Versailles soient achevées, il vit souvent à Chambord, non loin des forêts giboyeuses.

Puis il rentre au Louvre ou bien au château de Saint-Germain.

Il refuse désormais de monter sur scène, d'être Apollon

dans l'un de ces ballets dont il aime toujours la musique et la chorégraphie. Mais il faudrait que dans ce rôle, il atteigne la perfection, ce qui exigerait – il le confie – « une attention et un soin qu'on ne peut avoir qu'en négligeant ce qui vaut beaucoup mieux ».

Il est roi de France. Et comme l'écrit Racine, dans *Britannicus*, il ne peut être un Néron :

*[Qui] excelle à conduire un char dans la carrière,*
*À disputer des prix indignes de ses mains,*
*À se donner lui-même en spectacle aux Romains,*
*À venir prodiguer sa voix sur un théâtre.*

Il ne sera plus jamais acteur.

Il se contente de louer Molière, de rire de ce *Bourgeois gentilhomme*, Monsieur Jourdain, ridicule, et il apprécie le portrait de l'homme de qualité, ce Dorante, mesuré, qui n'est ni *Misanthrope* ni *Tartuffe*, mais un noble, savant, courtois, digne et conscient de ses devoirs.

Tel doit être un roi soucieux de la grandeur de son royaume, d'en renforcer la marine et l'armée, d'en embellir les villes, de prévoir pour les soldats blessés ce palais des Invalides, de promulguer des ordonnances de justice, de reconnaître le talent de Molière et de Racine, et, malgré les dévots, d'autoriser les représentations du *Tartuffe*.

Mais, quand des rebelles se dressent, comme ces bandes de paysans du Vivarais qui, craignant de nouveaux impôts, saccagent Aubenas, massacrent, il faut punir, envoyer six mille soldats pour briser leur révolte. Et ce seront quelques centaines de paysans qui seront roués vifs ou pendus, et d'autres condamnés aux galères. Des villages seront brûlés, leurs habitants éventrés. Et celui qui avait pris la tête de ces insurgés, un officier, Antoine Du Roure, sera roué, à Aubenas, écartelé, et ses membres exposés aux portes de la ville.

Ainsi doit agir un roi pour le bien du royaume.

Et il pense que la beauté rayonnante d'Athénaïs de Montespan contribue à sa gloire et donc à la gloire du royaume.

Il voit la marquise de Montespan s'avancer, dans cette robe d'« or sur or » où chaque fil est en métal précieux, où même la dentelle est d'or, si bien qu'on n'a jamais vu telle parure, éclatante comme un soleil, rehaussant encore la beauté d'Athénaïs.

Et cette robe d'or, « battante », dissimule sa nouvelle grossesse. Et lorsque l'enfant naît, au château de Saint-Germain où se trouve rassemblée toute la Cour, il faut que le comte de Lauzun, un confident d'Athénaïs et un ami du roi, emporte aussitôt le nouveau-né, traversant les appartements de la reine et le confiant à Françoise, veuve Scarron, qui va veiller sur lui, puisqu'elle est la gouvernante des enfants nés et à venir d'Athénaïs et du roi.

La première-née a succombé, mais celui-ci, que le roi légitime, faisant de lui un duc du Maine, paraît vigoureux.

Et Louis voudrait qu'il vive. Il est attaché à tout enfant qui naît de sa semence. Il a devoir de les reconnaître et de les protéger, de les nantir.

Et d'autant plus qu'Athénaïs lui est chère.

Elle se remet vite de sa grossesse, et Louis décide que, avec la plus grande partie de la Cour, elle doit l'accompagner dans cette Flandre conquise dont il veut inspecter les places fortes. Car un jour, à partir de ces villes, il faudra bien se lancer dans la guerre contre la Hollande, qui s'obstine à s'opposer à la politique française.

Il a choisi pour ce périple, qui doit mener de Landrecies à Lille, d'Arras à Douai et Tournai, du Quesnoy à Audenarde et Courtrai, un grand carrosse, dans lequel il veut que viennent le rejoindre la reine Marie-Thérèse, Louise de La Vallière et Mme de Montespan. Il est assis seul sur la banquette face aux trois femmes. Il ne les regarde pas, préférant voir, de part et d'autre du carrosse, les mousquetaires qui chevauchent sous une pluie d'averse qui noie le paysage, transforme les routes et les chemins en torrents.

On ne peut atteindre Landrecies. On patauge, on s'enfonce dans la terre boueuse. On se réfugie dans une maison rustique où, après un souper sommaire, on s'entasse côte à côte sur des paillasses. On a oublié l'étiquette, le cérémonial du coucher. On se serre, parce que le feu dans l'unique cheminée enfume la chambre plutôt qu'il ne la chauffe. La reine seule dispose d'un lit.

Louis est couché entre Madame – Henriette, l'épouse de son frère – et la Grande Mademoiselle, sa cousine germaine. Elle lui chuchote qu'elle aime le comte de Lauzun, qu'elle voudrait épouser ce séducteur, dont on ne compte plus les maîtresses. N'a-t-on pas prétendu, à la Cour, qu'il a même été l'amant d'Athénaïs de Montespan ?

La Grande Mademoiselle insiste, voudrait que le roi autorise ce mariage avec Lauzun.

Le roi se fige. Elle, la nièce de Louis XIII, la femme la plus fortunée de France ? Comment admettre cette union ?

Il préfère ne pas lui répondre et, se soulevant sur le coude, à la lumière des quelques bougies qui éclairent la pièce, il devine les autres femmes, Louise de La Vallière, Athénaïs, la duchesse de Créqui – belle-sœur de La Vallière – et une jeune suivante de la reine.

Près de lui, il entend la respiration saccadée d'Henriette. Autrefois il a été attiré par cette jeune femme, dont la beauté et l'intelligence l'ont séduit. Elle vient de rentrer de Londres, réussissant la mission qu'il lui avait confiée, convaincre son frère, Charles II roi d'Angleterre, de se rapprocher de la France, de signer un traité qui rompt l'alliance de Londres avec la Hollande.

Mais ce succès a irrité son mari Philippe d'Orléans, qui ne cesse de la harceler.

Dans la pénombre, le visage d'Henriette paraît émacié, marqué par la souffrance.

Et Louis se souvient qu'en la voyant, un jour à Versailles, la reine a murmuré : « Madame a l'air d'une morte habillée, à qui on aurait mis du rouge. »

Louis frissonne, s'écarte d'Henriette.

# 40.

Il est rentré à Versailles.

Il traverse lentement les salons du château où l'or alterne avec le marbre. Les courtisans l'entourent, puis s'installent aux tables de jeu que les valets viennent de dresser.

Il est ébloui par la beauté d'Athénaïs de Montespan qui s'assied à la plus grande des tables, place devant elle des piles de pièces d'or, puis commence à battre les cartes.

Il aperçoit, à quelques pas, la duchesse d'Orléans, debout près de son mari. Philippe, de temps à autre, lance à Henriette un regard méprisant, haineux même, alors qu'elle est l'image de la grâce et de la douceur.

Louis va vers elle.

Il veut lui redire qu'elle s'est acquittée avec talent de sa mission, que le traité de Douvres signé entre l'Angleterre et la France, et qu'elle a négocié, change la donne. La Hollande est affaiblie. L'armée que Louvois rassemble et qui comptera bientôt cent vingt mille hommes pourra, dans quelques mois, infliger à ces Bataves la leçon qu'ils méritent.

Henriette s'incline. Elle est toute dévouée au roi, murmure-t-elle.

Philippe, d'une voix sèche, indique qu'ils vont se retirer, qu'ils partiront demain, 24 juin, pour le château de Saint-Cloud.

Louis s'éloigne.

Il ne peut oublier cette nuit passée près d'Henriette, dans cette maison, dans la plaine boueuse des Flandres noyée par la pluie, et les griffures de la mort striant les joues de cette femme d'à peine vingt-six ans et que Louis avait autrefois désirée, aimée même.

Louis voudrait ne plus se souvenir.

Il chasse. Il passe les troupes en revue.

Il se rend plusieurs fois par jour dans les appartements d'Athénaïs de Montespan. Il rit aux traits qu'elle décoche contre Lauzun, dont elle se dit l'amie pourtant, mais qui habilement a séduit la Grande Mademoiselle et rêve de la fortune immense de la cousine germaine du roi.

Il faut briser les ambitions de ce séducteur rapace, murmure Louis. Il va ordonner son arrestation, son enfermement dans la forteresse de Pignerol. Lauzun pourra y converser avec Nicolas Fouquet qui s'y morfond toujours.

On ne peut s'opposer à la volonté du roi, et la Grande Mademoiselle va l'apprendre à ses dépens, même si c'est Lauzun qui sera châtié.

Mais, quittant la chambre d'Athénaïs, ignorant les soupirs de Louise de La Vallière, Louis reste préoccupé.

Ce dimanche 29 juin 1670, le comte d'Agen, arrivant du château de Saint-Cloud, raconte que la duchesse d'Orléans, après avoir bu un verre d'eau de chicorée, s'est écriée, en serrant sa taille entre ses mains : « Ah ! quel point de côté ! Ah ! quel mal ! »

On l'a prise dans les bras, dévêtue, couchée. Mais elle va plus mal, disant qu'elle sera bientôt morte. Elle a voulu qu'on regardât l'eau qu'elle avait bue. C'était du poison, a-t-elle répété. Elle était empoisonnée, elle le sent bien. Elle veut qu'on lui donne sur-le-champ du contrepoison.

Louis exige qu'on lui apporte d'autres nouvelles et, allant et venant d'une pièce à l'autre, il attend les courriers, s'efforçant de ne pas montrer cette angoisse qui l'étreint.

La mort, le poison.

Un courrier arrive, rapporte que Madame s'est écriée :

— Si je n'étais pas chrétienne, je me tuerais tant mes douleurs sont excessives. Il ne faut point souhaiter de mal à personne mais je voudrais bien que quelqu'un pût sentir un moment ce que je souffre pour connaître de quelle nature sont mes douleurs.

Louis veut la voir.

Il quitte Versailles pour Saint-Cloud.

Il interroge les médecins. Ils parlent en même temps, ils caquettent, ils disent qu'elle est sans espérance, que sa froideur et le pouls retiré sont une marque de gangrène, qu'il faut lui faire recevoir Notre-Seigneur. Ces médecins ont perdu la tramontane. Ils se contredisent, sont incapables de trouver des remèdes, d'administrer de l'émétique, de faire vomir la duchesse d'Orléans.

Louis s'approche d'elle.

Le visage est plus blanc que le drap. Les yeux sont cerclés de noir.

Il veut la rassurer. Henriette lève à peine les doigts, murmure que le roi va perdre sa plus dévouée servante. Elle n'a jamais craint la mort mais a peur de perdre les bonnes grâces de son roi.

Il voudrait maîtriser son émotion. Et tout à coup, il pleure, tête baissée, le corps secoué par les sanglots. Elle le prie de ne point pleurer. Il l'attendrit, ajoute-t-elle, et elle a besoin de toute sa résolution.

Elle tente de se soulever un peu, mais elle n'y réussit pas et elle dit que la première nouvelle qu'il aura le lendemain sera celle de sa mort.

Il sait qu'elle dit vrai.

Mais cette mort le trouble autant qu'elle le bouleverse.

La rumeur se répand qu'Henriette a été empoisonnée, que c'est vengeance de son époux, conjuration du cercle de ses mignons, et d'abord du chevalier de Lorraine qui, chassé de la Cour, pense qu'il ne pourra y revenir que si Henriette meurt. Alors il régnera sur le corps et l'âme de Philippe d'Orléans. On cite aussi le nom du chevalier d'Effiat, autre adepte du « vice italien », amant du chevalier de Lorraine, et sans doute aussi du duc d'Orléans.

Il faut tenter de mettre fin à ces rumeurs, apaiser aussi Charles II, le frère d'Henriette, qui, à Londres, convoque l'ambassadeur de France, semble persuadé de l'empoisonnement de sa sœur.

Louis ordonne une autopsie d'Henriette duchesse d'Orléans, et autorise l'ambassadeur d'Angleterre à y assister.

Les médecins ne découvrent aucune trace de poison.

Reste que les soupçons demeurent et que la mort est venue.

Il a le sentiment qu'elle marche vers lui.

Il est assis au premier rang de la basilique de Saint-Denis, et la prédication de Bossuet arrache les oripeaux, laissant voir le corps déchargé au fond d'un abîme où l'on ne reconnaît plus ni prince ni roi.

« Ô nuit désastreuse, ô nuit effroyable où retentit tout à coup comme un éclat de tonnerre cette étonnante nouvelle : “Madame se meurt, Madame est morte”, lance Bossuet.

« Qui de nous ne se sentit frappé à ce coup ?

« Le roi pleurera, le prince sera désolé, et les mains tomberont du peuple de douleur et d'étonnement... Madame cependant a passé du matin au soir, ainsi que l'herbe des champs. Le matin elle fleurissait, avec quelles grâces, vous le savez, le soir nous la vîmes séchée. »

Louis regarde vers l'autel, là où se célèbre la puissance du Seigneur. Celui qui commande à la vie et à la mort.

Bossuet reprend.

« Une si illustre princesse, dit-il, ne paraîtra dans ce discours que comme un exemple, le plus grand qu'on se puisse proposer et le plus capable de persuader aux ambitieux qu'ils n'ont aucun moyen de se distinguer ni par leur naissance, ni par leur grandeur, ni par leur esprit... »

Bossuet reprend son souffle. Il se penche.

Louis a l'impression que le prédicateur s'adresse d'abord à lui, le Roi-Soleil.

« La mort qui égale tout, poursuit Bossuet, domine les ambitieux de tous côtés, avec tant d'empire, et d'une main si prompte et si souveraine, elle renverse les têtes les plus respectées. »

Louis ne baisse pas les yeux.

# 41.

Louis, avant de quitter la basilique de Saint-Denis, regarde longuement le tombeau d'Henriette.

Il sait que les résultats de l'autopsie de Madame n'ont pas convaincu. Les espions qui écoutent les courtisans, recueillent les rumeurs, ouvrent les lettres, percent le secret des dépêches des ambassadeurs, rapportent que l'on continue d'affirmer qu'Henriette a été empoisonnée.

On prétend même que Louise de La Vallière a été victime des mêmes mixtures.

Louis a cru en effet Louise agonisante, hébétée par une fièvre brutale que rien ne laissait présager.

Les médecins une fois encore ont été impuissants, purgeant, saignant la malade, affirmant soit qu'elle allait vivre, soit que la mort l'emporterait en quelques heures.

Puis Louise s'est assoupie, la fièvre s'est retirée, et Louis l'a entendue prier Notre-Seigneur, dire : « Il faut que je n'oublie jamais le spectacle de mon agonie et de Votre justice. » Elle doit être punie, ajoute-t-elle, pour l'adultère dans lequel elle s'est complu.

Louis se détourne. Quelle était la faute d'Henriette ?

Sa vie était un obstacle aux ambitions et aux intrigues des mignons, ces amants de Philippe d'Orléans qui veulent se servir des penchants de Monsieur, de son vice italien, pour amasser fortune, titres, pouvoir.

Et si Monsieur était l'âme de ce crime ? S'il l'avait ordonné, par jalousie, haine de son épouse ?

Cette question hante Louis.

Il veut savoir.

Il demande qu'on se saisisse du premier maître d'hôtel de Madame, Claude Bonneau de Purnon. Il veut l'interroger.

Il le voit s'avancer, pâle, tremblant. Il va l'écraser de son autorité, lui faire craindre le supplice de la roue, et en même temps lui promettre la grâce s'il avoue.

— Madame n'a-t-elle pas été empoisonnée ? demande-t-il.

L'homme balbutie :

— Oui, Sire.

— Et qui l'a empoisonnée et comment l'a-t-on fait ?

L'homme hésite, puis indique que le chevalier de Lorraine a envoyé le poison, que le chevalier d'Effiat l'a placé dans la tasse de Madame.

— Et mon frère, demande Louis, le savait-il ?

— Non, Sire, aucun de nous trois n'était assez fou pour le lui dire. Il n'a point de secrets. Il nous aurait perdus.

Louis se tourne, murmure :

— Voilà tout ce que je voulais savoir.

Il lui était intolérable de penser que son propre frère fût capable de désirer, d'organiser l'empoisonnement de sa femme.

Il ne punira pas le premier maître d'hôtel. Il faut que la dalle du silence recouvre tout cela.

Il peut dès lors, puisque Philippe n'est pas responsable de cette mort, envisager de remarier son frère, dans l'intérêt du royaume.

Il se dirige vers sa cousine, la Grande Mademoiselle. Elle n'est pas belle. Elle a treize ans de plus que Monsieur, elle continue de rêver à Lauzun, mais elle est immensément riche.

— Ma cousine, dit-il, voilà une place vacante, la voulez-vous ?

Il voit la Grande Mademoiselle pâlir, trembler, murmurer :

— Sire, vous êtes le maître, je n'aurai jamais d'autre volonté que la vôtre.

Mais le lendemain elle a quitté la Cour pour prendre les eaux à Forges. Et Louis apprend que les mignons de Philippe seraient heureux de ce mariage qui leur permettrait de puiser dans la fortune de la Grande Mademoiselle.

Il vaut donc mieux renoncer, songer à un autre parti, peut-être à cette Charlotte de Bavière qu'on nomme Liselotte à la Cour de son père, l'électeur palatin.

Pourquoi pas ? Un habile contrat de mariage réserverait des droits à la succession de l'électeur palatin, et permettrait au roi de France – comme il le fait avec l'Espagne – de revendiquer l'héritage si la dot prévue n'était pas payée.

Louis donne l'ordre au nouveau secrétaire d'État aux Affaires étrangères, Pomponne, de commencer les négociations avec l'électeur palatin. Il faudra que sa fille se convertisse à la religion catholique.

Louis regarde le portrait de la Palatine.

C'est une jeune femme de dix-neuf ans, déjà forte, à la grande bouche, au visage large, qui semble avoir le bout du nez et les joues rongés par la petite vérole. Elle est laide, mais après tout Philippe va-t-il même le remarquer ?

Il n'est préoccupé que de satisfaire ce vice italien qui le dévore.

À part cela « petit homme ventru, monté sur des échasses tant ses souliers sont hauts, toujours paré comme une femme, plein de bagues, de bracelets, de pierreries partout, avec une longue perruque toute étalée en devant, noire et poudrée, et des rubans partout où il en peut mettre, plein de toutes sortes de parfums. On l'accuse même de mettre imperceptiblement du rouge. Le nez fort long, la bouche et les yeux beaux, le visage plein mais fort long ».

Pourquoi ne pas unir pour le bien du royaume ce frère à Liselotte la Palatine ?

Louis ne doute pas que le duc d'Orléans accepte ce mariage. Qui ose résister à Louis le Grand ?

Louis a le sentiment que les êtres et les choses ne peuvent que céder devant sa volonté.

Il voit surgir de terre à Versailles cette ville neuve qu'il a voulue et qui viendra compléter le château dont il suit jour après jour la transformation. La construction du grand escalier, dit des Ambassadeurs, est commencée.

Le labyrinthe qui serpente dans les jardins conçus par Le Nôtre est déjà si étendu qu'on peut y errer longuement sans en trouver l'une des sorties. Et là, c'est le Grand Canal qu'on achève.

Louis voudrait déjà pouvoir vivre en permanence dans ce château de Versailles dont l'ordonnancement, la grandeur, les matériaux sont à l'image de la souveraineté solaire qu'il veut représenter.

Mais il faut encore séjourner aux Tuileries, à Saint-Germain ou à Chambord. Et chaque fois qu'il quitte ainsi Versailles, il sent l'impatience le gagner, comme si, loin de son château de prédilection, il n'était plus à son aise.

Il faut des fêtes, des représentations et des ballets pour le distraire. Il aime celui de Lully, *Psyché*, auquel il assiste le 17 janvier 1671, dans la salle des machines du palais des Tuileries. Il n'a rien vu jusqu'alors de mieux exécuté, de plus magnifique, le décor changeant sans cesse, les trois cents musiciens accompagnant les danseurs. La dernière scène l'étonne et le ravit, avec plus de trois cents personnes suspendues dans les airs cependant que théorbes, luths, clavecins, hautbois, flûtes, trompettes et cymbales composent une symphonie majestueuse.

Il quitte le palais des Tuileries avec ce sentiment de plénitude qu'il éprouve chaque fois que le monde lui renvoie l'image de sa puissance et de sa gloire.

Mais il s'irrite quand, quelques jours plus tard, pour le bal du mardi gras, en ces mêmes Tuileries, personne ne danse, parce qu'on attend, en vain, Louise de La Vallière et la marquise Athénaïs de Montespan.

Il apprend que Louise s'est enfuie, qu'elle a gagné le couvent de Sainte-Marie, à Chaillot, qu'elle a décidé de s'y retirer, pour en finir avec le dédain du roi, et les humiliations qu'avec Athénaïs de Montespan ils lui imposent.

Louis quitte les Tuileries. Il se rend à Versailles en compagnie de la Grande Mademoiselle et d'Athénaïs.

Si Louise de La Vallière veut se retirer du monde, qu'elle le fasse ! Et tout à coup, dans ce carrosse face à ces deux femmes, il ne peut retenir ses larmes.

Il se sent comme un enfant auquel on a retiré l'un de ses jouets. Il ne peut pas accepter que, contre son désir, Louise de La Vallière vive loin de lui et lui inflige cette douleur, ce dépit.

Athénaïs et la Grande Mademoiselle pleurent elles aussi.

Arrivé à Versailles, Louis ordonne que des messagers se rendent au couvent de Sainte-Marie, qu'ils transmettent à Louise le désir du roi.

Ils partent à bride abattue, reviennent après s'être heurtés au refus et aux larmes de Louise.

Louis ne peut accepter de perdre.

Il convoque Colbert. Lui doit réussir. Et il ne répond pas à Colbert qui murmure qu'il sera peut-être contraint d'employer la force.

Voici enfin Louise de retour, elle a cédé à Colbert. Louis est si bouleversé qu'il ne songe même pas à dissimuler son émotion aux courtisans qui les observent, s'interrogent sur ce qu'ils croient être un regain d'amour du roi pour son ancienne maîtresse. Ils s'imaginent qu'elle va l'emporter sur

Athénaïs de Montespan. Louis regarde ces deux femmes. Elles sont son bien. Il ne veut perdre ni l'une ni l'autre.

Louise est une part de son passé, Athénaïs l'enchantement de ses sens et le plaisir de ses yeux.

Pourquoi faudrait-il qu'il se prive de cette jouissance, de la présence de la reine, et même de telle ou telle jeune suivante d'Athénaïs ou de Marie-Thérèse, qu'il honore parfois, quand Athénaïs est en couches ?

Il est le roi.

Brusquement des cris, des sanglots, la reine s'avance, le visage en larmes. Leur fils, le duc d'Anjou, âgé d'à peine trois ans, vient de mourir.

Louis sent que son corps se couvre d'une sueur froide. Il tremble. Il se souvient de la prédiction à Saint-Denis : « La mort qui égale tout », avait dit Bossuet.

Elle est là à nouveau, toute proche.

Et le nain, bouffon de la reine, s'est précipité dans la chambre de la Grande Mademoiselle et a crié d'une voix aiguë :

— Vous mourrez, vous autres Grands, comme les autres, votre neveu, le petit duc, est mort.

Louis gagne seul ses appartements.

Les rapports révèlent que dans le peuple on juge que cette mort est un juste châtiment de l'inconduite du roi, et de la débauche d'or et de plaisir dans laquelle se vautrent les Grands du royaume.

Louis ferme les yeux. Est-il possible que Dieu le punisse ?

# 42.

Louis prie.

Il songe à tous ses enfants, ceux de Marie-Thérèse, et ceux nés de Louise de La Vallière ou d'Athénaïs de Montespan, qui ont à peine vécu quelques jours ou quelques mois, et, qu'ils fussent légitimes ou bâtards, il les a tous aimés, et il a souffert de leur mort.

Et maintenant le duc d'Anjou.

Il s'agenouille dans la chapelle des Tuileries. Il demande au Seigneur de protéger le dauphin, le premier-né, celui qu'on appelle Monseigneur et qui vient d'entrer dans sa dixième année.

C'est Monseigneur, si Dieu le laisse en vie, qui recevra l'héritage de la monarchie.

Depuis plusieurs années déjà, Louis, chaque semaine, écrit, dicte des *Mémoires pour l'instruction du Dauphin.* Et il veut maintenant que ce texte soit présenté à l'Académie, que l'écrivain Pellisson, qui a contribué à sa rédaction, explique que le roi a voulu « transmettre les secrets de la royauté et les leçons éternelles qu'il faut éviter ou suivre ».

Ainsi ces *Mémoires pour l'instruction du Dauphin* deviendront-ils un monument du patrimoine royal, un château de mots et de pensées, que tout souverain pourra s'approprier, embellir, comme Louis l'a fait, avec ce pavillon de chasse de son père, et qui maintenant est comme le cœur d'un joyau autour duquel se sont, à Versailles, agrégés d'autres diamants, plus gros, plus brillants.

Il convoque Monseigneur. Ce fils de dix ans lui ressemble. Il est accompagné de son gouverneur, le duc de Montausier, qui fut protestant et qui a le tranchant d'un misanthrope. Certains ont même assuré que Molière a pensé à lui en composant le personnage d'Alceste.

Louis tend à Monseigneur le volume des *Mémoires*.

— Mon fils, dit-il, beaucoup de raisons, et toutes fort importantes, m'ont fait résoudre à vous laisser, avec assez de travail pour moi parmi mes occupations les plus grandes, les *Mémoires* de mon règne et de mes principales actions.

Il a, depuis l'année 1661 et jusqu'en 1668, tenu le journal de ses décisions et, dégageant sa pensée des circonstances, il a voulu préciser les principes qui l'ont guidé.

— Je n'ai jamais cru que les rois, reprend-il, sentant comme ils font en eux toutes les tendresses paternelles, fussent dispensés de l'obligation commune des pères qui est d'instruire leurs enfants par l'exemple et par le conseil. Au contraire, il m'a semblé qu'en ce haut rang où nous sommes vous et moi, un devoir public se joignait au devoir particulier.

Maintenant, Monseigneur a dix ans. Louis veut qu'il lise ces *Mémoires*. Et il l'a dit à Bossuet qu'il vient de désigner comme précepteur du Dauphin, et celui-ci s'est engagé à commencer aussitôt l'étude des *Mémoires pour l'instruction du Dauphin*, et à éclairer ainsi par l'exemple du roi cette *Histoire universelle*, cette *Politique tirée des propres paroles de l'Écriture sainte* qu'il veut enseigner à Monseigneur.

Louis écoute Bossuet, se souvient qu'il a écrit dans ses *Mémoires*, pour l'année 1668 : « On sait bien que nous ne pouvons pas faire tout, mais nous devons donner ordre que tout soit bien fait et cet ordre dépend principalement du choix de ceux que nous employons… et le souverain pour être habile et bien servi est obligé de connaître tous ceux qui peuvent être à la portée de sa vue… »

Il s'approche de son fils.

— Je sais bien, mon fils, dit-il, que ces observations sont un peu scrupuleuses… Mais si vous avez un jour comme je l'espère la noble ambition de vous signaler, si vous voulez éviter la honte non seulement d'être gouverné mais seulement d'en être soupçonné, vous ne sauriez observer avec trop d'exactitude les principes que je vous donne ici et que vous trouverez continuellement dans la suite de cet ouvrage…

Il a le sentiment d'avoir accompli peut-être la plus grande de ses tâches.

« Il y a peu de souverains qui se donnent la peine de laisser ainsi à leur fils une réflexion sur la manière de gouverner. Mais aussi s'en trouve-t-il bien peu qui s'acquittent pleinement de leur devoir. »

Il l'a dit à son fils : « Si vous ne voulez vivre qu'en prince du commun content de vous conduire ou plutôt de vous laisser conduire comme les autres, vous n'avez pas besoin de ces leçons. »

Mais le fils de Louis le Grand ne peut être un prince du commun.

Puisqu'il a rempli ce devoir essentiel pour ses sujets, et qu'il a préparé ainsi leur avenir, peu lui importe de paraître entouré de son épouse la reine, et de ses femmes, Louise de La Vallière et Athénaïs de Montespan.

Jamais l'une d'elles n'a influé sur ses décisions de roi en charge du royaume.

Il a le sentiment que désormais, il peut proclamer que c'est ainsi qu'il vit.

Il prend le bras d'Athénaïs de Montespan, et se rend avec elle au château de Chantilly où le prince de Condé les reçoit, et lui présente les plats extraordinaires créés par Vatel, le maître cuisinier le plus talentueux du monde.

On cherche Vatel afin que le roi le félicite. Il a disparu, puis on apprend que dans sa chambre, par trois fois, Vatel s'est jeté contre son épée afin de mourir, parce que la marée n'était pas arrivée à temps pour le souper du roi.

Louis s'éloigne. À tout instant, même au cœur de la fête, tapie dans la tête et le corps, la mort guette et frappe.

C'est pour cela qu'il faut se hâter d'agir.

Il exige que le mariage entre Monsieur et Liselotte la Palatine soit conclu au plus tôt, car c'est un élément de plus dans l'encerclement de cette Hollande qu'il faudra étrangler bientôt.

Dès que le mariage est célébré, il se rend au château de Villers-Cotterêts, où les époux sont réunis.

Il découvre cette Liselotte, pleine de vie, peut-être comme elle le dit elle-même « aussi carrée qu'un cube », ajoutant « j'ai toujours été laide, j'ai la bouche grande, les dents gâtées », mais elle est pleine d'esprit, l'œil vif, maîtrisant la langue française, alors que la reine ne la parle qu'en l'abâtardissant avec de l'espagnol. Et puis Liselotte danse bien.

Il veut l'aider à « prendre l'air de France ». Il l'accueille au château de Saint-Germain, lui murmure en la conduisant vers la reine :

— N'en ayez pas peur, Madame, elle aura plus de peur de vous que vous d'elle.

Plus tard, durant les présentations des courtisans, il s'assied près de Liselotte et, d'un léger coup de coude, il lui indique qu'elle doit se lever lorsqu'un prince ou un duc entre dans la pièce.

Il la voit chaque jour, durant une semaine de festivités qui fait se succéder chaque soir un nouveau ballet.

Il l'observe. Cette jeune femme au lourd profil, aux joues

et au nez grêlés lui plaît. Elle ne cherche pas, sans doute parce qu'elle ne le peut pas, à séduire par les armes de la beauté. Elle n'a que son intelligence, sa spontanéité, sa franchise. Il lui offre trois cassettes contenant trente mille pistoles, soit trois cent trente mille livres qui équivalent à la moitié des revenus annuels de l'impôt au Palatinat. Puis il lui accorde une rente annuelle de deux cent cinquante-deux mille livres.

Elle s'incline devant lui dans une révérence un peu maladroite. Il veut parler avec elle. Elle doit déjà connaître la rumeur de l'empoisonnement d'Henriette, la première épouse de Monsieur.

Il l'assure que Monsieur n'est en rien mêlé à cette affaire. Et que lui-même est trop honnête pour lui faire épouser son frère si ce dernier avait été capable d'un tel crime. Puis il conclut qu'il ne faut plus parler de tout cela, ni même y penser.

Quant aux coupables, les mignons de Monsieur, le plus beau et le plus pervers, mais aussi le plus habile, le chevalier de Lorraine, vient de faire savoir que, s'il est rappelé d'exil, il se mettra au service du roi, ce qui veut dire qu'il surveillera Monsieur, dont parfois Louis craint quelque désir d'indépendance. Or cela ne se peut. Ce frère doit être soumis. Et le chevalier de Lorraine peut être un allié.

Louis reçoit son frère. Le mariage ne l'a point changé. Il est toujours vêtu avec la fantaisie d'une femme, et il oscille sur ses chaussures hautes comme des échasses. Il est poudré, les lèvres peintes, du rouge sur ses joues et des pierreries constellant son habit de soie.

Il pleurniche. Il évoque le sort de ce malheureux, le chevalier de Lorraine, toujours en exil.

— Mais y songez-vous encore à ce chevalier de Lorraine ?

demande Louis. Vous en souciez-vous ? Aimeriez-vous bien quelqu'un qui vous le rendrait ?

Monsieur balbutie.

— Ce serait le plus sensible plaisir que je puisse recevoir en ma vie, dit-il.

Le roi se penche.

— Eh bien, je veux vous faire ce présent ! Il y a deux jours que le courrier est parti. Il reviendra, je vous le redonne et veux que vous m'ayez toute votre vie cette obligation, et que vous l'aimiez pour l'amour de moi. Je fais plus, car je le fais maréchal de camp de mon armée.

Philippe se jette aux pieds du roi, lui embrasse les genoux, lui baise la main, remercie la voix entrecoupée de sanglots.

Louis lui touche l'épaule.

— Mon frère, dit-il, ce n'est pas ainsi que des frères se doivent embrasser.

Philippe se redresse. Louis lui donne l'accolade.

Il est le maître.

## 43.

Louis est assis sur un trône doré placé au centre d'une estrade dressée dans le plus grand des salons du Louvre.

Philippe d'Orléans et son épouse, Liselotte la Palatine, sont au premier rang de la foule des courtisans qui se pressent, cherchent à saisir son regard, à faire entendre le murmure de leurs louanges.

Au fond de la pièce, dans la pénombre, il distingue les membres de l'Académie française qui viennent d'exprimer leur gratitude au roi, protecteur de l'Académie, et qui va accueillir leurs collections, leurs réunions dans le palais du Louvre. Et Lully, auquel il accorde le privilège de diriger l'Académie royale de musique, s'est déjà incliné devant lui, humble, soumis.

Est-ce cela la gloire ?

Louis sent son corps s'alourdir. L'ennui pèse sur ses épaules, mais il ne peut se lever. Il va devoir écouter les édiles de Paris, qui vont le remercier de l'ordre qui règne dans la ville, de la construction de la porte Saint-Denis, des travaux qui font en chaque quartier surgir des fontaines et l'eau vive, ce bienfait de Louis le Grand.

N'est-ce que cela la gloire ?

Louis scrute les visages.

Il connaît les vices de chacun de ces hommes et de ces

femmes, et même leurs pensées. Les espions lui rapportent leurs propos, le contenu de leurs lettres. Il sait ce que l'on chante à Paris, en s'adressant à lui sur un air moqueur :

*Les jeunes gens de votre Cour*
*De leurs corps font folie*
*Et se régalent tout à tour*
*Des plaisirs d'Italie*
*Autrefois pareille action*
*Eût mérité la braise*
*Mais ils ont un trop bon patron*
*Dans le père de La Chaise.*

Louis apprécie ce jésuite, son confesseur. Mais que faire contre ce « vice italien » si répandu ?

Louis se souvient de Mazarin dont Scarron, le mari défunt de cette Françoise d'Aubigné devenue gouvernante pensionnée des enfants d'Athénaïs de Montespan, écrivait :

*Sergent à verge de Sodome*
*Exploitant partout le royaume*
*Bougre bougrant, bougre bougré*
*Et bougre au suprême degré*
*Bougre à chèvre, bougre à garçons*
*Bougre de toutes les façons.*

Et Louis a retrouvé, après le décès de sa mère, dans une cassette placée à la tête du lit d'Anne d'Autriche, une lettre qu'il a lue avec un sentiment de gêne et d'émotion, refoulant ses souvenirs.

Son valet Pierre de La Porte écrivait à Anne d'Autriche :

« Je donnai avis à Votre Majesté à Melun, en 1652, que le jour de la Saint-Jean, le roi dînant chez M. le cardinal me commanda de lui faire apprêter son bain sur les six heures dans la rivière, ce que je fis. Et le roi en y arrivant me parut plus triste et plus chagrin qu'à son ordinaire et comme nous le déshabillions, l'attentat qu'on venait de commettre sur sa personne parut visiblement. »

Il ne veut pas se soucier de ce qu'il a subi.

C'était il y a vingt ans.

Il est dans sa trente-quatrième année. Il est temps qu'il échappe à ces palais, à ces souvenirs, que sa gloire ne fasse pas seulement courber le dos des courtisans, et celui de son frère, prince du sang.

Il revoit Philippe, acteur, danseur, chantant près de lui sur scène, il y a dix ans :

*J'étais un fort joli garçon*
*Et j'avais toute la façon*
*Qu'on voit aux royales personnes*
*Qui touchent de près les couronnes*
*Quant à force m'attacher*
*Au beau sexe qui m'est si cher*
*En m'habillant comme il s'habille*
*Je suis enfin devenu fille.*

Louis se lève.

Il n'est pas de la race des filles mais de celle des rois.

Il aime les femmes et non les mignons, les beaux amants.

Il veut la soumission non seulement des courtisans et des sujets mais des nations impertinentes.

Car l'honneur est dû aux rois, et ils font ce qui leur plaît.

Et il veut que cette année 1672, celle de ses trente-quatre ans, soit marquée par la victoire des armes.

La guerre seule est la source de la plus grande gloire d'un roi.

# 44.

Il connaît l'ennemi, ces « marchands de fromages », ces « pêcheurs de harengs », ces Hollandais qui vivent en république et prétendent se gouverner eux-mêmes. Ils sont hérétiques et impriment les pamphlets, les libelles satiriques qui se moquent du roi de France. Et leurs toiles, leurs draps, les épices de leurs Indes, le blé et l'orge qu'ils achètent dans les pays des rives de la Baltique, et le charbon en Pologne, et leurs navires marchands font concurrence aux manufactures, aux compagnies de commerce, à la flotte créées par Colbert.

Et dix fois, Louis a entendu le contrôleur général des Finances répéter qu'il fallait livrer à cette république des Provinces-Unies, la plus puissante qui ait jamais été après la romaine, une guerre des tarifs, afin de protéger les marchandises et le commerce du royaume de France.

Il fallait aussi engager une « guerre d'argent contre tous les États d'Europe soumis à la tutelle des banquiers et des marchands hollandais ».

Il écoute Louvois, qu'il vient de nommer ministre d'État, membre du Conseil-d'en-Haut, et qui assure pouvoir rassembler plus de cent vingt mille hommes et cinquante vaisseaux, et cette armée, la plus puissante jamais réunie par une nation, pourra en quelques jours vaincre les Provinces-Unies.

Pomponne, le secrétaire d'État aux Affaires étrangères,

estime que l'on peut compter sur l'alliance anglaise, et les évêques catholiques allemands de Cologne et de Munster souhaitent, comme le pape, voir cette république protestante vaincue, convertie.

Louis approuve les ministres. Il désire cette guerre, pour toutes ces raisons, mais d'abord parce que les Hollandais veulent ternir sa gloire, refusent de reconnaître sa puissance, son autorité.

Il a vu l'ambassadeur Van Beuningen ne pas se découvrir devant lui, il l'a entendu lui répondre avec dédain et ironie.

— Vous me parlez bien fièrement, monsieur l'ambassadeur, a dit Louis. Un roi moins modéré que je ne suis vous aurait fait jeter par les fenêtres du Louvre.

Van Beuningen n'a pas changé d'attitude, affichant sa morgue.

— Ce brasseur de bière est bien insolent, a murmuré Louis à Brienne.

— J'ai eu envie de lui jeter son chapeau à vos pieds, Sire.

— Vous auriez mal fait mais il me le paiera tôt ou tard, et ses maîtres aussi.

Comment tolérer leur manque de respect ?

Louis tourne et retourne entre ses doigts cette pièce d'or hollandaise sur laquelle est gravée la devise *Stat sol*, et la silhouette d'un Hollandais dont le visage ressemble à celui de Van Beuningen, et qui tel Josué arrête la course du soleil.

Il faut châtier ce peuple hérétique et présomptueux, briser cette nation concurrente.

Son choix est fait.

Il repousse avec dédain les démarches du grand pensionnaire hollandais, Jean de Witt, qui s'inquiète des préparatifs militaires dans les places fortes françaises des Flandres.

« Nous sommes prêts à faire tout ce que nous pourrons pour persuader Votre Majesté de la parfaite inclination que nous avons à lui rendre l'honneur et la déférence qui sont dus à sa personne ainsi qu'à sa haute dignité », écrit de Witt.

Qu'imaginent-ils, ces marchands hérétiques, qu'il suffit de quelques phrases pour qu'il renonce à laver l'honneur, qu'il oublie les intérêts du royaume ?

— Je ferai de mes troupes l'usage que demande ma dignité dont je ne dois compte à personne, dit Louis.

Lorsqu'il apprend que Charles II, l'allié anglais, a fait attaquer par sa flotte des vaisseaux marchands hollandais, chargés de produits d'Orient, il est irrité d'avoir laissé ainsi le roi d'Angleterre prendre l'initiative.

Cette guerre est sienne.

Il convoque aussitôt Colbert et Louvois, et il ordonne que le 6 avril 1672 les hostilités soient ouvertes, que le crieur du roi, Charles Canto, « à coups de trompe et cri public » annonce que « Sa Majesté a arrêté et résolu de faire la guerre auxdits États généraux des Provinces-Unies, tant par mer que par terre, ordonne par conséquent Sa Majesté, à tous ses sujets de courir sus aux Hollandais »...

Et à la fin du mois d'avril, il quitte le château de Saint-Germain, afin de prendre la tête des troupes.

Il chevauche et, lorsqu'il se retourne et qu'il aperçoit cette immense troupe de plusieurs dizaines de milliers d'hommes, il éprouve une telle joie, un sentiment de si grande puissance, qu'il doit se raidir pour ne pas s'élancer au galop, comme s'il était à la chasse traquant un cerf ou un sanglier.

Il est enfin ce roi de guerre qui dicte ses ordres au prince de Condé, à Turenne, au maréchal de Luxembourg.

— J'ai estimé plus avantageux à mes desseins, leur dit-il, de ne pas me contenter de l'attaque de Maëstricht. Il est moins commun pour ma gloire d'attaquer tout à la fois quatre places sur le Rhin. J'ai choisi Orsoy, Rheinberg, Wesel, Buderick.

Les villes et les provinces tombent, les soldats hollandais se rendent. Qu'importe si la flotte des Provinces-Unies, commandée par Ruyter, remporte une victoire sur celle de Duquesne et du comte d'Estrées. Les seules batailles qui comptent sont celles auxquelles participe le roi.

Et il veut que partout dans le royaume les cloches des *Te Deum* célèbrent les victoires du roi. Il faut que les tableaux, les tapisseries, les gravures, les libelles rendent hommage au roi, qu'on le montre, entouré des chefs de ses armées, commandant le passage par l'armée de ce bras du Rhin, au gué de Tolhuys.

Il faut qu'on chante :

*Nous avons traversé le Rhin*
*Avec M. de Turenne.*

Il faut que l'Académie de sculpture et de peinture fasse de cet épisode glorieux le sujet de ses concours.

Louis a l'impression d'être le créateur d'une immense mise en scène, qui lui rappelle les moments où, avec Lully, les comédiens de Molière, les danseurs, les peintres, il préparait une grande fête à Versailles ou à Saint-Germain.

Mais la vraie représentation royale, ce sont la guerre et la victoire.

Il est satisfait de lire un poème de Boileau qui célèbre le passage du Rhin :

*Ils marchent droit au fleuve où Louis en personne*
*Déjà prêt à passer, instruit, dispose, ordonne*
*Par son ordre Gramont, le premier dans les flots*
*S'avance soutenu des regards du héros*
*Son coursier écumant sous son maître intrépide*
*Nage tout orgueilleux de la main qui le guide…*

Il renvoie avec mépris ces échevins qui viennent piteusement lui remettre les clés d'Arnheim, de Nimègue et d'Utrecht.

Il entre dans cette ville, et il veut qu'on y célèbre un *Te Deum* après y avoir purifié l'église des relents d'hérésie. On brûle la chaire et les bancs. Un évêque nommé par le pape arrive et les prêtres et les moines qui l'accompagnent peuvent enfin dire la messe.

C'est le Roi Très Chrétien qui triomphe d'un pays hérétique, mécréant jusque dans son principe politique.

Le roi de France venge tous les rois.

Il va quitter Utrecht, en ce mois de juillet 1672.

Il a le sentiment que la guerre est gagnée, qu'elle va se terminer dans quelques semaines.

Impatient déjà de rejoindre la Cour et Mme de Montespan, il écoute distraitement

Turenne, Luxembourg, Condé, les espions qui lui rapportent que, à Muyden, les Hollandais ont ouvert les écluses du Zuyderzee, qu'Amsterdam, la grande ville de deux cent cinquante mille habitants, la plus riche, est devenue une sorte d'île autour de laquelle croisent les navires hollandais.

Et le grand pensionnaire Jean de Witt et son frère Cornelis, accusés de trahison, ont été massacrés par la foule, leurs membres dispersés dans une furie populaire. Guillaume d'Orange a été désigné stathouder, capitaine général et amiral général à vie de la République. En outre, Frédéric-Guillaume de Hohenzollern, électeur de Brandebourg, s'est allié aux Provinces-Unies, et plusieurs milliers de soldats allemands sont entrés dans le pays.

Louis dévisage les chefs de ses armées : cela peut-il changer le sort de la guerre ?

Tous se récrient. Le maréchal de Luxembourg s'avance, dit qu'il se fait fort de remporter la victoire avant l'hiver.

Louis l'exige. Puis, en hâte, il rejoint Versailles et se rend au château de Genitoy où, depuis quelques semaines, vivent, surveillés par Françoise d'Aubigné, veuve Scarron, les enfants de ses amours avec Athénaïs de Montespan.

Et c'est elle qu'il va retrouver avec l'avidité d'un vainqueur. C'est à son bras qu'il traverse les salons du château de Saint-Germain. Les courtisans le louent pour sa victoire. On récite des vers de Pierre Corneille, « À la gloire de Louis le Grand Conquérant de la Hollande ».

Il est heureux.

Mais avec l'automne et l'hiver, l'inquiétude le gagne.

Au Conseil-d'en-Haut il devine l'hostilité qui oppose les Le Tellier – le père et son fils Louvois – au contrôleur général des Finances Colbert, qui soutient son frère Charles Colbert, marquis de Croissy, qui pourrait entrer au Conseil pour remplacer le secrétaire d'État aux Affaires étrangères.

Louis écoute les uns et les autres. Il se nourrit de la controverse, mais il veut simplement que ces rivalités n'entravent pas l'exercice du pouvoir. Ou bien qu'elles ne donnent pas naissance à des rumeurs.

N'a-t-on pas prétendu que l'ancien secrétaire d'État Hugues de Lionne avait été empoisonné ?

Il interroge Louvois puis Colbert sur la situation en Hollande.

Il apprend que les soldats du maréchal de Luxembourg ne peuvent avancer dans les provinces envahies par les eaux, qu'ils vivent sur le pays, que les Hollandais résistent, qu'un moment de gel a permis aux soldats du roi de progresser, mais la glace a rapidement fondu, et ils se sont noyés par centaines.

Louis apprend par les espions de Colbert ce que ne dit pas Louvois.

Les soldats du maréchal de Luxembourg brûlent les villages, pillent et violent. Ils ont massacré les habitants des bourgs de Swammerdam et de Bodegrave. Ces tueries, ces vols font naître la haine, l'inquiétude dans toutes les nations d'Europe. On craint le roi de France, on se ligue contre lui.

Colbert ajoute que les finances du royaume sont lourdement grevées par cette guerre, à laquelle il faudrait mettre fin, et à tout le moins ordonner que les consignes de Louvois d'avoir à ne pas se soucier du sort des Hollandais, de leur « bonne ou mauvaise humeur », soient tempérées.

Louis convoque Louvois. Il veut que de nouvelles instructions soient données au maréchal de Luxembourg.

Il les dicte, les relit.

« Le roi a été bien surpris de voir que le pays est encore au pillage et exposé à toutes les violences des soldats. Vous savez aussi bien que qui que ce soit que c'est un moyen de ruiner les troupes et le pays. Sa Majesté m'a commandé de vous faire savoir qu'Elle désire que vous y remédiez par quelque voie que ce soit, en sorte que les paysans de la campagne soient dans un aussi grand repos en payant leurs taxes qu'ils l'étaient du temps des Hollandais. »

Louis est inquiet.

Pomponne, d'une voix hésitante, lui apprend que l'Espagne et l'empereur du Saint Empire romain germanique, Léopold Ier, se sont alliés à Guillaume d'Orange, que les troupes de celui-ci viennent de s'emparer de Charleroi, qu'elles s'enfoncent en France et espèrent se réunir aux soldats de Frédéric-Guillaume de Hohenzollern, l'électeur de Brandebourg.

Louis s'emporte. Il n'acceptera jamais la défaite. Il prend la tête des troupes qu'il peut rassembler et se dirige vers Saint-Quentin et Compiègne, assiégés par les soldats de Guillaume d'Orange.

C'est l'hiver, il fait froid, le soleil ne brille plus.

# 45.

Il n'aime pas cette saison grise et pluvieuse.

Il va d'un palais à l'autre, de Saint-Germain à Versailles, du Louvre à Chambord. La Cour le suit. Athénaïs de Montespan s'offre à lui chaque nuit, et il est toujours ébloui par sa beauté dorée, ce corps épanoui où son désir s'épuise et renaît.

Et cependant il ressent, dans ces premiers mois de 1673, une « furieuse inquiétude ».

Certes, les troupes de Guillaume d'Orange ont dû lever le siège de Saint-Quentin et de Compiègne. Et, en Westphalie, Turenne a fait reculer les troupes de l'électeur de Brandebourg, Frédéric-Guillaume de Hohenzollern, et celles de l'empereur germanique. Frédéric-Guillaume a même envoyé des messagers pour ouvrir des négociations de paix. Si on lui verse quelques centaines de milliers de livres, il est prêt à se retirer de la guerre.

Mais Louis a le sentiment que la guerre s'enlise. La gloire se dérobe.

Colbert parle finances. Les caisses sont vides. Dans les provinces, l'argent a disparu. On ne paie plus, on échange, le troc a remplacé le commerce. Les recettes du royaume sont insuffisantes à couvrir les dépenses de guerre, les soldes à verser, les canons à acheter. Et de nouveaux ennemis apparaissent : la régente d'Espagne, le duc de Lorraine rejoignent les Hollandais et les Impériaux. Et l'Angleterre songe à rompre son alliance avec la France.

Hiver glacé. Louis a l'impression que la mort rôde dans les pièces des palais que les grands feux de cheminée ne réussissent pas à chauffer.

Il reçoit cette jeune comédienne, Armande Béjart, qu'il a vue sur scène aux côtés de Molière.

Elle s'agenouille, elle supplie. Molière est mort, murmure-t-elle. Le sang a rempli sa bouche, lors de la dernière scène du *Malade imaginaire*, au Palais-Royal. Les prêtres de l'église Saint-Eustache ont refusé de lui accorder les derniers sacrements. Et on interdit un enterrement religieux.

— Sire, votre Molière, murmure-t-elle.

Il hésite, puis il promet qu'il appuiera la requête auprès de monseigneur l'archevêque de Paris.

Quelques jours plus tard, il apprend qu'on a enterré Molière de nuit, en présence de quelques centaines de personnes, éclairées par des flambeaux.

Il ne veut pas que sa pensée s'arrête à ces images de mort. Et cependant, elles surgissent de toutes parts.

Les soldats massacrent en Hollande et en Westphalie. Le maréchal de Luxembourg se félicite de voir brûler les villages, les châteaux, et les gens qui s'y cachent.

Les espions rapportent que dans toute l'Europe, les pamphlets et les gravures dénonçant le roi de France, cet ogre, se multiplient. La haine se répand plus vite que les incendies et les massacres perpétrés par les troupes.

Louis découvre que dans une lettre à Louvois, Vauban écrit : « Le roy devrait un peu songer à faire son pré carré. »

Faudrait-il cesser de songer à agrandir le royaume, et s'enfermer derrière des villes fortifiées ?

Il ne peut, il ne veut pas s'y résoudre. Il faut châtier ceux qui l'ont défié, qui n'ont pas voulu reconnaître sa prééminence.

Que vienne le printemps, et il prendra à nouveau la tête des troupes, et il retrouvera le chemin des victoires éclatantes.

Mais l'hiver s'éternise. L'argent manque de plus en plus. Il faut que les impôts rentrent.

Il se présente devant le Parlement, l'épée nue à la main, entouré de ses gardes du corps. Il exige de l'Église qu'elle lui verse les impôts des évêchés vacants.

Besoin d'argent, pour préparer les offensives de printemps, pour continuer les travaux à Versailles ! On a englouti en canalisations pour alimenter les fontaines plus de sept millions de livres !

Mais qu'importe, on ne mesure pas la gloire aux coûts de la guerre et des bâtiments.

S'il faut à Versailles cinquante chevaux pour élever l'eau afin qu'un jet jaillisse sur un terre-plein, devant l'appartement du roi, qu'on les trouve !

Il ne veut pas avoir à connaître ces détails, l'envers du décor.

Et cependant, il doit recevoir le lieutenant général de police, Gabriel Nicolas de La Reynie, l'homme qui sait ce qui se trame derrière les façades respectables et nobles, et qui a parcouru les chemins tortueux et secrets qui mènent des palais aux bas-fonds.

— Il est des modes de crimes comme d'habits, commence La Reynie.

Il souligne que les prêtres qui reçoivent les dames de la Cour en confession font savoir, sans révéler l'identité de leurs fidèles, que nombre d'entre elles s'accusent de désirer empoisonner un mari, un amant, un père, une rivale. Et certaines auraient perpétré ces crimes à l'aide d'arsenic et de vitriol, qui détruisent les organes, ulcèrent le foie, les intestins, sans qu'on puisse avoir la preuve de l'empoisonnement.

Ces dames commencent par consulter des astrologues, des cartomanciennes. N'est-ce pas La Fontaine qui le dit :

*Perdait-on un chiffon, avait-on un amant*
*Un mari vivant trop au gré de son épouse*
*Une mère fâcheuse, une femme jalouse*
*Chez la devineuse on courait*
*Se faire annoncer ce que l'on désirait.*

Et souvent on demande des philtres, des poudres, des préparations alchimiques, des poisons faits de crapauds, de serpents écrasés, d'arsenic, d'opium, de ciguë, d'ivraie.

Louis écoute.

Il se souvient des rumeurs qui ont accompagné l'agonie d'Henriette d'Orléans, puis des soupçons au moment de la mort d'Hugues de Lionne, son épouse accusée de l'avoir empoisonné. Il y a quelques semaines, c'est le comte de Soissons qui disparaissait brutalement, et c'est encore une fois son épouse qu'on a soupçonnée.

Mais ce n'étaient que rumeurs, hypothèses démenties par des autopsies. Or le lieutenant général de police apporte des preuves. Ainsi, la marquise de Brinvilliers, née Marie-Madeleine d'Aubray, a empoisonné ses deux frères, l'un lieutenant civil, l'autre conseiller au Parlement, et elle a aussi tué son père, conseiller d'État. Son complice, les jambes brisées par les brodequins de la torture, est passé aux aveux, et on l'a roué vif. Quant à la marquise, condamnée à mort par contumace, elle a réussi à fuir en Angleterre, peut-être aux Pays-Bas.

Louis se détourne. Il ne veut plus entendre Gabriel Nicolas de La Reynie.

Que le vent de la guerre et la gloire des armes dissipent les miasmes empoisonnés !

## 46.

Enfin, il est parmi les soldats.

Il aime leurs acclamations quand il visite les tranchées, monte sur les parapets sans se soucier des feux des mousquets, des tirs de canon que, depuis les fortifications de Maëstricht, les Hollandais déclenchent dès qu'ils aperçoivent son cortège de mousquetaires, de gardes du corps, des maréchaux de camp, Turenne, Condé, Luxembourg. Et ce Vauban, avec qui il aime s'entretenir et que la passion de la guerre de siège habite.

Et la forteresse de Maëstricht, avec ses trois rangées de bastions, ses remparts, ses redoutes, paraît imprenable.

Mais, précisément parce que depuis le XVIe siècle cette enclave hollandaise, comme un éperon enfoncé entre le pays de Liège et de Juliers, n'a jamais été conquise, il faut qu'elle tombe aux mains de Louis le Grand.

De l'aube à la nuit, Louis parcourt les tranchées, ordonne les attaques et souvent les conduit, malgré les réticences des maréchaux. Un roi de France ne doit pas s'exposer de telle manière, disent-ils.

Il ne répond pas, il s'élance. Il veut que tous le voient.

Il se tourne pour s'assurer que Charles Le Brun, le peintre qu'il a demandé à Colbert de lui adjoindre, est bien là, à quelques pas, crayonnant sur ses carnets.

Le temps de ce mois de mai est radieux. Les explosions des mines, qui font s'ébouler des pans de rempart, couronnent les forteresses de petits nuages blancs que le vent dissipe, laissant place au ciel immaculé d'un printemps glorieux.

Il veut cette victoire, quel qu'en soit le prix. Les sept mille assiégés résistent, mais que peuvent-ils contre plus de cinquante canons qui tirent sans discontinuer, et contre trente mille hommes, commandés par le plus grand des rois ? Car désormais, c'est lui qui décide.

Il a choisi Maëstricht, car sa chute étonnera toutes les nations d'Europe. Il écoute Vauban, mais il commande. Il est comptable des morts. Et il salue la dépouille du chef de ses mousquetaires, d'Artagnan, en qui il avait toute confiance et qu'un boulet hollandais a tué.

Mort pour la gloire de son roi.

Louis déclenche aussitôt une nouvelle attaque.

Il y aura quelque chose de beau à voir, dit-il au peintre Charles Le Brun.

En effet, après treize jours, alors que Vauban n'a pu encore creuser toutes les mines afin de faire exploser les fortifications, Maëstricht capitule.

Louis entre dans la ville, alors que sonnent déjà les cloches d'un *Te Deum* et que s'y mêlent les roulements de tambour et les notes aigres des fifres.

Il veut que dans toutes les églises du royaume, on célèbre sa victoire. Que les graveurs, les poètes, les peintres retracent les épisodes du siège et montrent le roi, à cheval, au premier rang de ses troupes, valeureux et glorieux.

Maintenant il peut quitter Maëstricht, retrouver à Tournai la Cour et ses dames qui l'y attendent.

Elles sont là, Athénaïs de Montespan, Louise de La Vallière et la reine Marie-Thérèse. Elles ont fait le voyage dans le même carrosse. Et il l'a voulu ainsi.

Il apprend qu'Athénaïs de Montespan a accouché, dans la forteresse de Tournai, le 1er juin, d'une petite fille, Louise-Françoise, qu'il a l'intention de légitimer, comme tous les enfants nés de sa semence, et qui se nommera Mlle de Nantes.

Elle a déjà été confiée à Françoise d'Aubigné, veuve Scarron, dont l'attitude le trouble et l'irrite.

Françoise le regarde avec une sorte d'admiration apitoyée, comme si elle voulait le séduire, comme n'importe quelle femme, et le mettre en garde comme le ferait un confesseur, et ce mélange, ce défi qu'elle lui lance, cette réserve et cette provocation l'attirent.

Mais elle est aimée, adorée même, des enfants dont elle a la charge. Il est touché par l'affection qu'elle semble porter au duc du Maine, le premier fils qu'il a eu avec Athénaïs de Montespan.

Il l'observe, devine qu'elle veut lui faire comprendre qu'elle est plus qu'une gouvernante, mieux qu'une mère, que cette Athénaïs de Montespan – qu'elle sert, à laquelle elle est fidèle – se désintéresse des enfants du roi, ne suit pas ses conseils avisés.

Peut-être a-t-elle raison ?

Il décide que Françoise d'Aubigné et les enfants – duc du Maine, Mlle de Nantes, bâtards légitimés – logeront avec elle, au château de Saint-Germain.

Il pense à ce retour, aux fêtes qu'il va organiser pour célébrer les victoires, mais il faut d'abord faire face à cette grande alliance de La Haye, que les Hollandais ont nouée avec les Espagnols, le duc de Lorraine, l'empereur germanique.

Il chevauche à la tête des régiments qui entrent en Alsace.

Il l'écrit à Colbert :

« Je crois que vous ne serez pas fâché d'apprendre que Colmar et Sélestat ont reçu mes troupes, et qu'on commencera demain à voiturer le canon à Brisach et à les raser. »

Il veut en effet démanteler les fortifications de ces villes, punir ces populations, dont certaines, comme à Colmar, ont manifesté contre les troupes françaises.

Il faut soumettre l'Alsace et penser qu'un jour, on pourra peut-être l'annexer, agrandir le royaume jusqu'à Strasbourg.

En même temps, il pense à ce plaisir qu'il éprouvera en retrouvant ses châteaux, ceux de Versailles et de Saint-Germain, ses jardins où il veut que jaillissent de nouveaux jets d'eau.

Lorsqu'il reçoit une lettre de Colbert dressant l'état des travaux, il répond aussitôt :

« Tout ce que vous me mandez dans votre lettre de Versailles et Saint-Germain me fait plaisir. Faites bien apprêter toutes choses afin que rien ne manque surtout aux pompes quand j'arriverai. Je crois que cela ne sera pas sitôt mais il ne faut pas laisser d'y songer de bonne heure... Si la nouvelle pompe jette cent vingt pouces d'eau, cela sera admirable ! »

Il imagine les promenades dans les jardins avec Athénaïs, les bals et les feux d'artifice.

Et les intrigues aussi.

À Tournai, il a dû subir les soupirs de la reine qui s'étonnait de ne le voir rejoindre le lit conjugal qu'à l'aube. Il a répondu par le silence. Pouvait-il lui dire qu'il rendait visite à Athénaïs de Montespan dans sa chambre de la forteresse ?

Il a dû, aussi, faire face à Louise de La Vallière, annonçant une fois de plus qu'elle voulait se retirer du monde définitivement et s'enfermer dans un couvent de carmélites.

Et pourquoi pas ?

Mais elle veut organiser son départ, veiller à léguer aux uns ou aux autres et aux membres de sa famille ses biens, présenter quelques dernières requêtes, afin de favoriser l'un de ses proches. Il songe à tout cela.

À la façon dont il va vivre à Saint-Germain et bientôt, le plus tôt possible, à Versailles.

« Il faudra, écrit-il à Colbert, faire percer la porte qui va de mon petit appartement, où loge Mme de Montespan, dans la salle des gardes du grand appartement et la mettre en état qu'on y puisse passer.

« Il faudra aussi faire ouvrir la porte qui va de mon petit à mon grand appartement, qui est dans le cabinet où je vais quelquefois pendant les Conseils... »

Il veut être auréolé de la gloire des armes, exercer le gouvernement du royaume et jouir du plaisir que donnent la beauté des châteaux, les fêtes et les femmes.

Il veut tout.

# 47.

Il est assis seul, le buste droit, les mains posées à plat sur la table de marbre, de part et d'autre de ces feuillets que Louvois vient de lui remettre.

Louis les fait glisser du bout des doigts.

Il lit une phrase de l'une ou l'autre de ces copies de lettres.

Il doit tout connaître de ses sujets et d'abord de ceux qui, par leur rang et leur fortune, peuvent prendre la tête d'une fronde.

Chaque fois qu'il croise l'un de ces Grands qui s'inclinent devant lui, il se souvient que tel ou tel avait pris les armes contre l'armée du roi, guerroyait contre le cardinal de Mazarin et la reine Anne d'Autriche, et rêvait de mettre le roi sous tutelle.

Comment oublier cela ?

Il faut étouffer les conspirations avant qu'elles ne s'étendent. Et c'est pour cela qu'il a autorisé Louvois à faire saisir les correspondances, à briser les sceaux si nécessaire, même quand il s'agit des dépêches d'ambassadeurs.

Il sait que les hommes du secrétaire d'État à la Guerre, parfois déguisés en brigands, attaquent les voitures postales, s'emparent des sacs de courrier et, les lettres déchiffrées, recopiées, reconstituent les sceaux et expédient les missives.

Peu importe que chacun sache à la Cour que ce qu'il écrit

peut être lu par les hommes du « cabinet noir » et transmis au roi. L'envie de se confier est la plus forte. Et une fois qu'on a commencé à écrire, on oublie toute prudence.

Louis lit souvent avec gourmandise les lettres d'Élisabeth-Charlotte qui, chaque jour, envoie plusieurs pages aux différents membres de sa famille.

Il a de l'affection pour cette grosse Liselotte, qui s'accommode de son époux, bien que Philippe d'Orléans soit « tout entiché du péché philosophique », entouré de mignons, adeptes comme lui du « vice italien ». Il a cependant engrossé Liselotte, et elle a accouché d'un garçon, Alexandre Louis, duc de Valois. Et Louis a tenu à assister au baptême, puis il s'est rendu à toutes les fêtes pour célébrer l'événement. Il partage avec cette Palatine le goût du théâtre, des mascarades, des feux d'artifice, de l'opéra. Et il aime sa saine gaieté, son endurance physique. Elle peut chevaucher toute une journée, emportée elle aussi par le goût et le plaisir de la chasse.

Et Louis se délecte à la lire, surpris par ce que ses lettres lui révèlent, qu'il côtoie pourtant et dont elle lui fait découvrir l'ampleur.

« Celui qui voudrait détester tous ceux qui aiment les garçons ne pourrait pas aimer ici, à la Cour, six personnes, écrit la Palatine. Il y en a de tous les genres. Il y en a qui haïssent les femmes comme la mort et ne peuvent aimer que les hommes. D'autres aiment les hommes et les femmes. D'autres aiment seulement les enfants de dix ou onze ans, d'autres des jeunes gens de dix-sept à vingt-cinq ans et ce sont les plus nombreux. Il y a d'autres débauchés qui n'aiment ni les hommes ni les femmes et qui se divertissent tout seuls, mais ils sont moins nombreux que les autres. Il y en a aussi qui pratiquent la débauche avec tout ce qui leur tombe sous la main, animaux et hommes... »

Il éprouve un sentiment de mépris mêlé de dégoût pour ces sujets de Sodome parmi lesquels il y a son propre frère, dont il doit bien reconnaître qu'il s'est montré hardi, courageux à la guerre, s'élançant le premier, son bâton de commandement à la main, à la tête de sa compagnie de gendarmes et s'emparant de la ville hollandaise de Zutphen.

Philippe a une bravoure naturelle. Il semble ignorer ce que c'est que la mort, et pourtant il a l'air d'une femme, et Louis le surprend toujours en train de se farder !

Mais comment et pourquoi empêcher cela ?

Il faut simplement sévir quand ce vice italien corrompt les hommes au point de les détourner de leur tâche.

Louis apprend ainsi que Lully, le surintendant de la musique, qui doit composer la partition des livrets écrits par Quinault, un auteur prolixe, abandonne sa tâche, fou qu'il est d'un mignon nommé Brunet qui se joue de lui.

Qu'on enlève ce Brunet ! Qu'on l'enferme à Saint-Lazare et que les pères le fouettent deux fois par jour !

Et Louis, dans les rapports des espions de Louvois, apprend que l'on se moque à Paris du surintendant de la musique :

*Monsieur Lully est affligé*
*De voir son Brunet fustigé*
*Il est jaloux qu'un père*
*Eh bien*
*Visite son derrière*
*Vous m'entendez bien...*

Mais peu importe les rimailleurs. Lully s'est remis au travail, et la composition de cet opéra-ballet, *Alceste*, avance, et Louis veut qu'il soit représenté lorsqu'il rentrera victorieux de la guerre.

Elle a repris, dans un nouvel hiver pluvieux et venteux.

Louis s'emporte. Les princes allemands, et même les

évêques de Cologne et de Munster, tous ceux qui furent ses alliés, rompent avec lui, et la diète de Ratisbonne lance le Saint Empire romain germanique dans la guerre contre la France.

Louis éprouve à la fois un sentiment de colère et d'orgueil. Tous les royaumes, celui d'Angleterre et celui d'Espagne, la république des Provinces-Unies et le Saint Empire, et à nouveau l'électeur de Brandebourg, Frédéric-Guillaume de Hohenzollern, sont contre lui. Parce qu'il est le Roi Très Chrétien, celui qu'on jalouse et qu'on craint. Louis le Grand, le Roi-Soleil, le souverain du plus grand des royaumes.

Il donne ses ordres. Il ne veut conserver que quelques-unes des villes de Flandre, dont Nimègue et Maëstricht. Qu'on abandonne les autres et même Utrecht. Il veut porter la guerre dans la Franche-Comté espagnole.

Et, au mois de mai, il quitte le château de Saint-Germain, suivi par toute la Cour.

Il veut que les dames soient là, pour l'accueillir le soir et souper sous la grande tente, au son des violons.

Il partage ses nuits avec Athénaïs de Montespan et à l'aube il entre dans la tente de la reine Marie-Thérèse.

Mais il est tout le jour roi de guerre. En compagnie de Vauban, il se dirige, entouré de ses mousquetaires, vers Besançon, vers Dole, que ses troupes assiègent. Ces villes se rendent, la première le 15 mai 1674, l'autre le 7 juin. Victoire aisée, même si les morts se comptent déjà par centaines et si les dames de la Cour, auxquelles il veut montrer les fortifications de Besançon et de Dole, et raconter le siège, détournent la tête, effrayées devant le spectacle des blessés dont personne ne paraît se soucier.

Mais le soir les violons jouent sous la tente du roi, accompagnant le souper, ne s'interrompant que pour la lecture d'une lettre de Colbert, resté à Paris.

« Dans le moment Sire, où nous tremblions ici pour l'attaque de la citadelle de Besançon, nous avons reçu l'heureuse et agréable nouvelle de sa prise. César prit la ville aussi et s'en glorifie dans ses ouvrages. La puissance de toute la maison d'Autriche s'est appliquée pendant sept années à la rendre imprenable et Votre Majesté prend cette ville.

« Il faut, Sire, se taire, admirer, remercier Dieu tous les jours de nous avoir fait naître sous le règne d'un roi tel que Votre Majesté. »

Il faut, par des fêtes inoubliables, célébrer cette victoire.

Il s'installe à Versailles, en ce mois de juillet 1674.

Il veut que la cour de Marbre se transforme en une scène de théâtre et que, sur le canal enfin achevé, des gondoles offertes par la république de Venise naviguent dans la nuit et la lueur des lanternes, dans l'éclat des feux d'artifice et des centaines de bougies placées sur une colonne dressée dans la cour de Marbre.

Il veut six journées de divertissement, qui se tiendront entre le 4 juillet et le 31 août.

Le 4 juillet, il est assis entre la reine et Athénaïs de Montespan, dans cette cour de Marbre, alors que se succèdent les actes d'*Alceste*, et que d'un regard il félicite Lully et Quinault pour cet opéra-ballet.

Il apprécie qu'on l'ait représenté, au fil du spectacle, en Neptune, Mars, Apollon, Pluton, Hercule, roi triomphant qu'accompagnent les chœurs et les danseurs.

Les tambours et les trompettes, les marches militaires rappellent que c'est en l'honneur de la conquête rapide et glorieuse de la Franche-Comté que ces divertissements ont lieu.

Louis est présent à chacune des journées, riant au *Malade imaginaire* écrit par Molière qui n'est plus. Et au souvenir de l'acteur qu'il avait protégé il regarde autour de lui. Personne n'échappera à la mort ? Quand le saisira-t-elle ?

Il chasse cette pensée. Il assiste à la représentation d'*Iphi-*

*génie* donnée dans l'Orangerie, et il félicite Racine pour son œuvre.

Mais à ces jeux de scène, il préfère la transformation, par les lanternes, les bougies et les feux d'artifice, des jardins et des palais en un spectacle qui enveloppe la nature et la change en féerie.

Le 31 août, il embarque sur l'un des vaisseaux qui vont remonter le canal dans la nuit illuminée. Tout est devenu décor. Les gondoles suivent le vaisseau royal, naviguent de concert avec l'embarcation sur laquelle ont pris place les violons du roi.

Louis est assis sur un trône placé à la poupe de son vaisseau.

Il regarde les toiles qui, de place en place, décorent les rives du canal et sur lesquelles on a peint les dieux de l'Olympe.

Versailles est son Olympe.

Mais le temps des fêtes s'achève déjà. Louis quitte le château encore inachevé. Il regagne Saint-Germain et souvent il se rend au Louvre. Il y reçoit les dépêches de Condé et de Turenne.

L'un vient d'affronter les troupes de Guillaume d'Orange, près de Charleroi, à Seneffe, et la bataille a été si meurtrière qu'aucune des deux armées, la française de quarante-cinq mille hommes, la hollandaise de soixante mille, n'a occupé le terrain, l'une et l'autre comme effrayées par le massacre de milliers de soldats. Et chaque camp peut ainsi déclarer qu'il a remporté la victoire.

Il faut la proclamer, la célébrer par un *Te Deum*, féliciter Condé qui a eu trois chevaux tués sous lui en conduisant les charges.

Il faut aussi féliciter Turenne qui en Alsace réussit à repousser les Impériaux, et envahit le Palatinat.

Louis devine, en voyant le visage assombri d'Élisabeth-Charlotte, que celle-ci a appris que son pays est saccagé, que Turenne, pour se venger des paysans qui ont attaqué et tué des soldats isolés, a donné l'ordre de brûler vingt-deux villages, d'en massacrer les habitants et de détruire les récoltes.

Mais l'électeur palatin, le père d'Élisabeth-Charlotte, a eu une attitude ambiguë. Il est attiré par l'alliance avec les princes allemands contre la France, donc contre sa fille.

Alors, que Liselotte soit attristée, mécontente, qu'elle en veuille à Louvois, à Turenne, ne doit pas être pris en compte par le roi de France.

Il ne doit avoir pour seule préoccupation que l'intérêt de sa gloire et du royaume.

Et celui-ci peut toujours être à la merci d'une conspiration.

Louis regarde les papiers que Louvois vient de déposer sur la table de marbre.

Ils mettent en cause le descendant de l'une des plus nobles familles de France, les Rohan. Et Louis se souvient de ce jeune chevalier de Rohan, auquel il avait accordé de succéder à ses aïeux dans la charge de grand veneur.

Mais Rohan l'avait irrité. On disait à la Cour qu'il était « l'homme le mieux fait de son temps et de la plus grande mise ».

N'était-ce pas le roi qui aurait dû éclipser tous les autres ?

Et le chevalier avait séduit toutes les plus belles femmes de la Cour, et même la marquise de Thianges, la propre sœur d'Athénaïs de Montespan. Et celle-ci, en riant, avait laissé entendre que Rohan s'était montré fort empressé envers elle, mais qu'elle avait bien sûr résisté et qu'elle ne s'était pas, malgré son siège, rendue.

Comment oublier une telle impertinence ?

Et voici qu'en cette fin d'année 1674, son nom est là, acoquiné à celui d'un Flamand, Van den Enden, et d'un officier, Gilles de Latréaumont. Et c'est ce dernier qui a mis sur pied cette conjuration. On soulèvera la Normandie, la Bretagne et la Guyenne, provinces accablées d'impôts. On enlèvera Monseigneur, le Grand Dauphin, qui s'aventure souvent dans les forêts de Normandie pour chasser en compagnie d'un seul piqueur. Et plus tard, on pourra peut-être même enlever le roi.

Par Van den Enden on a pris contact avec les Hollandais, qui ont promis de faire croiser un vaisseau au large de la Normandie et même de débarquer des troupes afin d'aider les conspirateurs. Lorsque le Grand Dauphin sera enlevé, on le transportera à bord du navire hollandais.

Un témoin de hasard a découvert la conspiration et en a averti Louvois. Latréaumont est mort lors de son arrestation. Van den Enden et Rohan attendent leur exécution.

Louis feuillette les papiers que lui a remis Louvois. Les conspirateurs envisageaient non seulement de soulever des provinces, mais d'établir une république où la noblesse défendrait les intérêts des plus pauvres des sujets.

Folie ! Crime de lèse-majesté.

Van den Enden doit être pendu, mais faut-il gracier Rohan ?

Louis hésite. Le chevalier incarne la plus pure noblesse française. Mais il n'a pas craint de préparer la guerre civile, d'envisager de porter la main sur le Dauphin et le roi.

Louis attend. Il espère que quelqu'un osera lui demander la grâce de Rohan.

Mais tous les proches du chevalier se taisent.

Et seul Louvois répète : « Il faut faire un exemple, Sire. »

Alors Louis laisse dresser l'échafaud devant la Bastille. Et c'est le père Bourdaloue, prédicateur à la Cour, qui accompagnera le chevalier de Rohan jusqu'au billot.

Et le 27 novembre, la hache du bourreau tranche le cou de Rohan.

Il veut oublier.

Il se rend auprès de ses enfants. Il y rencontre Françoise d'Aubigné. La veuve Scarron, comme à son habitude, vante le duc du Maine, celui des enfants qu'elle préfère, et fait aussi l'éloge de Mlle de Nantes. Les enfants paraissent l'aimer, et à rester près d'eux, en compagnie de cette femme douce, Louis s'apaise.

Il est même déçu quand Athénaïs de Montespan le rejoint. La vivacité de sa maîtresse, son esprit, ses railleries, sa beauté même lui apparaissent tout à coup comme une boisson trop forte qui trouble les sens et l'âme. Et il a aussi besoin de tranquillité. Lorsque Athénaïs de Montespan le laisse à nouveau seul avec Françoise Scarron et les enfants, il éprouve une sensation de repos.

Il s'approche de Françoise Scarron, il aimerait frôler ses épaules et ses cheveux. Il lui propose de partager *médianoche* avec lui, il serait heureux de l'avoir à sa table, pour ce repas gras, pris à minuit après les jours maigres. Elle accepte en baissant les yeux, mais dit aussi qu'elle consultera l'abbé Gobelin, son directeur de conscience.

Cette femme l'attire, avec ses prudences, sa mesure, son obstination aussi à cet art de dire sans excès ce qu'elle veut, cette manière de se flatter, de se présenter sous le meilleur jour. Il devine tout cela. Ce n'est peut-être qu'une rouée mais il éprouve près d'elle la paix. Et lorsque Athénaïs de Montespan plaide pour Françoise, disant qu'il faudrait à son amie une terre, un titre, pour qu'elle se sente enfin protégée, arrachée à son passé, il est aussitôt décidé à faire un don de cent mille livres à Françoise Scarron, même s'il fait mine un temps de refuser, pour éviter qu'Athénaïs de Montespan, dont il connaît la jalousie, ne devine qu'il trouve Françoise attirante et aimable.

Enfin il accorde ce don à Françoise Scarron, et il est heureux d'apprendre qu'elle a aussitôt acheté une belle terre, noble, qui vaut dix à onze mille livres de rentes. Il s'agit du marquisat de Maintenon.

Voici donc Françoise d'Aubigné, veuve Scarron, marquise de Maintenon. Et lorsqu'il la rencontre à nouveau, à la fin du mois de décembre 1674, il peut la nommer Mme de Maintenon.

Et il la voit, rougissant de plaisir, faire une révérence pleine de reconnaissance.

## 48.

Il quitte à regret Mme de Maintenon.

Il se retourne. Il voit qu'elle ouvre les bras, se penche, enveloppe les épaules des enfants dans un geste lent et doux. Et le duc du Maine et Mlle de Nantes sourient et se pressent contre elle.

Louis s'éloigne, sort des appartements réservés, dans le château de Saint-Germain, aux enfants et à leur gouvernante.

Cette femme le rassure et le touche. Elle est pour les enfants meilleure, plus attentive que leur mère, la marquise de Montespan.

Athénaïs est d'abord une femme de fête, d'esprit et de plaisir dont la beauté rayonne.

Parfois elle le lasse, mais il ne songe pas à se séparer d'elle.

Il voudrait d'ailleurs garder autour de lui toutes celles qui l'ont aimé. Et il ne comprend pas, il s'étonne de leur dépit, de leur jalousie, bien qu'il les ait comblées.

Il a ainsi été ému aux larmes quand Louise de La Vallière est venue lui dire adieu, puisque, comme elle le désire depuis longtemps, elle se retire dans le couvent des carmélites de l'Incarnation, rue Saint-Jacques, et elle se nommera Louise de la Miséricorde.

Elle a voulu solliciter le pardon de la reine. Et Marie-Thérèse l'a serrée contre elle.

Elle a soupé chez Athénaïs de Montespan, assisté à une dernière messe, avec toute la Cour, dans la chapelle du château de Versailles, puis elle a gagné son carrosse.

Et Louis n'a pu retenir ses larmes.

C'est une part de sa vie qui tombe.

Or il veut ajouter et non pas soustraire.

Il peut faire l'amour avec la marquise de Thianges, la propre sœur d'Athénaïs de Montespan.

Il sait que bientôt, quand il le voudra, Mme de Maintenon se laissera enlacer, et il est très tenté de l'embrasser, d'entendre ses soupirs, ses remords, sa respiration haletante.

Il séduit telle ou telle jeune suivante de la reine ou d'Athénaïs. Et parfois il a l'impression que celle-ci les choisit belles et désirables pour les lui offrir. Et il lui en sait gré.

Il veut la couvrir de cadeaux, parce qu'elle n'est jamais si avenante, si empressée, si dévouée à le satisfaire, que lorsqu'elle a reçu une cassette de bijoux, ou bien qu'elle a obtenu pour le château qu'il lui a offert à Clagny de nouveaux aménagements, des tableaux, des statues, une orangeraie, et même une ferme, au fond de l'immense jardin, parce qu'Athénaïs aime à jouer quelquefois à la bergère, et même à la paysanne.

Il a lu dans l'une des lettres soustraites et recopiées par les hommes du « cabinet noir » qu'à la Cour, on nomme Athénaïs *Quanto*. Et c'est la marquise de Sévigné qui la désigne ainsi, dans ses innombrables missives.

Il a hésité à comprendre qu'il s'agissait d'Athénaïs, Mme « Combien ». Il a souri : *Quanto* ! Et il est vrai qu'elle aime jouer au jeu de cartes italien la *quantova* et que, presque chaque soir, il lui ouvre sa bourse afin qu'elle rembourse ses dettes.

Elle a obtenu pour son frère, le duc de Vivonne, le titre et les avantages de capitaine général des galères. Le marquis de Thianges a été, lui, élevé au grade de lieutenant dans la cavalerie royale, pour le remercier de sa complaisance. Et ce soir-là, la marquise de Thianges a été on ne peut plus douce.

La dernière des sœurs de Rochechouart de Mortemart, Marie-Madeleine, peut-être la plus belle des trois, est abbesse de Fontevrault.

Un grand roi doit être généreux avec celles et ceux qui le servent. Et la famille de Rochechouart de Mortemart lui est dévouée. Alors il faut satisfaire Athénaïs de Montespan.

Il écrit à Colbert de préparer pour elle un coffret contenant des bijoux qu'elle pourrait utiliser à sa guise.

« Il y aura dans cette cassette un collier de perles que je veux qui soit beau, deux paires de pendants d'oreilles, l'une de diamants que je veux qui soient beaux et une de toutes pierres ; une boîte et des attaches de diamants, une boîte et des attaches de toutes pierres dont les pierres se pourront lever à toutes deux ; il faut avoir des pierres de toutes couleurs pour en pouvoir changer ; il faut aussi une paire de pendants d'oreilles et de perles. Il faut aussi quatre douzaines de boutons dont on changera les pierres du milieu ; le tout étant de petits diamants, tout ira bien dessus... »

Il sait qu'Athénaïs aime les bijoux, et il veut être précis afin de la satisfaire.

Il se rend plusieurs fois avec elle à Clagny, pour surveiller les travaux d'un jeune architecte, Hardouin-Mansart, qui embellit le château d'Athénaïs. Le jardin sera dessiné par Le Nôtre.

Louis dit à Colbert :

— Mme de Montespan a grande envie que le jardin soit en état d'être planté cet automne. Faites tout ce qui sera nécessaire pour qu'elle ait cette satisfaction.

Il veut voir lui-même le bois d'orangers dans de grandes caisses, les roses, les jasmins, les œillets, et le petit bois sombre, laissé par Le Nôtre, comme un peu de mystère dans un ordonnancement réglé.

Il se rend à la ferme qui a coûté deux mille écus, et il se

réjouit de l'enthousiasme d'Athénaïs, qui admire tourterelles et truies grasses et propres, vaches pleines et moutons enrubannés !

Tout cela est fort cher il est vrai : 23 738 livres pour les arbres fruitiers.

— La dépense est excessive, dit-il à Colbert, et je vois là que pour me plaire, rien ne vous est impossible.

Et il faut aussi que Colbert trouve des ressources « extraordinaires » pour financer la guerre qui continue. Il faut armer les régiments de Turenne qui en Alsace poursuit les troupes impériales et remporte la victoire de Turckheim, puis franchit le Rhin.

Grande gloire, mais qui ne s'obtient que si les coffres sont pleins.

Il approuve Colbert qui rétablit des taxes sur le papier timbré et rend plus rigoureux le paiement de tous les impôts.

Les seigneurs font de même parce que le prix des denrées augmente, que leurs dépenses s'accroissent, qu'ils lèvent des compagnies pour participer à la guerre du roi, veulent paraître à la Cour, et, dans les châteaux, eux aussi désirent offrir des fêtes comme à Saint-Germain ou à Versailles.

Et Louis sur la table de marbre voit s'entasser les requêtes :

« Tout le peuple, pressé par la misère et par la nécessité, supplie Sa Majesté de le regarder d'un œil de compassion et de le soulager. »

Il lit une lettre que Bossuet lui adresse, et qui évoque :

« [...] Henri IV, votre aïeul qui par sa bonté ingénieuse et persévérante a cherché les remèdes aux maux de l'État, a trouvé le moyen de rendre les peuples plus heureux et de leur faire sentir et avouer leur bonheur. »

Tout cela est bel et bon, mais d'abord l'ordre !

Et par milliers les paysans bretons, les « bonnets rouges », saccagent et brûlent les châteaux, refusent d'obéir au gouverneur de Bretagne, le duc de Chaulnes.

Ils forment une armée de plus de vingt mille hommes guidés par un notaire, Sébastien le Balp.

Ils brandissent des faux, des fourches et des lames manchées. Ils pillent.

Des émeutiers parcourent même les rues de Rennes, s'en prennent à Mme la duchesse de Chaulnes.

Et parmi les rapports des espions de Louvois, Louis lit ceux qui indiquent qu'en Allemagne et dans les Provinces-Unies on se félicite de la révolte bretonne. On songe à envoyer des troupes soutenir les « bonnets rouges ». Une flotte hollandaise doit même débarquer des envoyés de Guillaume d'Orange à Quimperlé, à charge pour eux de proposer des armes, une alliance aux paysans révoltés.

Il n'y a qu'un seul choix, celui que propose Louvois et que Louis martèle, dicte :

— C'est dans le sang qu'il faut noyer l'émeute.

Les troupes entrent dans Rennes, les mèches de leurs fusils allumées.

On arrête. On massacre. On viole. On condamne à la roue, à la corde, aux galères. Les paysans s'agenouillent, répètent « *mea culpa* », implorent la pitié, la grâce.

Des soldats logent chez l'habitant, défenestrent ceux qui s'opposent à eux, volent, souillent, brisent, violent, frappent et tuent.

Les rebelles qui criaient dans les villes et les campagnes bretonnes « *Torr e benn* », « Casse-lui la tête », se soumettent. Et ce sont les crânes de ces « torreben » qu'on fracasse.

« Ils sont maintenant souples comme un gant car on en a pendu et roué une quantité », lit Louis dans un des rapports. Et le duc de Chaulnes ajoute :

« Je ne puis vous exprimer, Sire, quels ravages font les troupes. Cette province est traitée comme un pays ennemi.

Les arbres commencent à se pencher sur les grands chemins, du côté de Quimperlé, du poids qu'on leur donne. »

Et les oiseaux picorent les yeux des pendus.

Mais les sujets auront appris à obéir, et ne rédigeront plus des « codes paysans » supprimant les impôts, ordonnant de pourchasser la « gabelle et ses enfants », et de tirer sur elle comme sur un chien enragé !

C'est au roi, et à ses ministres, de décider ce qui est nécessaire au royaume.

Et puisque les paysans demandent grâce, que des centaines ont été roués, et qu'une grande « penderie » a eu lieu en toute la Bretagne, le temps de la clémence est venu.

Louis décide d'amnistier les rebelles, à l'exception des meneurs.

Mais que partout l'impôt soit levé, et qu'on punisse avec la rigueur de la roue, de la potence et de la chiourme ceux qui tentent de s'y dérober.

L'impôt est dû au roi et qui s'y oppose commet le crime de lèse-majesté.

# 49.

Il est assis dans la chapelle du château de Saint-Germain.

Il écoute le prédicateur. Ce prêtre est-il vraiment l'interprète de la volonté de Dieu ?

Sait-il, cet homme d'Église, qu'il paraît donner raison aux « bonnets rouges » de Bretagne, lorsqu'il dit :

« Riches, portez le fardeau du pauvre, soulagez sa nécessité, aidez-le à soutenir les afflictions sous le poids desquelles il gémit » ?

Ce prélat, ce Bossuet, ignore-t-il que des curés marchaient aux côtés des paysans révoltés ? Que des évêchés et des couvents ont été envahis ! Et que peut-être ce sont des curés et quelques notaires qui ont rédigé ces « codes paysans », qui condamnaient, comme Bossuet le fait, cette « étrange inégalité ».

Louis, immobile, les yeux levés vers le prédicateur, s'interroge.

Bossuet lance :

— Pourquoi cet homme si fortuné vivra-t-il dans une telle abondance et pourra-t-il contenter jusqu'aux désirs les plus inutiles d'une curiosité étudiée pendant que ce misérable, homme toutefois aussi bien que lui, ne pourra soutenir sa pauvre famille, ni soulager la faim qui le presse ?

Ne sont-ce pas là paroles empoisonnées, ferments de rébellion ?

Mais ce sont pourtant mots d'Église, pensées des hommes de Dieu, que confirment les lettres déchiffrées dans le cabinet noir et qui disent :

« Il y a dix ou douze mille hommes de guerre en Bretagne, qui vivent comme s'ils étaient encore au-delà du Rhin. Nous sommes tous ruinés. »

Et c'est la marquise de Sévigné qui l'écrit !

Louis sent le doute le gagner.

Il a l'impression d'être harcelé, assiégé par ces prêtres, ces confesseurs, ces prédicateurs, ces directeurs de conscience, ces dévots.

L'un, le père Mascaron, au lieu de remercier Dieu pour les victoires de Turenne en Alsace et sur le Rhin, ou de louer le Seigneur d'avoir protégé et conduit les armées du roi à la victoire, en Flandre, à Dinan, à Huy et à Limbourg, s'est écrié :

« Un héros n'est qu'un voleur qui fait à la tête d'une armée ce que les larrons font tout seuls. »

Il semble à Louis que de tels propos annoncent, attirent le malheur.

Voici le premier.

Un boulet fauche, à Salzbach, sur la rive droite du Rhin, M. de Turenne.

Punition de Dieu ?

« Nous avons perdu le père de la patrie », dit Louis en entrant dans le salon du château de Versailles, où l'on dresse les tables pour le souper.

Il veut, dit-il, que Turenne soit enseveli, comme l'avait été le connétable du Guesclin, dans la basilique de Saint-Denis, aux côtés des rois que l'un et l'autre ont servi.

Il est au premier rang lors des funérailles majestueuses. Les tambours voilés de crêpe battent et les soldats, le fusil renversé, pleurent. Le cénotaphe est une tour, au centre de laquelle est placé le cercueil de Turenne. Et veillent sur lui les statues qui représentent les qualités et les actions du héros, la piété, la fidélité au roi et la bravoure militaire.

Louis s'incline devant le cercueil de cet homme qui l'a si bien servi et a illuminé sa gloire.

Mais alors, pourquoi ces paroles des prédicateurs, ces condamnations des actes du roi, qu'on loue par ailleurs ?

Il a parfois envie de s'écrier comme Suréna, ce général romain auquel Corneille prête sa voix : « Mon vrai crime est ma gloire ! »

Il lui semble qu'on cherche à le contraindre, à le réduire, à le faire renoncer à ses désirs, à ses plaisirs, à sa gloire.

Il voit s'avancer, furie aux bras levés, à la voix aiguë, Athénaïs de Montespan qui s'indigne, raconte que le curé de Versailles, le père Lécuyer, a refusé après la confession de lui donner l'absolution, lançant :

« Est-ce cette Mme de Montespan qui scandalise toute la France ? »

L'homme d'église a ajouté, avant de quitter le confessionnal :

— Allez, madame, cessez donc vos scandales et vous viendrez vous jeter aux pieds des ministres de Jésus-Christ !

Cela est-il possible ? Cela est-il conforme aux règles de l'Église ?

Refuser l'absolution, même à une pécheresse, est-ce admissible ?

Louis tente de calmer, de rassurer Athénaïs. Mais il se sent lui-même inquiet, ébranlé.

Il interroge Bossuet.

Le prélat, il le sait, est du parti dévot, un ami de Mme de Maintenon. Mais c'est un homme de foi vibrante, et il dit ce qu'il croit être la loi de Dieu.

Et voici qu'il prononce un sermon sur l'adultère, condamnant ce commerce impie des chairs.

Louis s'efforce de paraître impassible, mais chaque mot prononcé par Bossuet l'inquiète, le blesse.

— Je ne vous demande pas, Sire, ajoute Bossuet, que vous éteigniez en un instant une flamme si violente, ce serait vous demander l'impossible, mais, Sire, essayez petit à petit de la faire diminuer, prenez garde à ne pas l'entretenir.

Faudrait-il qu'un jour il renonce à Athénaïs ? Il en tremble d'émotion. Il apprend qu'Athénaïs, après des cris et des larmes, des affrontements avec Bossuet, a quitté Versailles et s'est réfugiée dans son château de Clagny.

Il découvre dans les lettres saisies par les hommes de Louvois qu'avec avidité les courtisans spectateurs de ces scènes les décrivent, les commentent :

« Le roi et Mme de Montespan s'aimant plus que la vie se sont quittés purement par principe de religion. On dit que la marquise retournera à la Cour sans être logée au château, et sans voir jamais le roi que chez la reine. »

Mais Louis veut la voir.

Il se rend au château de Clagny. Il entre dans ce cabinet vitré, sous l'œil des courtisans les plus pieux qui doivent surveiller la rencontre, veiller à ce que les mains, les corps ne se frôlent pas.

Louis est ému aux larmes, tendu.

Il doit partir pour prendre la tête des troupes en Flandre, et il souffre de ne pouvoir, comme il l'avait toujours fait, demander aux dames de l'accompagner.

Il a consulté Bossuet.

Il comprend que celui-ci veut écarter définitivement Athénaïs.

— Songez, Sire, dit Bossuet, que vous ne pouvez être véritablement converti si vous ne travaillez pas à ôter de votre cœur non seulement le péché mais la cause qui y porte.

Louis ne répond pas. Il ne veut pas se séparer d'Athénaïs.

Mais si Dieu punissait le royaume pour les écarts du roi ? insiste Bossuet.

— La haute profession que Votre Majesté a faite de vouloir changer sa vie, reprend Bossuet, a rempli ses peuples d'espoir et de consolation. Elle les persuade que Votre Majesté se donnant à Dieu se rendra plus que jamais attentive à l'étroite obligation qu'il vous impose de veiller à leur misère, et c'est de là qu'ils espèrent le soulagement dont ils ont besoin extrême.

Pour terrasser l'ennemi hollandais, pour assurer la prospérité des sujets du royaume, faut-il qu'il se prive d'Athénaïs de Montespan ?

Depuis qu'il est séparé d'elle, elle lui manque davantage.

La guerre elle-même, le siège des villes hollandaises, les chevauchées périlleuses sous leurs murailles ne le distraient pas de ces questions.

Il veut qu'un courrier, chaque jour, lui apporte des nouvelles de Versailles, et surtout du château de Clagny.

Il apprend que la reine et toutes les dames de la Cour se sont rendues au château d'Athénaïs de Montespan. Que tous ceux qui l'ont vue ne l'ont jamais trouvée aussi épanouie, aussi sûre d'elle-même, aussi belle.

On répète que puisque les deux amants se sont séparés et ont décidé de ne plus pécher, pourquoi faudrait-il qu'ils ne se voient plus ? Pourquoi Athénaïs de Montespan devraitelle être exclue de la Cour ?

« Par sa naissance, et par sa charge, elle doit y être, elle y peut vivre aussi chrétiennement qu'ailleurs », affirment des courtisans.

Il est impatient de la revoir.

Il pense à respecter ses vœux et il dit à son confesseur, le père de La Chaise, qu'il « ne fera que ce qui est juste ».

Mais ce qui est juste pour un roi, n'est-ce pas son bon vouloir ?

# 50.

Il tente encore de résister à ce besoin qu'il a de revoir Athénaïs de Montespan.

Il veut se convaincre que Bossuet et les dévots ont raison de le mettre en garde contre ce désir adultère qui attire sur le royaume les foudres de Dieu.

Il est sensible aux confidences de Mme de Maintenon.

Elle chuchote, elle dit qu'elle doit quitter la Cour, parce que le duc du Maine, « le fils de Votre Majesté, cet enfant chéri » est malade, qu'elle veut le conduire à Barèges, dans les Pyrénées, afin qu'il se rétablisse. Elle invoque Dieu Tout-Puissant. Puis, au moment de se retirer, comme une confession qui s'impose, elle ajoute :

— Mme de Montespan et moi avons eu aujourd'hui une contestation fort vive et comme je suis la parfaite souffrante, j'ai beaucoup pleuré... Je vous avoue, Sire, que j'ai bien de la peine à demeurer dans un état où j'aurais tous les jours de ces aventures-là et qu'il me serait bien doux de me mettre en liberté. J'ai eu mille fois envie de me faire religieuse... Je ne saurais comprendre que la volonté de Dieu soit que je souffre de Mme de Montespan. Elle est incapable d'amitié et je ne puis m'en passer ; elle ne saurait trouver en moi les oppositions qu'elle y trouve sans me haïr.

Il écoute.

Elle ne veut que le bien des enfants du roi, le duc du Maine et Mlle de Nantes, et que deviendraient-ils si elle les abandonnait et si Dieu leur retirait sa protection, puisqu'ils sont les preuves vivantes du double adultère ?

Il craint cela.

Il rassure Mme de Maintenon. Il empêchera Mme de Montespan de lui nuire, de la persécuter.

Mais il suffit de quelques jours pour qu'il découvre que la situation s'est renversée, et qu'après le retour de Mme de Maintenon de Barèges, avec le duc du Maine, guéri, resplendissant de santé, on se persuade à la Cour qu'elle l'a emporté sur Mme de Montespan.

Il lit, dans ces missives subtilisées qui lui dévoilent l'âme des courtisans, que l'on assure que « Mme de Maintenon a triomphé de la *Quanto*. Tout est comme soumis à son empire. Toutes les femmes de chambre de sa voisine sont à elle. L'une lui tient le pot à pâte à genoux devant elle, l'autre lui apporte ses gants, l'autre l'endort. Elle ne salue personne et je crois que, dans son cœur, elle rit bien de cette servitude ».

Il n'a pas voulu cela. Et tous ces murmures le poussent à renouer avec Athénaïs.

Mais il a peur de la vengeance de Dieu.

Il s'est rendu à la basilique de Saint-Denis, aux funérailles du duc de Valois, le fils de Philippe d'Orléans et de Mme la Palatine.

Autant Monsieur paraît indifférent, fardé comme à l'accoutumée, autant Élisabeth-Charlotte est affectée.

Il s'approche d'elle :

— Je ne crois pas, murmure-t-elle, qu'on puisse mourir d'un chagrin excessif car si c'était le cas je ne serais plus là. Ce que j'ai souffert ne se peut décrire. Si Dieu tout-puissant n'accorde pas sa protection spéciale à l'enfant dont je suis à présent enceinte, j'aurai une bien mauvaise opinion de sa vie et de sa santé, car il est impossible qu'il n'ait pas ressenti lui aussi quelque chose de ma souffrance interne.

On porte les entrailles du duc de Valois aux Grands-Augustins, et son cœur au Val-de-Grâce.

Comment ne pas craindre Dieu ?

Et comment ne pas céder au désir ?

Louis va d'une suivante à l'autre, amours rapides qui le laissent insatisfait.

Et ce vide, cette frustration qu'il ressent, il tente de les combler en engloutissant les mets les plus divers, comme s'il voulait étouffer ses désirs sous les victuailles.

Mais il mange sans jamais pouvoir calmer son appétit.

Il veut que l'on place dans sa chambre un « en-cas de nuit » composé de trois miches de pain, de trois plats de viande froide, de deux bouteilles de vin et d'une carafe d'eau.

Il se lève souvent, dévore, exige qu'on lui apporte de nouveaux plats, ou bien il trempe des biscuits dans ce vin de Bourgogne qu'il préfère à tous les autres.

Il jette des morceaux de viande à ses sept ou huit chiens de chasse, qui couchent dans ses appartements et qu'il aime nourrir.

Il attend avec impatience, après avoir souvent chevauché toute une partie de la matinée, le moment où il va s'attabler pour le dîner. Il avale quatre assiettes de soupe. Il prend à pleins doigts la chair du faisan, de la perdrix, du mouton à l'ail, il déguste le jambon, accompagné de salade et d'œufs durs, puis viennent les pâtisseries et les fruits. Il espère le souper aussi copieux, suivi souvent de médianoche, où l'on célèbre en mangeant gras la fin des repas des jours maigres.

Il éprouve à plonger ses doigts dans les plats, à dévorer cette nourriture avec avidité un plaisir de tout le corps et un apaisement de l'âme, une sorte d'engourdissement.

Il se lève de table alourdi, fait quelques pas dans les jardins de Saint-Germain ou de Versailles, s'en va jusqu'à la serre, là où poussent les arbres fruitiers exotiques, ou bien il admire les chapons, et parfois il en désigne quelques-uns pour le souper.

Puis il rentre lentement, pressé par le besoin de vider son ventre. Et il s'y essaie plusieurs fois par jour, souvent en vain, et il se sent pesant, encombré, restant assis plus d'une heure sur sa chaise percée.

Il veut pouvoir jouir de ces plaisirs de bouche en Flandre, quand il met le siège devant Condé, et qu'il chevauche sur le parapet des tranchées entouré de la Compagnie des grenadiers à cheval dont il vient de décider la création, et qui est constituée des meilleurs soldats de chaque régiment.

Il s'irrite de la présence à ses côtés de son frère.

Philippe d'Orléans a souvent chargé, avec une indifférence au danger qui lui a valu les acclamations de la troupe. Il a pris la ville de Bouchain, et on a crié : « Vive le roi et Monsieur qui a gagné la bataille ! »

Louis a l'impression que son frère lui arrache, lui vole la gloire qui n'appartient qu'au roi.

Que Philippe rentre à Saint-Cloud ! Qu'il soit auprès de son épouse, puisque la Palatine est grosse, et qu'elle doit accoucher bientôt.

La guerre et la victoire sont les affaires exclusives du roi.

Louis doit prendre conseil des maréchaux et de Louvois, mais c'est lui qui décide et lui seul qu'on couronne des lauriers de la gloire.

Elle semble là, cette couronne, à portée de main.

L'armée de Guillaume d'Orange, inférieure en nombre, est au bout de la plaine d'Heurtebise. Faut-il l'attaquer frontalement, ou au contraire éviter la bataille ?

Louis est à cheval. Il caracole, entouré de ses maréchaux, de Louvois, des officiers, tous à cheval.

— Messieurs, j'attends vos avis, que devons-nous faire?

Louvois tire sur les rênes de son cheval qui se cabre.

— Pas de bataille, Sire, dit-il.

Tous les maréchaux aussitôt l'approuvent, à l'exception du neveu de Turenne, le maréchal de Lorges.

— Il faut la livrer, répète Lorges. Guillaume d'Orange sera à merci.

Louis dévisage les uns et les autres.

La voix de Lorges est la seule qui fasse écho à ce qu'il pense.

Il fait tourner son cheval qui piaffe puis revient vers ses maréchaux.

— Je fais le sacrifice de mes désirs à ce qui est à l'avantage de l'État, dit-il.

Il maugrée.

Être roi, ce n'est pas renoncer à ce que l'on désire. Mais choisir entre ses plaisirs.

Il quitte l'armée, rentre au château de Saint-Germain. On lui a dit qu'Athénaïs était plus rayonnante et plus belle que jamais, plus jeune même, comme si d'avoir vécu loin de la Cour, privée de l'amour, lui avait rendu la grâce de la virginité. Enfin elle apparaît, à l'entrée du grand salon du château où est rassemblée toute la Cour, et tout à coup il s'élance, courant presque vers elle, prêt à la serrer contre lui, y renonçant au dernier instant, parce qu'un roi doit être capable de se maîtriser. Mais il dit, d'une voix forte, pour que chacun l'entende, qu'il se rendra avec Mme la marquise de Montespan à Versailles, puis qu'il visitera avec elle son château de Clagny.

Et que les dévots se lamentent! Qu'ils demandent à des saintes dames de veiller à Versailles et à Clagny à ce que le roi et Mme de Montespan n'aient que des entrevues de pure amitié.

Peu lui importe !

Il ne veut plus se contenter de ce vis-à-vis courtois.

À Clagny, les larmes lui viennent aux yeux quand il est en face d'Athénaïs de Montespan.

Elle pleure aussi.

Et il murmure qu'il est fou, qu'il l'aime.

Il lui prend la main. Et tous deux, après une révérence aux saintes chaperonnes, se retirent dans les appartements d'Athénaïs.

Enfin ce corps qui s'abandonne, la joie qui revient. L'énergie qui l'envahit.

Il a le sentiment que la contrainte, la pénitence, le renoncement au plaisir que les dévots lui ont conseillés, qu'il a acceptés, l'affaiblissaient.

Comment Dieu pourrait-il souhaiter que le Roi Très Chrétien ne soit plus aussi grand qu'il peut, qu'il doit l'être ?

Un roi doit être un homme satisfait s'il veut bien gouverner son royaume.

## 51.

Il est épanoui, comme il ne l'a jamais été.

Il parcourt auprès d'Athénaïs de Montespan les pièces du château de Versailles qui peu à peu s'étend, puis il gagne les appartements d'Athénaïs au château de Clagny.

Trois fois par semaine, il réunit les courtisans, à l'occasion de ce qu'on appelle à la Cour l'« appartement ».

À partir de trois heures de l'après-midi, les courtisans déambulent dans les sept grandes pièces des appartements du roi.

Il a l'impression que la Cour est au diapason de son humeur joyeuse. Il voit Mme de Maintenon converser aimablement avec Mme de Thianges, puis sourire aux jeux d'esprit d'Athénaïs de Montespan.

Il passe entre les tables de jeu que l'on a dressées.

Il aperçoit la reine, passionnée par les cartes comme à son habitude et perdant de grosses sommes puisqu'elle ne connaît même pas les règles de la partie. À une autre table, c'est Athénaïs qui joue, sans plus de succès.

La reine puisera dans sa cassette. Mais c'est lui qui paiera les dettes de celle qu'on appelle la maîtresse régnante.

Parfois il s'absente, se retire dans l'antichambre, y lit quelques lettres déposées sur la table de marbre, dicte des réponses.

Il est favorable à ce que l'on continue les pourparlers engagés à Nimègue et qui, peut-être, aboutiront à la paix avec les Provinces-Unies, l'Espagne et les électeurs allemands.

Il reçoit une longue missive de l'amiral Duquesne qui raconte les batailles qu'il a livrées victorieusement au large de la Sicile contre les Espagnols et les Hollandais.

« Cette mer est désormais la vôtre, Sire », écrit-il.

Louis a un sentiment de plénitude. Dieu veille sur lui et sur le royaume. Et les dévots se trompent sur les intentions du Tout-Puissant.

Louis retourne dans le grand salon.

On y joue toujours un jeu d'enfer. Mais il invite Athénaïs à le rejoindre, à monter à ses côtés en calèche, en compagnie de Monsieur le duc d'Orléans et de Mme de Thianges. Toute la Cour suit, les voitures formant un long cortège qui parcourt les jardins de Versailles jusqu'au canal.

On embarque sur des gondoles et des vaisseaux, les violons agrémentent la promenade, puis on rentre au château. On joue ou l'on assiste à une représentation, avant de s'attabler, pour médianoche.

Ensuite Louis gagne ses appartements et de là ceux d'Athénaïs.

Plus tard il ira s'allonger au côté de la reine.

Il lui semble qu'il n'y a pas de limites à son désir, comme il n'y a pas de fin à son appétit.

Il dévore les mets et les femmes.

Il sait par les lettres saisies qu'à la Cour on dit que « l'on sent la chair fraîche dans le pays de *Quanto* ». Et il est vrai qu'Athénaïs de Montespan, maintenant qu'elle règne à nouveau, est entourée de jeunes femmes, Marie Élisabeth de Ludres, Mlle des Œillets, Mlle de Grancey, la princesse de Soubise, et la princesse Catherine Charlotte de Monaco, surintendante de la Maison de Madame et qui a proposé à celle-ci de l'initier aux plaisirs de Lesbos, mais la Palatine a refusé.

Comment ne pas être tenté, quand il suffit d'un signe pour que ces jeunes beautés se livrent ?

Et Louis les prend et les dévore, même s'il se méfie de leurs confidences qu'on lui rapporte.

L'une, la princesse de Monaco, a dit que « sa puissance est grande mais son sceptre tout petit ».

L'autre – la princesse de Soubise –, selon les propos d'Athénaïs, est « une belle pomme gâtée en dedans ».

Il entend Athénaïs. Elle parle d'une voix badine, mais elle détruit toutes ses rivales. Elle se moque de Mme de Ludres, dont le corps se serait couvert de dartres.

Il mesure la jalousie, les craintes de sa maîtresse régnante. Et cela ne lui déplaît point. La gloire d'un roi tient aussi à la beauté, à la noblesse, à l'esprit de la jeunesse et à la jalousie des femmes qu'il conquiert.

N'est-il pas, à l'égal d'Apollon, le Roi-Soleil ?

Et il n'est pas mécontent quand il apprend par les espions du lieutenant général de police que l'on colporte, à Paris, ce poème :

*La Vallière était du commun*
*La Montespan était la noblesse*
*La Ludres était chanoinesse*
*Toutes trois ne sont que pour un*
*C'est le plus grand des potentats*
*Qui veut rassembler les États.*

Mais quand il voit s'avancer Athénaïs de Montespan, dans l'un de ces déshabillés, ou des transparents ornés de falbalas de dentelles, ces modes qu'elle a lancées, il est flatté par sa prestance. Et quand elle revêt sa robe tout entière cousue d'or, elle l'éblouit.

Athénaïs de Montespan est la plus solaire, la plus glorieuse des femmes du royaume.

## 52.

Et si Athénaïs de Montespan était aussi une menace ?

Seul, accoudé à la table de marbre, il veut chasser cette pensée. Mais elle revient et le tourmente.

Athénaïs dans sa robe d'or resplendit tel un joyau enchâssé dans une étoffe divine.

Mais il ne veut pas être aveuglé, entraîné dans les querelles qui opposent Athénaïs à Mme de Maintenon.

L'une souvent accable l'autre. Mme de Maintenon laisse entendre qu'elle songe à quitter la Cour pour échapper à la vindicte d'Athénaïs, jalouse des attentions du roi pour la gouvernante de ses enfants.

Louis soupire. Il feuillette ces lettres, ces rapports, que Louvois, Colbert ou le lieutenant général de police La Reynie lui remettent pour qu'il en prenne connaissance.

Il y a cette missive de l'abbé Gobelin, le confesseur de Mme de Maintenon, qui lui conseille de demeurer à la Cour, auprès du roi :

« Soyez indifférente à ce qui peut vous contrarier, écrit l'abbé, oubliez ce qui trouble votre repos, cherchez Dieu dans tout ce que vous faites mais au nom de Dieu ne partez sous aucun prétexte. Accrochez-vous. »

Louis relit.

Il a le sentiment qu'on veut une nouvelle fois l'entraver,

et que Mme de Maintenon, la bonne, la douce, est l'instrument des dévots, scandalisés, comme ils disent, que le roi prenne toutes les femmes, pourvu qu'elles se donnent et fassent mine d'être amoureuses de lui !

Louis se sent las.

Il doit aussi subir les sautes d'humeur d'Athénaïs, tout à coup violente et criarde, jalouse de telle ou telle de ces jeunes femmes que pourtant elle lui présente et lui offre. Puis elle s'en repent, elle s'enferme, craignant d'être supplantée, annonçant qu'elle est une nouvelle fois enceinte, dévoilant la violence de son caractère, grimaçant, cessant d'être cette femme souriante et souveraine.

Ces scènes lassent Louis.

Il se détourne et s'éloigne. Il sent monter en lui un mépris mêlé d'indifférence. Il devine qu'un jour il n'aimera plus Athénaïs de Montespan, et cela le rassure et l'attriste.

À cet instant Athénaïs, comme si elle percevait ce qu'il ressent, cesse aussitôt de récriminer. Elle redevient séductrice, rayonnante, provocante et soumise.

Elle est prête à lui faire découvrir la beauté de telle ou telle de ses suivantes, ou bien l'incite à céder aux roueries de cette gracile rousse, la princesse de Soubise.

Naturellement il succombe.

Un corps jeune et nouveau, cela ne se refuse pas. Mais quand il retrouve Athénaïs de Montespan, elle lui semble un fruit savoureux mais un peu blet déjà, et il est amusé et irrité quand il apprend qu'on fait des chansons, à Paris, sur Louise de La Vallière et sur Athénaïs, se moquant de

*L'une boite et marche en cane*
*L'autre forte et rubicane*
*L'une est maigre au dernier point*
*L'autre crève d'embonpoint.*

Mais La Vallière est devenue carmélite et n'est plus que Louise de la Miséricorde.

Il n'imagine pas Athénaïs de Montespan quittant la Cour sans livrer bataille. Elle n'a aucune des faiblesses de Louise de La Vallière. C'est une Rochechouart de Mortemart.

Serait-elle capable, dans un moment où se mêleraient en elle la colère et le désespoir, la vanité blessée et la déception, de lui administrer des philtres, des mixtures, des poisons dont on murmure que les dames de qualité usent avec leurs amants quand elles veulent les retenir ou rompre avec eux ?

Il se refuse à concevoir cela.

Et cependant il commence à lire, avec une curiosité inquiète, les dizaines de feuillets retenus ensemble par un cordon noir.

Il se souvient de cette marquise de Brinvilliers que l'on avait reconnue coupable de l'empoisonnement de ses frères et de son père, et qui, condamnée à mort, avait réussi à fuir, il y a trois ans, en Angleterre puis aux Pays-Bas.

Mais des hommes de Louvois ont réussi, à l'occasion des opérations militaires qui se déroulaient à proximité de Liège, à pénétrer dans la ville, à se saisir de Mme de Brinvilliers dans le couvent où elle se terrait et à l'enfourner dans une voiture qui, bien gardée, l'a conduite à Paris, où on l'a enfermée à la prison du Châtelet.

Elle a durant le trajet tenté de se suicider, cherchant à s'empaler, à avaler des épingles ou des morceaux de verre. Puis, prisonnière, elle s'est refusée à avouer ses crimes, et ce n'est qu'un homme de Dieu, le père Edmond Pirot, qui a réussi à lui faire reconnaître sa culpabilité.

Louis lit, fasciné, cette confession.

La marquise de Brinvilliers admet les meurtres de son père et de ses frères, sa tentative pour empoisonner aussi sa sœur. Elle livre ses complices, décrit les poisons qu'ils préparaient et dont elle usa.

Ils avaient composé des mixtures dans lesquelles ils mêlaient arsenic, vitriol et venins de serpent et de crapaud.

Elle a déclaré, après être ainsi passée aux aveux :

— La moitié des gens de condition en ont aussi. Et je les perdrais si je voulais parler.

Louis, après ces mots, interrompt un long moment sa lecture.

Il se souvient des rumeurs d'empoisonnement qui ont, à plusieurs reprises, fait bruire toute la Cour.

À chaque mort, à chaque maladie, on a prétendu que la victime avait été empoisonnée. Et quand les autopsies ont conclu à l'absence de trace, on a rétorqué que ces poisons brûlent les chairs comme des maladies sans qu'on puisse relever des preuves de leur présence.

Ainsi serait morte Henriette, première épouse de Monsieur, assassinée sans doute par les mignons du duc d'Orléans.

On a murmuré que les plus illustres des dames se rendent auprès des devineresses, de ces femmes diaboliques associées à des alchimistes. Qu'elles s'y font lire l'avenir, ou bien qu'elles assistent à des messes noires, et passent commande de philtres pour susciter l'amour d'un homme qu'elles souhaitent séduire, ou bien se font préparer des boissons pour se débarrasser de gêneurs ou de rivales.

Louis recommence à lire.

Les aveux de Mme de Brinvilliers accréditent ces rumeurs auxquelles il n'avait pas prêté foi.

Et s'il était, lui aussi, soumis aux manœuvres des femmes ?

Peut-être l'une d'elles a-t-elle cherché à le rendre aimant ? À le retenir ? En même temps il lui semble que Dieu le protège et ne pourrait laisser s'accomplir un crime contre lui. Il est le roi. Et les empoisonneuses sont arrêtées, châtiées.

La marquise de Brinvilliers a subi le supplice de l'eau, puis, pieds nus, vêtue d'une simple chemise de toile, les cheveux dénoués, la corde au cou, portant une lourde torche, elle a été conduite en tombereau jusqu'au parvis de Notre-Dame.

Elle s'y est agenouillée, demandant pardon à Dieu et au roi. Puis elle a été menée en place de Grève. La foule s'y pressait. Le bourreau a levé sa hache et lui a tranché la tête.

Dans une lettre de Mme de Sévigné, saisie, recopiée et jointe aux feuillets, Louis lit :

« Enfin c'en est fait, la Brinvilliers est en l'air : son pauvre petit corps a été jeté, après l'exécution, en un fort grand feu et les cendres au vent ; de sorte que nous la respirerons et, par la communication des petits esprits, il nous prendra quelque humeur empoisonnante dont nous serons tous étonnés. »

Louis frissonne.

Il lui revient que dans l'une de ses lettres, Élisabeth-Charlotte, cette Palatine dont il apprécie la sincérité brutale, a écrit :

« La marquise de Montespan est le diable incarné. »

## 53.

Il se redresse.

Il repousse d'un mouvement brusque les copies des lettres et les rapports de police.

Il appelle ses chiens.

Il va chasser, chevaucher, courir le cerf et le sanglier.

Il veut oublier les cendres répandues de la marquise de Brinvilliers, et ces rumeurs qui font des dames de la Cour des empoisonneuses et d'Athénaïs de Montespan une menace.

Il n'est pas un quelconque mortel qu'un philtre d'amour suffit à retenir auprès d'une femme.

Laquelle oserait user avec lui de sortilèges, de messes noires, de drogues ou de poisons ?

Il n'est pas un quelconque mortel mais le Roi Très Chrétien du royaume de France, que tous respectent, craignent et admirent, dont les flottes et les armées remportent partout la victoire.

Les navires hollandais brûlent au large de la Sicile ou de l'île de Tabago. Les places de Valenciennes, de Cambrai et de Saint-Omer ont été conquises.

Il se souvient de la foule qui l'accueillit, respectueuse et effrayée, lorsque, entouré de ses maréchaux, escorté de ses mousquetaires et de ses grenadiers, il est entré dans Cambrai. L'évêque de la ville l'attendait sur le parvis de la cathédrale, puis il a célébré en son honneur un *Te Deum* de victoire.

Et au mont Cassel, son armée a défait celle de Guillaume d'Orange. Et c'est son propre frère qui a mené les charges successives, pleines de bravoure et de réussite. Et une nouvelle fois on a crié : « Vive le roi et Monsieur qui a gagné la bataille ! »

Une fois de trop. Et il a renvoyé son frère auprès de ses mignons et d'Élisabeth-Charlotte, la Palatine.

Tous doivent s'en souvenir : il ne peut y avoir dans le royaume de plus grande gloire que celle du roi.

Il se rend à Versailles. Il veut que là, sa gloire, sa primauté s'inscrivent dans les bâtiments, les tableaux, les sculptures, la nature, telle que les jardins la soumettent à l'ordre royal.

Il faut que du lever au coucher du soleil, du bassin d'Apollon à la grotte de Thétis, tout rappelle, illustre, magnifie la journée, la grandeur du roi.

Il faut qu'on chante ses victoires, que les auteurs deviennent, ainsi Boileau et Racine, les historiographes du roi. Que tous, Charles Perrault, Le Brun, proclament que : « Louis XIV l'Auguste a effacé le siècle. »

Il est satisfait de lire dans le *Panégyrique du roi sur la campagne de Flandre de l'année 1677* qu'il est à peine fait mention de Monsieur, et que toute la gloire est accordée au roi qui « doit être mis au-dessus des plus grands héros de l'Antiquité »... « Louis est grand parce qu'il possède seul ce que les autres n'ont que tous ensemble. Louis ressemble à tous les Grands, toutefois aucun de ces Grands ne lui ressemble, parce qu'il est seul semblable à lui-même. »

Il parcourt les chantiers de Versailles, veut que l'on réunisse plus encore d'ouvriers, qu'ils soient plus de trente mille. Il faut qu'on assèche les marais, qu'on dompte cette nature hostile.

Il fixe à l'architecte Hardouin-Mansart les travaux à

conduire en premier. Il indique à Charles Perrault ce qu'il attend des peintres, et le poète résume ces instructions en s'adressant à Le Brun :

*Alors sans remonter au siècle d'Alexandre*
*Pour donner à ta main l'essor qu'elle aime à prendre*
*Les exploits de Louis sans qu'en rien tu les changes*
*Et tels que je les vois par le sort arrêtés*
*Fourniront plus encore d'étonnantes beautés.*

Il veut que Versailles devienne le lieu le plus admiré de tous les peuples.

« Comme cette Maison est aujourd'hui les délices du plus grand roi de la terre, qu'elle est tous les jours visitée de tout ce qu'il y a de personnes en France, et que les étrangers et ceux qui ne peuvent avoir le plaisir de la voir seront bien aise d'en ouïr raconter les merveilles... Il faut en faire une description qui, bien que brève et sommaire, ne laissera pas de donner quelque idée de cet agréable séjour à ceux qui en sont éloignés. »

Il veut y résider toute cette année 1677, même si les travaux ne sont pas achevés, si l'installation de toute la Cour dans les bâtiments ne peut encore avoir lieu et s'il faudra, il le sait, plusieurs années avant que Versailles ne devienne son unique lieu de séjour.

Et puis le château d'Athénaïs de Montespan, à Clagny, n'est pas éloigné de Versailles, et il peut la rejoindre, la découvrir dans l'opulence de ses robes lamées d'or, et la majesté de son corps qu'une dernière grossesse vient encore d'épanouir.

Et il aime cette générosité des chairs, cette plénitude des formes, où son désir s'apaise après qu'il l'a avivé en conquérant les corps nerveux des jeunes femmes, qu'elles se nomment princesse de Soubise ou Mme de Ludres.

Il a usé de Mme de Ludres quand, les derniers jours de

sa grossesse, Athénaïs de Montespan s'était retirée dans le château de Maintenon, chez la marquise.

Il avait apprécié cette réconciliation.

Voilà ce qu'il voulait ! Que se rassemblent autour de lui la reine son épouse, sa maîtresse régnante, et aux rangs qu'elles devaient occuper, debout ou assises sur les tabourets, les femmes qu'il avait possédées, quelques nuits. Et ses bâtards devaient aussi pouvoir prendre place auprès de lui, à leur rang aussi, derrière les enfants légitimes, mais non pas rejetés dans l'oubli ou la honte.

Ils sont tous enfants du roi.

Il avait appris que, au château de Maintenon, Athénaïs avait accouché d'une fille, Mlle de Blois. Mais Mme de Maintenon avait refusé de s'occuper d'elle, et c'est Mme Colbert qui, en compagnie de Mme de Jussac, s'est chargée de l'enfant, et de ceux qui ne manqueraient pas de naître, si Athénaïs de Montespan restait la maîtresse régnante.

Il est heureux qu'elle soit revenue à Versailles.

Il est déjà las de cette Mme de Ludres qui a cru, parce qu'il l'avait possédée à quelques reprises, qu'elle allait prendre la place d'Athénaïs de Montespan.

Elle n'avait pas imaginé que pouvaient se liguer contre elle les deux marquises, Montespan et Maintenon, rivales l'une de l'autre, mais alliées pour écarter Mme de Ludres.

Il n'a pas aimé que cette femme tente de s'imposer, et qu'à son égard, toutes les autres dames marquent déjà la déférence qu'elles devaient à celle que, imaginaient-elles, le roi avait choisie.

Louis les a vues se lever dès que Mme de Ludres entrait, et même si la reine était présente, ne s'asseyant qu'à son ordre. Que croyait-elle, cette prétentieuse ? Que l'on pouvait forcer la main du roi ? S'imposer à lui ?

Dès qu'il aperçoit Athénaïs de Montespan il se dirige vers elle, lui prend les mains.

Il veut que par ce seul geste chacun comprenne qu'elle a conservé toute sa place et que Mme de Ludres n'est donc plus rien.

Il passe devant elle sans lui accorder un regard. Et il sait qu'autour de la jeune femme, aussitôt le vide se creuse, qu'elle n'existe plus puisque le roi l'a rejetée, et qu'il ne lui reste qu'à subir les humiliations qu'Athénaïs de Montespan ne va pas manquer de lui ménager.

Il n'est pas étonné lorsqu'il reçoit quelques semaines plus tard l'avis que Mme de Ludres a quitté le service d'Élisabeth-Charlotte, qu'elle avait repris. Elle n'est donc plus surintendante de la cour de Madame.

Quelques autres semaines s'écoulent et il lit la requête de Mme de Ludres, qui sollicite l'autorisation de se retirer au couvent des visitandines du faubourg Saint-Germain.

— Comment, s'exclame-t-il, n'y est-elle pas déjà ?

Et il rend la requête, en l'acceptant d'une inclination dédaigneuse de la tête.

Que pourrait-il craindre des femmes ?

Qui oserait d'ailleurs, dans ce royaume, se dresser ou rivaliser avec lui ?

Le temps des grands frondeurs, ou celui de Nicolas Fouquet, est révolu.

Il le sait mais il s'en assure, lorsqu'il parcourt en carrosse les routes qui mènent au château de Sceaux, la demeure où vit Colbert, son contrôleur général des Finances.

Il se souvient que lorsque, en 1661, Fouquet le prédécesseur de Colbert l'avait invité au château de Vaux, les chemins étaient encombrés de voitures venues de toutes les provinces de France et même d'Europe. Il avait ressenti la magnificence et le rayonnement de Fouquet comme une insolence et un défi.

Rien de cela en ce mois de juillet 1677.

Il découvre, de part et d'autre des grilles du château, deux groupes de sculptures de Coysevox qui représentent les vertus de Colbert : une licorne transperce la chimère et incarne la pureté ; un dogue égorgeant un loup symbolise la fidélité. Au-dessus des grilles, une couleuvre tient une branche d'olivier, et est surmontée par la devise *Perite et Recte*, « Habilement et Bien ».

Il aime la réserve de Colbert qui s'incline quand le roi le félicite pour la propreté de ses appartements. Puis on se rend à l'Orangerie, où est donnée une représentation de la dernière pièce de Racine, *Phèdre*.

Louis se sent chez lui.

Au souper, il invite la reine à s'asseoir près de lui et d'un geste il choisit d'installer à sa gauche Mme Colbert et ses trois filles, et en face de lui Mme de Montespan et leur fille, Mlle de Blois.

Ici, il fait ce qui lui plaît.

Il ne se sent en rien défié ou menacé par Colbert. Il n'y aura plus jamais dans ce royaume de Nicolas Fouquet.

Quand il se lève, le feu d'artifice illumine le ciel, cependant que de tous les villages alentour sont tirées des fusées.

Et tout à coup, sous les arbres éclairés, la foule des paysans convoqués par Colbert l'acclame, et commence à danser.

Louis se tourne vers Colbert.

Le ministre le remercie d'avoir bien voulu par sa présence honorer cette fête et lui donner son éclat.

Louis reste impassible.

C'est cela l'ordre des choses. La gloire du roi éclaire les êtres et leurs actions.

Et le premier des ministres n'est qu'un serviteur que le roi peut congédier à sa guise.

Il en va des ministres comme des maîtresses du roi.

# 54.

Il lit.

Et il a l'impression que ce roman raconte ce qu'il vit.

Dès les premières pages son attention a été retenue, et cependant il n'avait pas eu l'intention de feuilleter ce livre, un roman au titre féminin, *La Princesse de Clèves.*

Louis le Grand peut-il s'attarder à de pareilles préciosités ?

Une note de Gabriel Nicolas de La Reynie l'a intrigué.

Il a confiance dans le lieutenant général de police, dont les espions sillonnent sans trêve tous les milieux de Paris, des bas-fonds au Parlement, des salons aux boutiques.

La Reynie indique que l'auteur du roman est sans doute une dame de qualité, qui reçoit dans son salon de la rue de Vaugirard de beaux esprits, Mme de Sévigné, le duc de La Rochefoucauld. Elle est née Marie-Madeleine Pioche de la Vergne, est l'épouse du comte de La Fayette. Elle a été l'amie de la première dame, Henriette d'Angleterre. C'est l'une de ces femmes savantes qui ont fait rire toute la Cour quand Molière les mettait en scène.

Louis a poussé ce livre de Mme de La Fayette puis, d'un geste nonchalant, indifférent, il l'a cependant ouvert. Et il a lu :

« Il parut alors à la Cour une beauté qui attira les yeux de tout le monde et l'on doit croire que c'était une beauté parfaite puisqu'elle donna de l'admiration où l'on était si accoutumé de voir de si belles personnes. »

Il pense à ce qu'il a ressenti, une attirance fulgurante, comme une renaissance d'un désir juvénile qu'il n'éprouve plus que rarement. C'est une jeune femme, une vierge rousse, dont Madame la Palatine a fait l'une de ses dames d'honneur, qui a en lui ravivé le feu.

Et il sait qu'Élisabeth-Charlotte, comme Athénaïs de Montespan, est assez rouée pour attirer le roi près d'elle par un appât de chair nouvelle, de beauté inconnue.

Il a interrogé la Palatine qui a ri, a murmuré que cette Marie-Angélique de Fontanges est une naïve, peut-être même est-elle stupide comme un petit animal, mais jolie comme un ange.

— Imaginez-vous, Sire, qu'elle a rêvé qu'elle se trouvait seule sur une montagne, et tout à coup entourée d'une lumière éclatante, puis brusquement enveloppée d'impénétrables ténèbres. Elle s'est alors réveillée en sursaut. Elle a consulté son confesseur. « Prenez garde à vous, lui a-t-il dit, cette montagne est la Cour, où il vous arrivera un grand éclat. Cet éclat sera fort bref et, si vous abandonnez Dieu, il vous abandonnera et vous tomberez dans d'éternelles ténèbres... »

Louis n'a plus détaché les yeux de cette beauté rousse.

Il l'a revue à la chasse, où la Palatine l'a conviée. Et ce ne peut être par hasard. À moins que ce ne soit le duc de La Rochefoucauld, ce grand veneur, qui l'ait choisie pour l'offrir au roi comme un gibier de choix.

Louis est chasseur. La Palatine dit qu'il a des « yeux de renard ». Il quitte, une nuit, le château de Saint-Germain où il réside à nouveau en compagnie de la Cour.

Il n'a rendu visite ni à Athénaïs ni à la reine. Il chasse une autre proie, gracile et neuve.

Il chevauche à bride abattue, entouré de quelques gendarmes et de mousquetaires. Il saute de selle devant le Palais-Royal, la demeure de son frère et de la Palatine. Une dame d'honneur a été avertie. Elle ouvre une porte, guide le roi jusqu'à la chambre de Marie-Angélique de Fontanges.

Louis n'a qu'à s'avancer. Il devine qu'on espère depuis toujours ce moment.

On s'offre à lui.

Lorsqu'il repart à l'aube, il se sent rajeuni, fougueux comme lors de ses premières chasses.

Mais il veut garder le secret, pour ne pas affronter la jalousie et les colères de *Quanto*. Mme de Montespan peut avoir les fureurs d'une louve.

Il est prêt cependant à prendre ce risque, car les rumeurs se répandent vite.

L'ambition et la galanterie sont l'âme de la Cour. Elles occupent également les hommes et les femmes. Il y a tant d'intérêts et de cabales différents, et les dames y ont tant de part, que l'amour y est toujours mêlé aux affaires et les affaires à l'amour. Personne n'y est tranquille ni indifférent. On songe à s'élever, à servir ou à nuire. Les différentes cabales s'opposent les unes aux autres. L'envie, l'émulation les dévorent.

Il ne faut pas se fier aux apparences, ce qui paraît n'est presque jamais la vérité.

Qui est dupe ?

Il lit les quelques pages écrites par cet Italien, Primi Visconti, familier de la Cour, peut-être espion pour les princes de Milan auxquels il se dit apparenté.

Louvois et Gabriel Nicolas de La Reynie le font surveiller bien qu'il soit l'ami de toutes les personnes de qualité.

Ce Primi Visconti sait observer. Et le lisant, Louis hésite entre la colère, le désir de faire arrêter et enfermer à la Bastille cet homme aux aguets, ou celui de lui accorder une pension, tant sa description est exacte, et qu'après lui tout ceux qui voudront connaître la vie à la Cour devront lire ce mémorialiste qui œuvre ainsi à la gloire du roi.

« Le roi vivait avec ses favorites, écrit Primi Visconti, chacune de son côté comme dans une famille légitime. La reine recevait leur visite ainsi que celle des enfants naturels comme si c'était pour elle un devoir à accomplir, car tout doit marcher suivant la qualité de chacun et la volonté du roi.

« Lorsqu'elles assistaient à la messe à Saint-Germain, la marquise de Montespan et Mlle de Fontanges se plaçaient devant les yeux du roi. Mme de Montespan avec ses enfants sur la tribune de gauche, vis-à-vis de tout le monde, et l'autre à droite, tandis qu'à Versailles, Mme de Montespan était du côté de l'Évangile et Mme de Fontanges sur des gradins élevés du côté de l'Épître.

« Elles priaient, le chapelet ou leur livre de messe à la main, levant les yeux en extase comme des saintes.

« Enfin, la Cour est la plus belle comédie du monde. »

# 55.

Louis aime cette comédie qu'est la Cour.

Les acteurs sont à ses ordres et c'est lui qui les dirige, qui conçoit le ballet réglé de l'étiquette et le décor.

Et il veut, quand il quitte au début du mois de janvier 1678 le château de Saint-Germain, pour prendre la tête des armées afin de conduire la rituelle campagne des Flandres, que la Cour, la reine et ses maîtresses donc, l'accompagnent.

C'est à nouveau l'hiver, et il faut que ce soit la dernière campagne. Il veut la victoire, pour imposer aux Provinces-Unies, à l'Espagne, aux princes allemands, la paix à laquelle depuis plusieurs années les diplomates, sous l'autorité du nonce apostolique, travaillent à Nimègue. Il faut conclure vite, avant que ne se noue une alliance belliqueuse et anti-française entre la Hollande et l'Angleterre, puisque ce Guillaume d'Orange, ce petit seigneur de Breda, cet adepte du vice italien, a réussi à épouser Mary la fille aînée du duc d'York, qui peut si Charles II reste sans héritier devenir reine d'Angleterre.

Louis veut s'emparer de Gand et d'Ypres, obtenir des succès tels que les Provinces-Unies soient contraintes de signer cette paix qu'on prépare à Nimègue.

Il veut avant de commencer le siège de ces places fortes passer les troupes en revue.

Il regarde Athénaïs de Montespan. Il la trouve resplendissante. Il faut que les soldats la voient et il l'invite à se joindre à lui.

Les mercenaires allemands acclament la marquise, crient : « *Koenig Hure* ! C'est la putain du roi ! »

La guerre est un théâtre.

— Cette revue, madame ? interroge-t-il au dîner.

Athénaïs laisse aller sa tête en arrière, ses formes gonflant sa robe.

— Parfaitement belle, Sire. Je trouve seulement les Allemands trop naïfs d'appeler toutes choses par leur nom.

Il rit. C'est l'esprit Mortemart, et c'est aussi l'une des séductions d'Athénaïs, qu'aucune des femmes qu'il a connues ne possède, et surtout pas cette Marie-Angélique de Fontanges, dont il sait qu'à la Cour on dit qu'elle est sotte comme un panier.

Il n'imagine pas remplacer l'une par l'autre. Mais il continue de dissimuler sa liaison avec Mlle de Fontanges, sûr pourtant que le secret est percé, comme le feuillet de Primi Visconti l'a confirmé.

Et d'ailleurs, Athénaïs de Montespan est avertie.

Elle crie avant de jouer l'indifférente, puis la colère l'emporte à nouveau. Elle a dû apprendre que Marie-Angélique de Fontanges loge dans un appartement isolé du château de Saint-Germain.

Il l'interrompt.

— Vous me tracassez trop et j'en suis las.

Sous les murs de Gand, Athénaïs semble s'être calmée. La guerre, avec ses fracas, ses morts et la gloire, repousse au loin les rumeurs.

Louis entre dans la ville, exige que les soldats vaincus défilent devant lui. Puis c'est Ypres qui tombe, et d'autres places fortes.

Guillaume d'Orange livre une dernière bataille à Mons alors que les diplomates ont déjà conclu à Nimègue cette paix tant attendue.

Louis rend Maëstricht et Gand, et les places de Courtrai, Audenarde et Charleroi. Mais il garde la Franche-Comté, et des places des Flandres qui forment une ligne continue plus facile à défendre. Valenciennes et Cambrai, Maubeuge, Saint-Omer et Ypres deviennent françaises.

Les peintres Van der Meulen et Charles Le Brun, dont il a voulu qu'ils suivent la Cour et l'armée, lui présentent leurs premières esquisses. Les tableaux qui en naîtront illustreront la voûte de la galerie des Glaces à Versailles.

Il faut que tous les visiteurs du château et tous les sujets du royaume sachent que Louis le Grand a triomphé, qu'il est le maître de l'Europe et qu'il peut choisir de l'asservir ou de lui donner la paix.

Que dans chaque paroisse on célèbre des *Te Deum* ! Que les académiciens et les historiographes exaltent le roi.

« Tout a cédé, tout s'est rendu à ses armes invincibles. Il semble que le ciel n'ait permis l'union de tant de puissances contre la sienne que pour lui préparer des matières de triomphe dans toutes les parties de l'univers. »

Voilà une harangue – celle de l'académicien François Charpentier – qui lui convient.

Il regarde Colbert.

Le contrôleur général des Finances est encore plus sombre qu'à l'habitude. Il doit additionner les sommes dépensées, regretter l'abandon, au traité de Nimègue, des tarifs douaniers qui protégeaient les manufactures royales de la concurrence hollandaise.

Il doit craindre que les compagnies de commerce, et même celle qui organise la traite des esclaves du Sénégal aux

Antilles, ne puissent se développer, confrontées à la puissance de l'Angleterre et de la Hollande désormais associées.

Colbert fait grise mine.

Louis d'un geste lui interdit de s'exprimer.

Il ne veut pas entendre les lamentations d'un ministre. Il les devine. Les caisses sont vides. Les impôts deviennent trop lourds. Des paysans, des boutiquiers harcelés, ne pouvant payer ce qu'ils doivent, préfèrent parfois se pendre après avoir tué leurs proches !

Louis a lu cela dans les rapports des espions qu'on lui remet.

Mais on peut espérer apporter la prospérité à ses sujets et savoir que la gloire d'un roi ne se mesure pas comme une pièce de drap, ne s'évalue pas comme un setier de grains !

Un roi doit vouloir que le royaume de France soit le plus puissant d'Europe. Et il l'est devenu, et il s'agit maintenant de le protéger.

Louis nomme Vauban commissaire aux fortifications. Il donne son accord pour que tout au long des frontières, sur les arêtes rocheuses des Pyrénées et des Alpes, dans les îles et les ports, s'élèvent des forteresses qui rendront le « pré carré » inviolable.

Il se fait présenter le plan de ces places fortes qui constitueront autour du royaume une « ceinture de fer ».

Et certaines d'entre elles porteront son nom : Fort-Louis ou Mont-Louis.

Même le premier des militaires ne peut imaginer ce qu'un roi éprouve quand la gloire le soulève au-dessus du commun des souverains !

Un ministre, et même Colbert, et même Louvois, n'est que le régisseur d'un domaine qui ne lui appartient pas.

Qu'il obéisse et donne au roi les moyens de la gloire.

Louis sait qu'il faut veiller sur elle comme sur le bien le plus précieux que possède un souverain.

Il a, lors de cette dernière campagne, interdit à son frère de conduire des assauts. Il a voulu que Philippe d'Orléans ne soit qu'un spectateur et maintenant, sous une pluie battante, le 12 octobre 1678, Louis visite avec le cœur piqué par une pointe de jalousie le nouveau château de Philippe, à Saint-Cloud.

Il ne peut que reconnaître la grâce des peintures de Pierre Mignard. Il admire la succession des pièces, le salon de Mars, la galerie d'Apollon, le salon de Diane, décorés par ce peintre.

Il se tourne vers Élisabeth-Charlotte.

— Je souhaite fort, madame, dit-il, que les peintures de ma galerie de Versailles répondent à la beauté de celles-ci.

Il ne veut pas laisser à Philippe le monopole de ce peintre. Et il invite Mignard à venir à Versailles, afin d'y décorer l'appartement du Dauphin.

Et il reproche à Colbert d'avoir écarté Mignard des travaux de Versailles. Un roi ne doit jamais abandonner ou partager une parcelle de ce qui fait la gloire.

Et c'est pour cela que Louis veut rassembler autour de lui, dans ses châteaux, tous ceux qui pourraient, parce qu'ils sont d'illustre lignée, briller en leur demeure.

Ils doivent être là, dans ces derniers jours de l'année 1678, assis autour des tables de jeu dans les salons du château de Saint-Germain, et bientôt dans ceux de Versailles.

S'ils sont ici, à jeter sur les tables des dizaines de milliers de livres, à se ruiner – et même Philippe doit mettre en gage ses pierreries, après avoir tout perdu en quelques tournées de cartes –, ils sont soumis.

Louis reste un instant debout près de la table où joue Mme de Montespan.

Elle est toujours majestueuse, mais ses formes, après une dernière grossesse, et la naissance d'un fils, légitimé sous le nom de comte de Toulouse, deviennent lourdes. Le visage s'empâte. Elle a perdu de sa grâce.

Elle cède souvent à la colère. Elle est impérieuse, acerbe, peu respectueuse de la reine. Et il a dû lui rappeler à plusieurs reprises qu'elle doit honorer Marie-Thérèse.

— Souvenez-vous madame, qu'elle est votre maîtresse.

Mais Athénaïs de Montespan est une de Rochechouart de Mortemart, qu'aucune noblesse ne peut impressionner.

Il la regarde. Elle perd en trois passes sept cent mille livres. Elle se tourne vers lui, le défiant du regard, sachant bien qu'il paiera ses dettes. Elle veut tenter de combler ses pertes par une mise de cinquante mille livres. Et elle regagne les sommes perdues. Elle se lève, si lourde qu'elle en chancelle.

Elle va s'asseoir pour le souper, engloutir avec excès viandes et sucreries.

Il éprouve pour la première fois, à l'observer, un sentiment de lassitude, presque de répulsion.

Il s'éloigne. Marie-Angélique de Fontanges doit l'attendre dans ses appartements reculés du château.

Il s'y rend d'un pas lent.

En cette année 1678 qui s'achève, il vient d'avoir quarante ans. Même pour un roi, la vie passe.

# CINQUIÈME PARTIE

# 1678-1682

# 56.

Il a donc plus de quarante ans.

Il s'efforce à ne pas penser à cette frontière de sa vie qu'il vient de franchir.

Et cependant l'impatience le gagne, comme s'il sentait que le temps peut lui manquer.

Il parcourt, suivi par Colbert, les architectes et quelques courtisans, les chantiers du château de Versailles.

Il veut qu'on y entreprenne aussitôt la construction des grandes et petites écuries. Dans quelques mois, dit-il, il veut s'installer à demeure à Versailles, avec toute la Cour. Tout doit donc être prêt pour accueillir dans les salons, lors des fêtes et des réceptions, plusieurs milliers d'invités, dont une grande partie vivra en permanence au château ou dans ses alentours.

Il entraîne l'architecte Hardouin-Mansart, lui montre, à deux lieues de Versailles, une petite hauteur, entourée de forêts. Il veut qu'ici s'élève, en ce lieu dit Marly, un château, où il pourra séjourner, avec des proches et des courtisans qu'il aura distingués, à l'écart de la foule qui se pressera à Versailles.

Quarante ans, pour un homme tel que lui, sur lequel veille le Seigneur, ce n'est que le plein midi de la vie, et non le commencement du crépuscule.

Il s'en assure chaque jour.

Il chasse le cerf, le sanglier et les femmes avec une énergie qu'il ne sent pas diminuée.

Et chaque nuit, il entre dans la chambre de Marie-Angélique de Fontanges. Il s'approche d'elle avec un désir inassouvi, et il la chevauche avec la fougue des premières nuits.

Et pourtant, parfois, avec une sorte d'étonnement, il constate qu'après l'amour, une fatigue qu'il n'avait jamais connue l'écrase, pèse sur ses épaules et sur sa nuque.

Il baisse la tête, ferme les yeux, somnole dans le fauteuil placé devant la cheminée. Il entend Marie-Angélique de Fontanges chantonner alors qu'il a du mal à respirer, qu'il soupire, oppressé, las, le visage tout à coup empourpré par une bouffée de chaleur.

Il reste ainsi, laissant l'aube venir, incapable de retrouver l'énergie pour se redresser, quitter cette chambre, regagner ses appartements ou rejoindre la reine.

Enfin il se lève.

Il ne rend plus visite à Athénaïs de Montespan.

Elle a d'ailleurs dans un mouvement de colère quitté le château de Saint-Germain pour Paris, afin de marquer son indignation, contre le « grand péché commis par le roi » qui l'a trahie et l'humilie avec cette vulgaire Fontanges, qui n'est qu'un petit animal de basse-cour.

Peut-être Athénaïs espérait-elle qu'il viendrait la supplier de revenir au château, d'être le fleuron le plus brillant de la Cour.

Mais il ne fait aucune démarche auprès d'elle. Ce corps alourdi ne l'attire plus. Il ne la rejette pas. Elle a sa place au premier rang, dans la chapelle, à sa table, dans son carrosse, mais elle devra accepter la reine, Marie-Angélique de Fontanges, et aussi Mme de Maintenon.

Il veut qu'Athénaïs comprenne que, s'il ne la désire plus – ou si peu –, il veut encore lui manifester sa considération.

Il dicte à Colbert la décision qu'il vient de prendre.

« Le roi voulant donner des marques particulières de la considération et de l'estime qu'il fait de la personne de Mme de Montespan en lui accordant un rang qui la distingue des autres dames de la Cour, Sa Majesté veut qu'elle jouisse pendant sa vie des mêmes honneurs, rangs, prérogatives, préséances et autres avantages dont les duchesses jouissent. »

Il est amer quand, au lieu de lui exprimer sa gratitude pour ce signe éclatant qu'il lui offre, aux yeux de tous, il doit affronter la colère d'Athénaïs, son dépit, sa violence même.

Elle n'aura pas le titre de duchesse, crie-t-elle. Marie-Angélique de Fontanges l'obtiendra, comme Louise de La Vallière l'avait eu ! Elle, une Rochechouart de Mortemart, n'a-t-elle pas donné six enfants au roi ?

Elle est mariée, lui fait-il répondre par Colbert. Fallait-il que Montespan devînt duc et fît un nouvel esclandre ?

Elle proteste à nouveau auprès de lui.

Il déteste ces criailleries. Il dit :

— Le roi n'aime pas ce qui fait du bruit.

Puis il ajoute :

— Je vous l'ai dit déjà, madame, je ne veux pas être gêné.

Il a tant d'affaires à conduire en ses Conseils, qu'il ne veut point que ces querelles de femmes obscurcissent son esprit, comme les nuages le font d'un ciel serein.

Il doit réunir Louvois et Colbert, qui veulent chacun réduire l'influence de l'autre.

Parfois ils se liguent pour écarter du Conseil tel ou tel qui n'appartient pas à leurs coteries rivales.

Il a accédé à la requête de Louvois qui demandait que l'on retire à Pomponne le secrétariat d'État aux Affaires étrangères. Mais il a nommé en lieu et place le propre frère de Colbert, Colbert de Croissy, et ainsi il a contenu l'influence de Louvois.

Gouverner en roi, c'est équilibrer tous les autres pouvoirs, ceux des ministres, ceux des Grands, et ceux des sujets qui veulent se regrouper.

— Le roi, dit-il, ne veut point de ralliement.

Qu'il s'agisse de protestants ou de jansénistes, il refuse que les pasteurs ou ces messieurs de Port-Royal rassemblent autour d'eux des affidés.

L'autorité royale doit empêcher ces réunions de croyants, hérétiques ou aux marges de l'Église.

Elle doit aussi interdire aux gentilshommes de s'affronter en duel. Car la seule querelle qui vaille est celle que le roi décide d'engager.

Et précisément, il a besoin de gentilshommes pour parcourir, sur les frontières du Nord et de l'Est, les « dépendances », des villes annexées par le royaume, en vertu du traité de Nimègue.

Il faut que ces agents du roi, dans les villages, les châteaux, découvrent des chartes prouvant que ces lieux sont rattachés à ces villes, que ce sont des « dépendances » et qu'en conséquence ils doivent être « réunis » aux villes acquises.

Voilà une grande affaire, qui doit permettre, à partir de Dole, de Besançon, de Brisach, de Metz, Toul et Verdun, une « politique de réunion », qui, sans guerre, permettra au royaume de s'agrandir encore, de conquérir, par le jeu des droits, la Lorraine, l'Alsace, qu'aussitôt Vauban fortifiera.

Il pense à cela en somnolant dans la chambre de Marie-Angélique de Fontanges dont la jeunesse bruyante l'agace. Elle n'est qu'une femme de lit.

Il préfère la quitter, rejoindre la tranquille Mme de Maintenon.

Il s'assoit à ses côtés. Elle respecte son silence. Il s'assoupit, apaisé. Il peut laisser son corps se relâcher, las, fatigué, épuisé même. Lorsqu'il rouvre les yeux, Mme de Maintenon lui parle des enfants du roi qu'elle a élevés. Elle invoque Dieu. Elle chuchote.

Elle est si calme qu'il a l'impression d'être enveloppé dans une tiède douceur.

Elle murmure, complice, qu'elle a conseillé à Mme de Montespan – « que Dieu lui pardonne le double adultère qu'elle a commis » – de se tourner vers le Seigneur Tout-Puissant, de confesser ses fautes. Femme mariée devant Dieu, elle a été sacrilège.

Louis écoute.

Il a constaté qu'Athénaïs de Montespan semble s'être calmée.

Marie-Angélique de Fontanges lui a confié avec une joie naïve que Mme de Montespan l'avait prise en amitié, qu'elle lui prodiguait des conseils et l'aidait à choisir ses toilettes.

Et Marie-Angélique veut manifester sa reconnaissance à cette grande dame, son aînée, lui offrir ces bijoux qu'elle aime tant.

Louis ouvre sa cassette. Il ne souhaite entre ces femmes que la meilleure entente possible. Il veut pouvoir obtenir de chacune d'elles ce qu'elles possèdent et qu'il apprécie.

De Mlle de Fontanges, sa juvénile ardeur rousse. D'Athénaïs de Montespan, le jaillissement de son esprit et cette majesté d'allure qui continue d'impressionner.

De la reine ? Elle est la reine et cela suffit.

Quant à Mme de Maintenon, elle incarne la modestie pieuse, la présence rassurante, l'indulgence bienveillante d'un directeur de conscience, qui est aussi une femme, au corps mûr et replet, dont il a aimé les soupirs et les abandons.

Il ne repousse aucune d'entre elles.

Mais elles ne peuvent rien exiger de lui.

Le roi ne donne que ce qu'il veut.

## 57.

Louis murmure :

— Ces femmes, est-ce possible ?

Mais le lieutenant général de police, Gabriel Nicolas de La Reynie paraît ne pas avoir entendu.

Il est debout, à quelques pas, de l'autre côté de la table de marbre derrière laquelle Louis se tient assis.

À chaque mot que prononce La Reynie, Louis a l'impression qu'un carcan le garrotte, qu'il respire avec peine, qu'on écrase sa nuque et ses épaules.

Il répète, plus bas encore :

— Ces femmes, est-ce possible ?

Il pense à Athénaïs de Montespan et à l'une de ses suivantes, Mlle des Œillets, dont il se souvient qu'elle avait prétendu porter une fille de lui, qu'il avait refusé de reconnaître.

Gabriel Nicolas de La Reynie n'a pas prononcé leurs noms, mais au moment de la mort de Madame, Henriette d'Angleterre, on avait parlé de poison, accusé les mignons de Monsieur, et assuré qu'Athénaïs de Montespan et Mlle des Œillets avaient rendu visite à cette ancienne accoucheuse, à cette cartomancienne, à cette astrologue, à cette alchimiste, Catherine Deshayes, épouse Monvoisin, dite la Voisin, qui habitait dans ces quartiers situés autour de

Notre-Dame de Bonne-Nouvelle, avec des complices, des abbés retournés en suppôts du démon, des empoisonneurs qui fabriquaient leurs drogues dans des caves, des masures, des baraques situées au fond des jardins. Et on avait affirmé que dans leurs cérémonies, ils se servaient du sang de fœtus ou de nouveau-nés, dépecés, brûlés, leurs restes enterrés dans des enclos secrets.

Il avait déjà été stupéfait que la marquise de Brinvilliers ait prétendu que des dames de qualité usaient comme elle de poisons, mais qu'elle ne livrerait pas leurs noms.

Mais le lieutenant général de police dit que la duchesse de Foix, et la duchesse de Bouillon, nièce de Mazarin, et la comtesse de Soissons...

Louis lève la main, interrompt La Reynie, fait répéter ce nom, car c'est celui d'Olympe Mancini, surintendante de la Maison de la Reine. Il l'a bien mieux connue et plus longtemps que Mlle des Œillets. Il baisse la tête, demande à La Reynie de poursuivre :

— ... le maréchal de Luxembourg lui-même serait compromis comme ces dames dans une affaire de poison.

Est-ce possible ?

La Reynie précise que parmi les gens de qualité, habitués de la Cour et proches du roi, on fait commerce de philtres d'amour, de drogues miraculeuses qui rendent leur vigueur aux barbons, qui attachent un homme à sa maîtresse, un jeune amant à une femme qu'il comptait délaisser.

— La vie d'un homme est pratiquement en commerce, dit La Reynie. On se sert du poison dans les embarras de famille, pour ne pas partager un héritage ou le laisser dilapider.

Il a fait arrêter la Voisin ainsi que ses complices, un certain Le Sage, des prêtres, des abbés, Guibourg, Cotton et Marielle, adeptes de messes noires, que l'on célèbre sur le corps dénudé des dames qui le souhaitent pour voir réaliser leur désir.

La Voisin a cité d'autres noms, celui de la veuve d'un président au Parlement, dont le décès, dès lors, devient suspect.

Louis se tait, n'écoute plus. Il a l'impression que ce cercle maléfique l'étreint.

On a tué de nombreux rois dans ce royaume à coups de poignard, et si le temps était venu du poison ?

Il se lève.

— Que toute la lumière soit faite, dit-il, et que la justice punisse tous les coupables, quels qu'ils soient.

Il veut, ajoute-t-il, qu'on constitue pour juger ces criminels une cour extraordinaire de justice. Elle siégera à l'Arsenal. Un magistrat, Louis Boucherat, la présidera, La Reynie sera chargé, en même temps qu'un conseiller d'État, de l'instruction des affaires.

— Que rien ne vous arrête, dit-il.

Lorsqu'il reçoit peu après le maréchal de Luxembourg qui vient crier son innocence, il l'interrompt, dit d'une voix sèche :

— Si vous êtes innocent, vous n'avez qu'à aller vous mettre en prison. J'ai nommé les meilleurs juges pour examiner ces sortes d'affaires et je leur en laisse toute la conduite.

Il reçoit peu après Louvois qui accable le maréchal, accusé d'avoir demandé aux empoisonneurs la mort de sa femme, celle du maréchal de Créqui, et sollicité des sortilèges, peut-être des messes noires, pour obtenir le mariage de sa fille avec le fils de Louvois ! Le maréchal aurait signé un pacte avec Satan.

Et La Reynie ajoute qu'on suspecte Racine d'avoir empoisonné Mlle Du Parc, qu'il avait arrachée à Molière et qui était devenue sa maîtresse.

Louis s'en remet à la justice, à cette cour extraordinaire, qui en quelques semaines a fait emprisonner près de deux cents personnes, et qu'on surnomme la « Chambre ardente ».

— Nul ne doit être épargné, dit Louis.

Mais comment faire arrêter, condamner, Olympe Mancini, comtesse de Soissons, qui lui fut si proche ?

D'autant plus qu'il soupçonne Louvois de profiter de ces accusations pour se débarrasser de ses ennemis ou de ses rivaux.

Et c'est le cas du maréchal de Luxembourg, soldat victorieux, dont la gloire fait ombrage à Louvois. Et il en est de même pour Olympe, comtesse de Soissons, qui a refusé de marier sa fille au fils de Louvois.

Il est las. L'air est empoisonné. Il respire mal. Il faut se décider.

Il fait dire à Olympe qu'elle doit quitter le royaume, sous peine d'être arrêtée. Il lui achète même sa charge de surintendante de la reine. Et il l'attribuera à Athénaïs de Montespan, qui peut-être ainsi s'apaisera.

Après tout, la Voisin et ses complices, même les jambes brisées par les brodequins, n'ont jamais livré son nom.

Et il apprend que la culpabilité du maréchal de Luxembourg n'a pu être prouvée. Et peut-être cette affaire n'a-t-elle été grossie que par l'ambition, l'esprit de vengeance et de rancune de Louvois ?

Et cependant, il y a des coupables, cette femme, la Voisin, ses complices, ces prêtres dévoyés, ces avorteuses, ces tireurs de cartes et fabricants de poison, cette centaine de personnes que la Chambre ardente condamne, dont trente-six à mort.

Et parmi elles, la Voisin, qu'on mène le 22 février 1680 en place de Grève, où elle sera brûlée vive comme une sorcière qui refuse un confesseur et repousse le crucifix.

Louis frissonne.

Que cachent les perruques frisées des courtisans qui s'inclinent devant lui ?

Quelles passions battent dans les poitrines des femmes qui s'offrent ?

Quand Racine lui-même, maître de la tragédie, historiographe du roi, est soupçonné d'être un empoisonneur, que ne peut-on imaginer ?

Quel royaume, derrière les façades de Versailles ?

Quelles forêts obscures et cruelles, au-delà des jardins réglés de Le Nôtre ?

## 58.

Il voit s'avancer Gabriel Nicolas de La Reynie, et aussitôt sa gorge se serre, un poids écrase ses épaules, comprime sa poitrine.

Ce n'est donc pas fini.

Les cendres dispersées de la Voisin, comme celles il y a quatre ans, en 1676, de la marquise de Brinvilliers continuent d'empoisonner l'air dans ce château de Saint-Germain, où il reçoit le lieutenant général de police.

Celui-ci paraît hésitant, puis commence à parler, tête baissée, comme un animal apeuré qui ne voit pas d'autre issue que d'avancer, même s'il devine qu'il va s'engouffrer dans une nasse.

La Reynie dit que la Voisin a une fille, Marie-Marguerite, détenue, et qui, apprenant l'exécution de sa mère, a commencé à parler. Et les complices de la Voisin, l'abbé Guibourg, l'abbé Marielle et une autre empoisonneuse, la sorcière Françoise Filastre, ont confirmé ses dires.

La Reynie s'interrompt, lève la tête.

— Je veux tout connaître, dit Louis.

La Reynie reprend, d'une voix monocorde, parfois haletante.

Il parle d'abord de Mlle des Œillets.

— Tous l'ont citée, dit-il. Elle était au service de Mme de Montespan.

Il hésite.

— Tous l'ont reconnue quand le ministre Louvois et moi l'avons fait comparaître devant eux.

Il s'interrompt encore puis poursuit :

— Ils ont dit qu'ils ont vu souvent Mlle des Œillets chez la Voisin. Elle venait chercher des poudres blanches et noires pour sa maîtresse. Mais Mlle des Œillets a juré qu'ils mentaient tous et qu'ils ne l'avaient jamais vue.

Qui croire ?

Peut-être veulent-ils, en nommant ces dames de l'entourage du roi, prolonger leur vie.

Louis est tenté de renvoyer La Reynie, de ne pas en savoir davantage, et cependant il veut aussi tout connaître.

— Qu'ont-ils dit ?

— Mme de Montespan voulait des poudres d'amour, murmure La Reynie. Puis elle a songé à faire remettre à Sa Majesté, par la Voisin, un placet imbibé de poison. Mais l'empoisonneuse qui s'est présentée dans la galerie du château de Saint-Germain n'a pas réussi. Les gardes l'ont écartée. Alors Mme de Montespan a voulu empoisonner Mlle de Fontanges avec des gants et des étoffes enduits de poison.

La Reynie se tait.

Louis renonce à l'interroger.

Athénaïs a-t-elle pu vouloir le tuer de cette manière hasardeuse alors qu'il a passé tant de nuits auprès d'elle, et qu'il eût suffi qu'elle versât le poison dans l'une des boissons qu'elle lui servait ?

Pourquoi cette machination incertaine du placet présenté au roi par une inconnue, la Voisin, qui avait si peu de chances dans la foule rassemblée dans la galerie du château de parvenir à ses fins ?

Il doute. Peut-être est-ce une manœuvre de Louvois pour écarter Athénaïs.

— Quoi encore ?... dit Louis d'une voix sourde.

— L'abbé Guibourg prétend...

Il faut écouter. Imaginer Athénaïs de Montespan, voilée, mais son corps dénudé sert d'autel au prêtre satanique. Et il faut savoir que la sorcière Françoise Filastre, égorgeuse d'enfants, a assisté à ses messes et servi Mme de Montespan.

— Tout est transcrit, murmure La Reynie.

Louis se souvient des moments de lassitude, des langueurs, des troubles de vision qu'il éprouvait parfois, après avoir aimé Athénaïs de Montespan.

Peut-être était-ce là l'effet de ces « poudres d'amour » qu'elle utilisait pour aviver son désir ?

Que faire ?

La Chambre ardente va être saisie.

Elle prendra connaissance et débattra de ces témoignages, qui ne sont peut-être que des mensonges. La vérité surgira-t-elle du scandale de ces délibérations ?

Il doit trancher.

Il veut connaître les avis de Colbert, de Louvois, de La Reynie, de Louis Boucherat.

Il écoute Louvois le premier jour. Puis les trois jours suivants, les autres participants de ce comité qui discutent chaque fois quatre heures.

Louvois est partisan de poursuivre l'enquête. La Reynie et Boucherat parlent peu. Colbert est sceptique. Ces accusations contre Mme de Montespan, dit-il, ne résistent pas à l'examen. La marquise avait tant d'occasions d'empoisonner le roi ! Et comment imaginer une femme si pieuse livrant son corps dans une messe noire ?

La Reynie propose que l'on retire du dossier tout ce qui concerne Mme de Montespan, et que la Chambre ardente juge les accusés coupables par ailleurs des crimes avérés.

Quant aux accusateurs de la marquise de Montespan, des lettres de cachet feraient d'eux des prisonniers oubliés dans les cachots les plus obscurs de lointaines forteresses.

Louis approuve.

Il exige le secret.

Et lui-même décide de s'y plier.

Mais il détourne le regard quand il croise Athénaïs de Montespan.

# 59.

Il regarde Mme de Montespan s'éloigner.

Elle vient, d'une voix furieuse et indignée, de lui reprocher d'avoir cru à toutes ces calomnies que ceux qui la jalousent et rêvent de l'éloigner du roi ont répandues contre elle.

Il l'a écoutée, debout en face d'elle dans cet appartement où ils s'étaient si souvent aimés.

Elle a crié.

Comment a-t-il pu, a-t-elle répété, au lieu de rejeter ces soupçons, ces aveux fabriqués, les lire, les entendre ? Pourquoi n'a-t-il pas dénoncé les manœuvres de Louvois, son ennemi ?

Il n'a pas répondu à Athénaïs de Montespan. Il n'a pas eu le geste qu'elle attendait, se rapprochant de lui.

Et il s'est écarté d'elle comme s'il avait craint qu'elle ne se jette sur lui et ne le poignarde.

Elle a deviné les raisons de ce pas en arrière.

Elle a eu un sourire méprisant. Puis elle a tourné le dos et elle a quitté la chambre.

Il l'a suivie des yeux.

Malgré son ample robe, elle ne pouvait dissimuler qu'elle avait, comme le murmurait Mme de Maintenon, « grossi d'un pied ». Elle n'était plus qu'une silhouette lourde, encore capable de faire illusion, de danser avec grâce comme elle l'avait fait lors de la réception de Marie Anne Charlotte de Bavière, qui allait devenir l'épouse du Dauphin. Mais ce n'avait été là qu'un fugitif moment de légèreté, comme le souvenir de ce qu'elle avait été.

Il la voyait comme une femme enlaidie, que neuf grossesses avaient déformée, dont Primi Visconti avait écrit – et quelle humiliation de lire cette lettre – qu'il avait vu la jambe de Mme de Montespan et qu'elle était plus grosse que son torse à lui.

«Je dois dire pour être juste que j'ai beaucoup maigri», avait ajouté Primi Visconti, comme pour souligner d'un trait d'humour l'énormité de ce qu'il avait vu et décrit.

Louis ne veut plus la regarder.

Il ne peut oublier les accusations dont on a accablé Athénaïs. Et de découvrir chaque jour un peu plus, sous le fard, les falbalas, la soie et les tissus lamés d'or, un corps qui s'affaisse et une peau qui se flétrit le blesse.

C'est comme si Athénaïs de Montespan lui renvoyait ce qu'il craint pour lui-même.

Car il sent bien que ses muscles se relâchent. Son ventre s'est encore gonflé. Et lorsqu'il voit, au souper, Athénaïs de Montespan engloutir viandes et fruits confits, boire et exiger que son verre soit toujours rempli de vin, il tente de résister à cette faim et à cette soif qui le saisissent.

Il réussit à éviter l'ivresse. Mais la faim le tenaille. Il mange sans cesse. On a découvert dans ses selles un immense ver, vivant, et dont les parties, sans doute, continuent de se lover dans ses entrailles, et c'est donc ce ver qui lui donne, aux dires des médecins, cet appétit jamais assouvi.

Il essaie, quand on l'ausculte, le sonde, d'oublier son corps, de n'être qu'une masse de chair insensible, un roi ne doit pas montrer la douleur.

Mais elle est là pourtant, qui ronge son ventre, son anus,

quand, parfois plus de dix fois par jour, il s'assied sur sa chaise percée.

Et la douleur s'accroche, aussi lancinante, à ses mâchoires.

Les dents se brisent. Et les chirurgiens plongent leurs instruments de fer dans sa bouche, arrachent des racines, les chicots, entaillent les gencives.

Il ne crie pas.

Tel doit être le roi.

Mais il a, pour la première fois de sa vie, le sentiment que son énergie, sa force s'effritent, que le temps a commencé de le ronger.

C'est sans doute cela avoir plus de quarante ans, le moment où l'on marie son fils, Monseigneur le Dauphin, à cette jeune Marie Anne Charlotte de Bavière, disgracieuse, mais qu'il faut honorer comme la future reine de France.

Les réceptions se succèdent, à Villers-Cotterêts, où la Cour accueille Marie Anne ; à Chalons, où Monseigneur l'épouse ; au château de Saint-Germain, à celui de Saint-Cloud, où le roi, puis Monsieur et Madame – Philippe d'Orléans et la Palatine – la reçoivent.

Louis, les yeux mi-clos, immobile, observe le ballet de la Cour autour de la dauphine.

Il effleure du regard Athénaïs de Montespan qui s'efforce de paraître légère, désinvolte et joyeuse.

Mais elle n'est plus qu'une ombre du passé qui s'efface.

Il voit Marie-Angélique de Fontanges, qui avance d'un pas hésitant, le visage marbré de taches rouges, les traits affaissés.

Qu'est devenue la jeune femme qui, il y a quelques mois, le faisait s'écrier : « Vive Dieu, quelle belle créature ! » Elle qui portait ses cheveux dénoués tombant en boucles sur ses épaules, et toute la Cour avait voulu se coiffer « à la Fontanges » !

Il avait éprouvé avec elle un regain de désir, et n'avait pas hésité à avaler ces poudres blanches que lui avait procurées son valet, et dont il avait en effet constaté qu'elles lui rendaient la vigueur de la jeunesse.

Il avait été heureux que La Fontaine, ce poète qui avait refusé d'être un courtisan, qui avait été fidèle à Fouquet, ait écrit, séduit par Marie-Angélique :

*Charmant objet digne présent des Cieux*
*Votre beauté vient de la main des Dieux.*

Mais que restait-il de ce charme divin ?

Marie-Angélique de Fontanges a le visage enflé, déformé, tacheté.

Elle est victime d'hémorragies consécutives à une grossesse, mais l'enfant est mort-né. Et elle ne se remet pas, fiévreuse, hagarde, cherchant à défendre sa place.

Il ne peut plus, il ne veut plus la voir.

Ce visage, ce corps qu'il a connus si beaux l'angoissent désormais. Il a fait ce qu'il a dit : Marie-Angélique est duchesse avec une pension de quatre-vingt mille livres. Sa sœur a obtenu d'être abbesse de Chelles.

Il ne peut donner davantage.

Et il est heureux d'apprendre que Marie-Angélique de Fontanges va se retirer dans l'abbaye de Chelles, auprès de sa sœur. Qu'elle ne suivra pas la Cour, qu'il veut conduire en Flandre, afin de visiter, durant les jours d'été, du 13 juillet au 31 août 1680, les places fortes, françaises depuis le traité de Nimègue.

On va, en courtes étapes, de Calais à Dunkerque, de Lille à Valenciennes, de Cambrai à Maubeuge.

Le soir, souper, dans la demeure la plus vaste de la ville visitée. Il s'assied souvent auprès de Mme de Maintenon.

Il est rassuré par le maintien réservé de cette dame au corps replet. Mais elle a la peau rose d'une femme mûre en bonne santé et cela l'apaise, alors que les corps de Mme de Montespan et de Marie-Angélique de Fontanges l'inquiètent.

Il a fait nommer – et il a mesuré la surprise de la Cour – Mme de Maintenon seconde dame d'atour de la dauphine.

Il a voulu marquer ainsi qu'elle n'était plus une dame parmi d'autres, mais, comme l'ont dit aussitôt les courtisans, « Mme de Maintenant ».

À Saint-Germain, il a pris prétexte d'une visite quotidienne qu'il a décidé de rendre à la dauphine pour passer plusieurs heures avec sa seconde dame d'atour, logée près de l'épouse de Monseigneur.

Mme de Maintenon parle avec calme et douceur. Elle n'a aucun des éclats, des traits, des saillies provocants d'Athénaïs de Montespan, ni les sots propos de Marie-Angélique de Fontanges.

Il a l'impression de découvrir avec elle le commerce de l'amitié, et de la conversation sans contrainte ni chicane.

Et il lui semble que cette relation s'accorde à la période de la vie dans laquelle il est entré. Il sait qu'à la Cour on entoure déjà Mme de Maintenon de prévenances.

On s'incline devant elle. On la sollicite.

Il l'observe. Elle conserve un port modeste. Elle ne cherche ni à étonner, ni à briller, ni à séduire. Elle ne s'assied pas le soir aux tables de jeu. Elle ne boit pas comme Athénaïs de Montespan.

Elle inspire le respect. On n'aura jamais pour elle la cruauté qu'on exerce à l'égard de Marie-Angélique de Fontanges, dont on dit qu'elle « a été blessée dans le service, et qu'elle est désormais impotente » et que c'est pour cela qu'on l'a renvoyée comme une servante.

Il ne tolérera pas qu'on agresse ou qu'on brocarde Mme de Maintenon. Elle est digne et on doit l'être avec elle. Elle n'a d'ailleurs aucune des insolences, parfois sacrilèges, d'Athénaïs de Montespan, qui a osé dire du confesseur du roi : « Ce père de La Chaise est une chaise de commodité. »

Comment Athénaïs ne comprend-elle pas que, quand la souffrance commence à mordiller le corps et parfois à le lacérer, on désire se rapprocher de la religion ? Et Mme de Maintenon parle des devoirs que l'on doit à Dieu, du respect que l'on doit à ses prêtres.

Elle invite à la prière et à la confession.

Même le roi, quand il a franchi le mitan de sa vie, a besoin d'entendre cela.

## 60.

Il pense que le temps est venu de se confesser, de communier.

Il ne veut plus se contenter de faire ses pâques, en négligeant, tout au long de l'année, de respecter les règles de l'Église de Dieu.

Il admire la piété, la soumission à Dieu de Mme de Maintenon. Et avec elle, il lui arrive de dire des chapelets ou même de se mêler aux croyants qui adorent le saint sacrement.

Il perçoit l'étonnement de son entourage quand il dit qu'il veut montrer au pape, Innocent XI, qu'il est le Roi Très Chrétien, le souverain de la fille aînée de l'Église, le royaume de saint Martin, de Clovis et de Saint Louis.

Il souffre de ne pas être parvenu à extirper du royaume les hérétiques de la religion prétendument réformée. Et ces protestants continuent de se rassembler autour de leurs pasteurs !

Il écoute Le Tellier et Louvois qui affirment que les conversions sont nombreuses, que ces huguenots, lorsqu'ils sont contraints d'héberger des dragons, préfèrent abandonner leur fausse religion, attirés aussi par l'exonération des impôts accordée aux convertis.

Louis veut aller plus loin.

Il faut, dit-il, interdire les mariages entre catholiques et protestants. Et il s'étonne des silences du pape. Comme si Innocent XI ne mesurait pas l'esprit de croisade qui anime le roi de France, et continuait de lui reprocher d'appliquer la « régale », qui permet au souverain d'encaisser les bénéfices des évêchés vacants, de désigner les évêques ou les abbesses, de défendre ces pouvoirs temporels du roi.

Il ne cédera pas sur ce point.

Il a posé sur sa table de marbre une nouvelle lettre de Colbert, respectueuse mais irritante, revenant sur les dépenses, la difficulté de faire naître des recettes par des « affaires extraordinaires ». Et après tout la régale en est une, et Innocent XI devrait comprendre qu'un Roi Très Chrétien, s'il veut conduire son royaume sur la juste voie, a besoin d'argent et qu'il est autorisé à le prendre là où il se trouve, et même dans les évêchés vacants !

Il poursuit la lecture de la lettre du contrôleur général des Finances.

« À l'égard de la finance, quoique cela ne me regarde en rien, écrit Colbert, je supplie seulement Votre Majesté de me permettre de lui dire qu'en guerre et en paix, elle n'a jamais consulté ses finances pour résoudre ses dépenses, ce qui est si extraordinaire qu'assurément il n'y a point d'exemple. »

Louis pose la lettre.

Comment Colbert ose-t-il le comparer à d'autres souverains ?

Il est Louis le Grand, l'extraordinaire, et sa manière de gouverner est donc extraordinaire !

« Les dépenses ont excédé de beaucoup les recettes, continue Colbert, et peut-être que cela convierait Votre Majesté à modérer et retrancher les dépenses excessives et mettre un peu de proportion entre les recettes et les dépenses. »

Colbert imagine-t-il seulement ce que sont les besoins, les obligations et les devoirs d'un roi de France, du Roi-Soleil ?

« Je sais bien, Sire, que le personnage que je fais en cela n'est pas agréable, conclut Colbert, mais dans le service de Votre Majesté les fonctions sont différentes ; les unes n'ont jamais que des agréments dont les dépenses sont les fondements ; celle dont Votre Majesté m'honore a ce malheur qu'elle puisse produire rien d'agréable... »

Colbert vise Louvois, à n'en pas douter.

Il faut lui répondre.

« Vous faites très bien de travailler à établir le crédit, j'espère que vous en viendrez à bout en peu de temps... »

C'est le rôle du contrôleur des Finances ! Et que Colbert n'oublie pas quel a été le sort de Fouquet qui vient de mourir dans la forteresse de Pignerol. Que Colbert établisse un règlement général sur les gabelles, mais qu'il ne sorte pas de ce dont il est chargé.

Or Louis a le sentiment que Colbert ne cesse d'émettre des réserves, non seulement sur l'ampleur des dépenses mais aussi sur les mesures prises contre les protestants. Il prétend que les huguenots sont artisans drapiers, tapissiers habiles, qu'ils sont industrieux dans la banque, les manufactures, les compagnies de commerce, et que l'intérêt du royaume est non de les pourchasser, mais de les tolérer.

Comment ne voit-il pas qu'il est insupportable que des sujets, quelles que soient les fonctions qu'ils occupent et la richesse qu'ils produisent, récusent la religion de leur souverain, le Roi Très Chrétien ?

Pourquoi s'oppose-t-il ainsi à son roi, à Louvois, à Le Tellier ? Et pourquoi, selon les rapports de Louvois, est-il de ceux, de moins en moins nombreux, qui soutiennent Mme de Montespan, la protègent, plaident en sa faveur ?

Qu'il se souvienne du sort de Nicolas Fouquet !

Un ministre, contrôleur général des Finances, doit seulement trouver de l'argent pour son roi, et n'est qu'un serviteur.

Il s'emporte contre Colbert, quand il apprend que le fils

du contrôleur général des Finances, le chevalier Colbert, a, en compagnie d'autres jeunes gens, le duc de La Ferté, le marquis de Biran, dans un bordel de la rue aux Ours, tenté de sodomiser un misérable mais bel adolescent vendeur de gaufres et, comme celui-ci se refusait à subir ce qu'on voulait lui imposer, ils lui ont tranché les couilles d'un coup d'épée, le laissant ensanglanté !

Il convoque Louvois pour le charger de dire de sa part toutes les remontrances que mérite une telle action ! Que des jeunes gens bien nés, débauchés et ivres, abandonnent un homme qu'ils ont blessé, après avoir voulu le prendre comme une fille, est inacceptable.

Louis hésite.

Ces jeunes gens méritent la mort. Puis il écoute les supplications des pères.

Il décide : qu'on chasse le chevalier Colbert, le marquis de Biran et le duc de La Ferté de la Cour.

Quelques jours plus tard, il apprend que Colbert a battu son fils à grands coups de pelle !

Voilà qui est bien !

Mais le mal est plus profond qu'il n'imaginait.

Il lit avec dégoût les rapports de Louvois.

« Les jeunes gens ont poussé leurs débauches dans des excès horribles et la Cour est devenue une petite Sodome ! »

Ils ont constitué entre eux une confrérie d'adeptes du vice italien.

Ils portent entre la chemise et le justaucorps une croix où l'on voit un homme fouler aux pieds une femme, comme saint Michel foulant le démon.

Ils organisent dans les bordels parisiens des parties de débauche où l'on sodomise et l'on soumet les filles à toutes sortes de violences et de perversions !

Louis est horrifié quand il apprend que le duc de Vermandois, le fils de quatorze ans né de ses amours avec Mlle de La Vallière, est entré dans la confrérie, et qu'il a subi l'initiation, la sodomisation, par l'un des grands maîtres de la confrérie.

Son fils !

Il éprouve du dégoût, comme si remontaient en lui les souvenirs fangeux et incertains de son enfance. S'était-il trouvé seul, proie sans défense dans la chambre du cardinal Mazarin, son parrain, et avait-il senti contre son corps celui de cet homme qu'il admirait et aimait ? Avait-il été souillé et était-ce pour cela qu'il avait, toute sa vie durant, méprisé ceux qui, comme son propre frère Philippe, s'étaient adonnés à ce vice italien ?

Et c'était maintenant son fils qui choisissait la débauche, et peut-être avait-il été perverti par les mignons de Philippe d'Orléans.

Il ne veut plus rien savoir de ce fils, de ce bâtard. Mais d'abord il veut lui exprimer son mépris, sa colère, sa fureur même.

Le comte de Vermandois est devant lui. Il avoue. Il sollicite le pardon. Qu'on le rosse ! Qu'on le chasse ! Qu'il ne paraisse plus jamais à la Cour !

Plus tard, quand on lui apprend que le comte de Vermandois est mort à seize ans, misérable, alcoolique, il ne tressaille pas.

On lui rapporte que dans son couvent des carmélites, Louise de La Vallière, devenue sœur Louise de la Miséricorde, a pleuré quelques instants, puis a murmuré : « C'est trop pleurer la mort d'un fils dont je n'ai pas encore assez pleuré la naissance ! »

Il prie. Il égrène son chapelet.

Peut-être ont-ils raison, ceux qui disent que la comète qui vient d'apparaître dans le ciel annonce la fin du monde, le temps des châtiments.

# 61.

Est-ce la peur de déplaire à Dieu ?

Mais, en ce début d'année 1681, il n'a plus envie de danser.

Il a même été tenté de rester auprès de Mme de Maintenon qui a refusé d'assister au ballet du *Triomphe de l'amour*, qui, à l'occasion de carnaval, est représenté dans la plus grande des salles du château de Saint-Germain.

Elle a baissé la tête, comme pour se faire pardonner ce refus, puis elle a murmuré qu'elle resterait dans sa chambre toute seule, puisque tout le monde sera au ballet, qu'elle y goûtera ce qu'elle préfère, le repos, et qu'elle pourra ainsi prier Dieu.

Louis doit être présent. Et cependant il se sent las.

Avec ennui, il regarde s'avancer sur la scène son fils, Monseigneur le Dauphin, et sa jeune épouse Marie Anne Charlotte de Bavière.

Il se souvient de la joie qu'il éprouvait jadis à virevolter parmi les danseurs, à être à la fois Apollon et Jupiter. Il a vécu cela. Mais son fils est trop maladroit pour être Bacchus. Il n'est qu'un courtisan du dieu !

Louis n'est ému qu'au moment où entre en scène, entourée par les danseuses et les danseurs, sa fille, Mlle de Nantes, qui incarne avec la spontanéité de ses sept ans la jeunesse.

Il se tourne et ses yeux croisent ceux d'Athénaïs de Montespan. Elle lui sourit, fière d'être la mère de cette enfant qui danse avec grâce, exécute une révérence, et que toute la Cour applaudit.

Il dérobe son regard. Il ne veut pas qu'Athénaïs puisse imaginer que va renaître entre eux cette union qui fut heureuse.

Il ne l'aime plus. Et il ne veut pas danser avec elle, le soir, lors du bal masqué qui clôture le carnaval.

Il est inquiet, comme si ces fêtes somptueuses n'étaient plus accordées aux temps qui viennent et à son humeur.

Et cependant, en raison, il sait que jamais sa gloire n'a été aussi rayonnante.

Le royaume s'agrandit de toutes ces « réunions » qui annexent villes et territoires.

Il vient de donner l'ordre à Louvois de mettre en marche les trente mille hommes qui vont encercler Strasbourg, ville libre, qu'il veut « réunir » à la Lorraine et à l'Alsace. On va acheter le consentement des édiles, les menacer de livrer leur ville aux soldats si elle n'ouvre pas ses portes et n'accueille pas le roi, pour un *Te Deum* qui rétablira Strasbourg dans la vraie religion, alors qu'elle a sombré dans la huguenoterie, celle de Luther, qui ne vaut pas mieux que celle de Calvin.

Voilà pour le Rhin.

Et il donne aussi l'ordre qu'on « réunisse » au royaume la place forte de Casal qui commande la vallée du Pô. Et on paiera le duc de Mantoue à qui elle appartient. Que Louvois négocie, et que ce comte Mattioli, qui représente le duc de Mantoue et qui tente de se jouer du roi de France, de nouer des liens avec l'Espagne, soit enlevé, à Mantoue, et enfermé, condamné à la prison à vie pour avoir joué double jeu contre Louis le Grand. Que personne ne connaisse l'identité de ce prisonnier au masque de velours et qu'il croupisse dans la forteresse des îles de Lérins, puis à la Bastille.

Voilà ce qu'il en coûte de s'opposer au roi de France qui dicte sa loi à toute l'Europe, du Rhin au Pô.

« Et que ces événements servent d'exemple et de raison à toute l'Europe, qui saura qu'elle doit se soumettre dès les premières semonces à ce que Sa Majesté, le Roi-Soleil, désirera ! »

Il écoute ces louanges.

Il veut cette gloire et cette puissance, mais c'est comme si, de son corps si souvent douloureux, la joie d'être qui l'a si longtemps habité, qui lui a fait désirer toutes les femmes, et les posséder presque toutes, s'était écoulée, ne laissant en lui que l'obstination de persévérer et la nécessité de vivre.

Il a même le sentiment que la mort, comme une eau noire et menaçante, avance vers lui.

Il avait été ému par la grâce de Mlle de Nantes. Il est durement touché par la mort de Mlle de Tours, de quelques mois plus âgée que sa sœur.

Athénaïs de Montespan, qu'il avait vue si radieuse lorsqu'elle assistait aux entrechats de Mlle de Nantes, est accablée, femme lourde et vieillie, mère frappée par la mort de l'une de ses filles.

Il l'entend qui dit d'une voix brisée, qu'il ne lui connaît pas, qu'elle va entreprendre un voyage, quitter la Cour pour quelques semaines « dans l'espérance que la dissipation me diminuera un peu les vapeurs qui ne me quittent point devant la perte que nous avons faite ».

Il l'écoute. Il la dévisage en s'efforçant de rester impassible.

Il ne réussit pas à effacer les soupçons qui pèsent sur elle. Il est persuadé qu'elle lui a fait prendre à son insu des poudres d'amour pour exciter son désir et le raviver. Mais elle n'a pas voulu le tuer, il ne peut même pas le concevoir. Elle a porté neuf enfants de lui, et il a légitimé tous ceux qui ont survécu.

Il baisse la tête.

Que peut penser Dieu de ces fruits d'un double adultère ?

Et il y a ces quatre bâtards nés de Louise de La Vallière. Et un autre enfant porté par Mlle des Œillets, la suivante d'Athénaïs de Montespan, si compromise avec la Voisin !

Marie-Angélique de Fontanges a elle aussi été grosse d'un enfant de lui.

Et maintenant, elle agonise. Et il ne veut pas la voir dans cette abbaye de Port-Royal où son beau corps n'est plus, lui dit-on, qu'une chair meurtrie et purulente.

Il veut que trois fois par semaine, les ducs de Noailles et de La Feuillade prennent de ses nouvelles.

Et lorsqu'ils lui annoncent qu'elle n'a plus que quelques heures à vivre, il se rend auprès d'elle. Et il ne peut s'empêcher de pleurer devant cette jeune femme qui n'est plus que souffrance, et dont la bouche s'emplit de pus. Il s'éloigne bouleversé.

Et il est stupéfait lorsqu'il apprend qu'on murmure à la Cour et à Paris que Marie-Angélique de Fontanges a été empoisonnée par Athénaïs de Montespan qui, jalouse, aurait soudoyé un laquais afin qu'il verse la mixture mortelle dans le lait de Marie-Angélique.

Louis ne peut le croire, et cependant ces calomnies se répandent, le troublent.

Il lit les récits que l'on fait « *Des secrets des amours de la duchesse de Fontanges, et des particularités de son empoisonnement et de sa mort* ».

Il exige qu'on pratique l'autopsie du corps de Marie-Angélique.

Il veut être le premier à lire le rapport des médecins. Il y découvre que « la cause de la mort de la dame doit être uniquement attribuée à la pourriture totale des lobes droits du poumon qui s'est faite en suite de l'altération chaude et sèche de son foie qui, ayant fait une grande quantité de sang bilieux et âcre, lui aurait causé les pertes qui avaient précédé ».

Les médecins n'évoquent à aucun moment la présence de poison, alors que les rumeurs prétendent qu'il avait corrodé chacun des organes !

On peut maintenant inhumer le corps de Marie-Angélique de Fontanges dans l'abbaye de Port-Royal. Louis n'assiste pas à ces obsèques, à l'ensevelissement du cœur de Marie-Angélique dans l'abbaye de Chelles, dont sa sœur Catherine est l'abbesse.

Il sait que dans un bref sermon, le prêtre de Saint-Séverin a dit :

— Ce cœur était à Dieu dans les commencements, le monde l'avait gagné. Dieu a repris enfin ce qui était à lui, et ce qu'il avait fait pour lui, mais ça n'a pas été sans peine qu'il s'est rendu.

La sécheresse et la brièveté de ce sermon le choquent.

Il est plus sensible à ces petits poèmes que l'on chantonne et répète à Paris :

*Autrefois à la Cour on me vit égale*
*Maîtresse de mon roi, je défis une rivale*
*Jamais un temps si court ne fit un sort si beau*
*Jamais fortune aussi soudaine ne fut aussitôt détruite*
*Ah ! que la distance est petite*
*Du comble des grandeurs à l'honneur du tombeau.*

## 62.

Il ne cesse de penser à ces tombeaux où tant de corps jeunes, ceux de ses enfants parfois à peine nés, celui de Marie-Angélique de Fontanges, ont été ensevelis.

Il sait, parce que son corps le fait davantage souffrir, parce qu'il se sent lourd, qu'il est temps pour lui de penser à sauver son âme.

Il écoute les prières de Mme de Maintenon, les recommandations de Bossuet qu'il vient de désigner pour occuper l'évêché de Meaux. Bossuet évoque, avec ferveur, l'unité de l'Église, la providence.

— C'est ainsi que Dieu règne sur tous les peuples... dit-il. Ceux qui gouvernent doivent savoir qu'ils sont assujettis à une force majeure. Dieu tient du plus haut des cieux les rênes de tous les royaumes...

Que faire pour le servir, sinon rassembler tous les sujets au sein de l'Église ?

Et donc, convertir les huguenots qui s'obstinent. Écouter Louvois qui évoque les mesures prises par l'intendant du Poitou, René de Marillac, qui dispense les convertis d'avoir à héberger les dragons, et ceux-ci s'installent au contraire chez les protestants obstinés.

Ces « missions armées » incitent des milliers de huguenots à se convertir.

Louis approuve Louvois qui propose que l'on étende à l'ensemble des provinces les missions armées, étant entendu que l'assassinat et le viol seront sévèrement punis.

Louvois se récrie. Les dragons peuvent être rudes, dit-il, mais ils sont justes. Ils sont les missionnaires armés de la juste foi.

Mme de Maintenon s'inquiète des enfants huguenots que leurs parents retiennent dans la fausse religion. N'est-ce pas le devoir du roi de les arracher à l'erreur, au péché, au blasphème, à l'hérésie ?

C'est œuvre pie.

Le 17 juin 1681, il édicte dans une déclaration royale que les enfants de protestants de sept ans et plus ne pourront quitter le royaume et qu'ils pourront librement se convertir, dès cet âge de sept ans, sans l'autorisation de leurs parents.

C'est son devoir de Roi Très Chrétien d'agir ainsi.

Il faut que les huguenots sentent que le sol se dérobe sous leurs pieds, qu'ils n'auront la paix que s'ils se convertissent. Sinon, ils devront souffrir les dragons ou quitter le royaume.

Louvois propose que l'on ferme l'académie de Sedan, dans laquelle enseignent Pierre Bayle et Jurieu, deux lettrés protestants qui se piquent de théologie et de philosophie.

Peu importe que l'un et l'autre gagnent Rotterdam, que Bayle y donne peu de temps après son arrivée des leçons de philosophie.

Le royaume est plus fort d'être ainsi épuré des mal-sentants de la foi !

Il ne veut plus écouter Colbert, tiède en religion, et répétant sans fin que les huguenots sont faiseurs de richesses.

Dieu comme tout souverain ne compte pas à la manière d'un contrôleur général des Finances.

Mais Colbert insiste pour que le roi reçoive à la Cour Henri de Massué, marquis de Ruvigny, député général des Églises réformées.

Louis hésite puis, Colbert évoquant ces grands serviteurs huguenots de la monarchie qui restèrent à l'écart de la Fronde, ou bien qui, comme Turenne ou l'amiral Duquesne, l'un converti, l'autre pas, furent des soldats exemplaires, il accueille le marquis de Ruvigny avec courtoisie.

Le gentilhomme est vieux. Il fait part de l'émotion des protestants qui se voient enlever leurs enfants afin de les convertir, de briser ainsi des familles, peut-être hérétiques, mais respectables, peut-être aveuglées, mais chrétiennes.

Tout à coup, la voix du marquis de Ruvigny se met à trembler. Ruvigny évoque les vols, les viols, les crimes, les destructions, les brimades, les humiliations commis par les dragons dans leurs «missions armées». Les soldats ne respectent ni les vieux, ni les enfants, ni les femmes, ni les biens. Louis écoute.

Louvois avait prétendu que les dragons se conduisaient en hommes justes.

Il dévisage le marquis de Ruvigny. Il croit à son témoignage. Il fera cesser ces exactions. Il retirera les dragons du Poitou, et remplacera l'intendant René de Marillac.

Le marquis de Ruvigny remercie, mais, dit-il, si la persécution se poursuivait, ou renaissait, qui pourrait éviter le retour des guerres de Religion, ou l'exode des huguenots qui serait pour le royaume de France, auquel tous les protestants sont attachés, une véritable et mortelle saignée?

Louis toise Ruvigny.

— J'obéis à un devoir sacré, en faisant tout pour convertir ces sujets égarés et extirper l'hérésie d'au milieu d'eux, dit-il.

Il s'interrompt, lève le bras, reprend :

— S'il fallait pour y parvenir que ma main droite coupât ma main gauche, je le ferais sans balancer.

Le visage du marquis de Ruvigny pâlit. Et le vieil homme s'éloigne à reculons, la tête baissée.

Louis reste un moment incertain, puis il se souvient de ce propos de Mme de Maintenon, qu'on lui a rapporté.

— Si Dieu conserve le roi, il n'y aura pas un huguenot dans vingt ans.

Que peut-il espérer comme plus grande gloire ?

## 63.

Il s’interroge et s’étonne.

Et s’il n’était plus sensible qu’à la gloire ?

Il regarde avec indifférence cette jeune femme assise en face de lui. Depuis le début de ce souper de médianoche, dans l’intimité de ses appartements, il s’ennuie.

Et pourtant cette Mlle d’Oré devrait l’attirer. Elle a des formes épanouies, et la spontanéité, la naïveté d’une vierge. Mais elle est fardée, apprêtée comme une rouée, et tout dans son attitude, dans ses silences, ses timidités, ses sourires, lui révèle qu’elle est prête, qu’elle attend.

Il suffirait qu’il se lève, s’approche, pour qu’elle se pâme, se donne.

Mais il ne bouge pas, inquiet de cette lassitude qui le gagne alors qu’il devrait prendre cette fille, comme il a possédé avant elle toutes les femmes dès lors qu’elles étaient belles ou faisaient mine de l’aimer.

Mais il ne ressent rien, sinon une sorte de dégoût.

Rien n’est inattendu dans cette soirée. C’est Athénaïs de Montespan qui, en perverse et habile entremetteuse, a suscité ce souper.

Depuis qu’il s’est éloigné d’elle, elle ne peut plus utiliser pour raviver son intérêt des philtres d’amour ! Alors elle rabat des proies vers lui. Elle lui a présenté il y a peu sa propre nièce, la duchesse de Nevers, âgée d'à peine seize ans.

Et il s'est souvenu qu'il a autrefois aimé la mère de cette biche, la marquise de Thianges, la propre sœur d'Athénaïs.

Il a détourné les yeux, s'éloignant de la duchesse de Nevers, parée pourtant pour le sacrifice.

Athénaïs de Montespan n'a pas renoncé. Elle lui a parlé d'une voix mielleuse de l'une de ses nouvelles suivantes, Mlle d'Oré, qui ne vivait, avait-elle dit, que dans l'espoir d'être remarquée, désirée par le roi.

— Vierge et femme déjà accomplie, avait-elle murmuré.

Il s'est laissé tenter.

Il a accepté ce souper de médianoche, par habitude, par fidélité à lui-même, à son passé de conquérant, et il ne ressent, alors que Mlle d'Oré, la bouche entrouverte, ne le quitte pas des yeux, qu'une grise fatigue qui enveloppe tout son corps.

Il se souvient, il y a moins de deux ans, il s'est embrasé pour Marie-Angélique de Fontanges, qu'on lui avait aussi offerte. Et il avait ressenti, comme en ses plus jeunes années, la vivacité du désir, le plaisir du chasseur qui veut son trophée.

Mais Marie-Angélique de Fontanges est morte, flétrie, la bouche pleine de pus !

Est-ce cela qui l'a fait changer, ou bien les soupirs et les prières de Mme de Maintenon ?

Elle lui a dit, sur un ton distant :

— Il est vrai que vous connaissez déjà, Sire, Mlle d'Oré. Vous avez fait médianoche avec elle. On dit qu'elle a une sœur plus belle qu'elle. Mais ce ne sont pas là mes affaires.

Il sent que Mme de Maintenon ne se laisse jamais emporter par la colère. Elle parle comme un directeur de conscience, et elle l'attire de plus en plus.

Peu importe le cercle de dévotes qui l'entoure, chacune

apportant son aumône, que la marquise de Maintenon remet chaque mois aux pauvres.

Elle rassure.

Elle n'est pas l'une de ces jeunes femmes, pucelles ou feignant de l'être, qui se fanent en quelques semaines et meurent, suscitant jalousie et peut-être succombant aux poisons des rivales.

Il lui faut aujourd'hui une femme apaisée, des prêtres, des religieuses et des dames de charité plutôt que des putains de Cour. Peut-être, les feux ardents de la jeunesse éteints, ne reste-t-il plus à un roi que la gloire, la grandeur, la piété, l'ordre et la vertu.

Il a quarante-quatre ans en cette année 1682, et c'est cela qu'il recherche.

Il veut désormais exercer ainsi son métier de roi.

Et d'abord défendre sa souveraineté, même contre le pouvoir du pape.

Un roi est le sujet de Dieu, non du pape.

Il réunit une Assemblée extraordinaire du clergé.

Il charge Bossuet de rédiger une déclaration en quatre articles.

« Les rois et souverains ne sont soumis à aucune puissance ecclésiastique, par l'ordre de Dieu, dans les choses temporelles. » Il n'y a pas d'infaillibilité pontificale, le concile est supérieur au pape.

Le procureur général de Paris qui enregistre la déclaration ajoute : « L'Église n'a aucun pouvoir direct ni indirect sur le temporel des princes. »

Louis est satisfait.

Les évêques français sont d'abord des sujets :

« L'Église gallicane se gouverne par ses propres lois ; elle en garde inviolablement l'usage. »

Et tout ce qui est du royaume doit plier devant la volonté du roi.

Point de ces errants qui parcourent les routes, font gîte où bon leur semble !

Il dicte :

« Enjoignons à nos baillis, sénéchaux, leurs lieutenants comme aussi nos prévôts des maréchaux, d'arrêter et faire arrêter tous ceux qui s'appellent Bohèmes ou Égyptiens, leurs femmes, enfants et autres de leur suite, de faire attacher les hommes à la chaîne des forçats pour être conduits dans nos galères et y servir à perpétuité ; et à l'égard de leurs femmes et filles ordonnons de les faire raser les premières fois qu'elles auront été trouvées menant la vie de Bohémienne, et faire conduire dans les hôpitaux les plus prochains des lieux les enfants qui ne seront pas en état de servir dans nos galères, pour y être nourris et élevés comme les autres enfants qui y sont enfermés. »

Il faut nettoyer le royaume, et faire que chaque sujet soit tenu au serment de fidélité au roi.

Et donc continuer de réduire cette hérésie huguenote, qui est une rébellion.

Il interdit aux protestants de se réunir ailleurs que dans leurs temples et en présence de leurs pasteurs.

Il faut que les « missions armées » continuent. Qu'aucune issue autre que la conversion ne soit offerte aux huguenots. Il faudra désormais une autorisation royale pour quitter le royaume.

Les huguenots sont des empoisonneurs de l'âme, qu'il faut pourchasser comme doivent l'être les devins, les magiciens, les enchanteurs, les alchimistes et autres corrupteurs des corps.

Il a la certitude qu'il prépare ainsi une nouvelle période de son règne, quand la gloire et la grandeur doivent naître de la vertu.

Fini, le temps des poisons et de la débauche !

Que les jeunes seigneurs, les mignons de Monsieur, ceux qui ont corrompu le pauvre comte de Vermandois, ne se pavanent plus insolemment à la Cour.

Il sait bien que Philippe d'Orléans continuera de pratiquer le vice italien, mais il faut dissoudre ces « confréries » qui capturent et séduisent les plus beaux et les plus titrés des jeunes gens.

Ne murmure-t-on pas que le Dauphin lui-même se serait laissé pervertir ?

Louis observe son fils.

Il a voulu que Monseigneur, qui régnera sur le royaume, apprenne à gouverner. Et il a écrit pour lui ces *Mémoires* pour lui enseigner cet art difficile.

Mais ce Dauphin au corps lourd, obèse, semble ne se soucier que de chasse au loup, de conquête facile et de bonne chère.

Ce fils légitime le déçoit. Il apprécie au contraire le duc du Maine, son bâtard, le fils qu'il a eu avec Mme de Montespan et sur lequel a veillé Mme de Maintenon.

Il l'a légitimé. Il voudrait en faire un homme fortuné.

Il suffirait pour cela que la Grande Mademoiselle lui lègue une partie de ses domaines, de son immense fortune. Et puisqu'elle est amoureuse du comte de Lauzun, toujours emprisonné, on lui promettra de libérer ce vieil impertinent, ce séducteur, si elle renonce à une partie de sa fortune en faveur du duc du Maine.

Il met ainsi de l'ordre dans le royaume et autour de lui.

Il lui reste à rejeter ces châteaux, ces palais, Saint-Germain, Fontainebleau, les Tuileries, le Louvre, qui sont comme les habits de pierre de la première partie de son règne.

Il y a festoyé ! Il y a gouverné, dansé et séduit. Il allait de l'un à l'autre dans ces cortèges de carrosses enrubannés.

C'en est fini.

Versailles, qu'il a créé, est encore en travaux. Marly et le Grand Commun viennent à peine d'être entrepris. Partout des gravats, des décorations inachevées. Mais c'est là que, désormais, il veut vivre, y rassemblant la Cour pour les nouveaux temps.

Cela fait plus de dix ans qu'il y songe. Mais le moment est enfin venu. Ce château sera le trône de sa gloire, de sa grandeur, le château de l'ordre et de la vertu.

Il s'installe le mercredi 6 mai 1682 dans son carrosse rouge tiré par six chevaux bais. Derrière lui roule le carrosse de la reine Marie-Thérèse mené par six chevaux blancs. La voiture de Mme de Maintenon et de Mme de Montespan, puis celles des courtisans, suivent.

Il regarde les mousquetaires et les gendarmes qui chevauchent autour de son carrosse.

À Versailles, les gardes-françaises et suisses présentent leurs armes, cependant que les roulements des tambours et les sons aigres des fifres résonnent dans la cour.

Les ouvriers, la domesticité, la foule venue de Versailles, et plus loin les milliers d'ouvriers des chantiers du château, l'acclament.

Il descend du carrosse.

Il regarde les bâtiments majestueux.

Voilà son palais, le cœur du royaume.

Il ne se lasse pas de parcourir les galeries où les ouvriers s'affairent.

Il s'arrête devant les statues et les fontaines, se promène dans les jardins, s'attarde dans l'Orangerie.

Ce château encore inachevé le rassure. C'est comme s'il avait devant lui, autour de lui, ce que les siècles retiendront de son règne. On saura ce qu'il a été.

Et quand le 5 août 1682, dans une chaleur torride, la dauphine Marie Anne Charlotte de Bavière est prise par les douleurs de l'enfantement, que les courtisans et la foule se rassemblent, attendant la venue du premier enfant qui prouve que le Dauphin a bonne semence et que la dynastie se prolonge, la joie le saisit.

Après trente heures de douleurs, voici le nouveau-né, un fils, qui sera duc de Bourgogne.

C'est Louis qui d'une voix forte annonce la naissance de l'héritier mâle du Grand Dauphin de France.

C'est la liesse. La foule se précipite vers les appartements du roi. On oublie l'étiquette.

On lui saisit la main. On l'embrasse.

On arrache le parquet de la galerie des Glaces pour en faire des feux.

On jette dans les flammes des chaises à porteurs, des vêtements, des lambris.

— Qu'on les laisse faire, nous aurons d'autres parquets, dit-il en riant.

Il entre dans la chambre de la dauphine.

Il y suffoque, au milieu des ambassadeurs qui ont, selon la règle, assisté à la naissance royale.

La dauphine est couchée sur la peau d'un mouton que l'on vient d'écorcher. Il se penche vers la jeune mère.

Il ne voit pas ses dents gâtées, son nez énorme, ses taches qui marbrent ses joues, ses mains de servante.

Il a eu raison d'apprécier cette jeune femme, d'oublier sa laideur.

Il se tourne, la foule s'écarte. Il s'approche du berceau où dort son petit-fils.

Puis, levant la tête, il aperçoit les feux de joie, dont les flammes crépitent et autour desquels la foule danse.

On lui saisit de nouveau la main, on l'embrasse.

Il rit.

Il est le roi qui ne meurt pas.

# Chronologie du règne de Louis XIV

1638 – Naissance de Louis-Dieudonné, futur Louis XIV.
1642 – Mort de Richelieu. Mazarin entre au Conseil du roi.
1643 – Mort de Louis XIII. Avènement de Louis XIV et début de la régence d'Anne d'Autriche, sa mère.
Bataille de Rocroi.
1648 – Début de la Fronde. Fronde parlementaire jusqu'en 1649, puis Fronde des princes jusqu'en 1653.
1654 – Sacre de Louis XIV à Reims.
Fouquet est nommé surintendant des Finances.
1656 – Publication des *Provinciales* de Blaise Pascal, immédiatement mises à l'index.
1659 – Traité des Pyrénées qui met fin à la guerre avec l'Espagne.
1660 – Mariage de Louis XIV et de Marie-Thérèse d'Autriche.
1661 – Mort de Mazarin.
Début du règne personnel de Louis XIV.
Arrestation de Fouquet.
1662 – Colbert est nommé contrôleur général des Finances.
1663 – Première représentation de *L'Impromptu de Versailles*, de Molière.
1666 – Mort d'Anne d'Autriche, mère de Louis XIV.
Fondation de l'Académie des sciences.
1667 – Guerre de Dévolution. Louis XIV, après la mort du roi d'Espagne, revendique les Pays-Bas espagnols.
Disgrâce de Louise de La Vallière.
Mme de Montespan devient la favorite du roi.
Colbert entre à l'Académie française.
1668 – Pays d'Aix-la-Chapelle. Charleroi, Douai et Tournai, entre autres, sont annexées.
1670 – Molière présente au roi *Le Bourgeois gentilhomme*.
Publication des *Pensées* de Blaise Pascal.
Début de la guerre de Hollande (jusqu'en 1678).
1671 – Fondation de l'Académie d'architecture.
Veuf d'Henriette d'Angleterre depuis un an, Monsieur, frère du roi, épouse en secondes noces la Princesse Palatine (Élisabeth-Charlotte de Bavière).
1672 – Fondation de l'Académie de musique.
La guerre avec l'Espagne reprend, et le conflit devient européen.
1673 – Début de l'Affaire des poisons (jusqu'en 1679).
Mort de Molière.

1675 – Bataille de Turckheim. Mort de Turenne.
Victoires navales de Duquesne.
Le père de La Chaise devient le confesseur de Louis XIV.
1676 – Exécution de la marquise de Brinvilliers, à l'origine de l'Affaire des poisons.
1678 – Traité de Nimègue. Annexion de la Franche-Comté, de Valenciennes, de Cambrai et de Maubeuge.
Vauban est nommé commissaire aux Fortifications.
1680 – Le roi est séduit par Mme de Maintenon.
Fondation de la Comédie-Française.
1681 – Bossuet devient évêque de Meaux.
1682 – Louis XIV s'installe à Versailles.
1683 – Mort de la reine Marie-Thérèse.
Louis XIV épouse en secret Mme de Maintenon, qui accroît son influence.
Mort de Colbert.
1685 – Révocation de l'Édit de Nantes.
Ordonnance coloniale ou Code Noir, qui, en fixant les droits et devoirs des propriétaires d'esclaves, constitue une reconnaissance légale de l'esclavage.
1686 – Formation de la Ligue d'Augsbourg contre Louis XIV.
Louis XIV est opéré avec succès d'une fistule anale.
Mort du Grand Condé.
1688 – Guerre de la Ligue d'Augsbourg (jusqu'en 1697).
1689 – Fénelon est nommé précepteur du duc de Bourgogne, fils du Grand Dauphin.
1691 – Conquête de la Savoie.
Mort de Louvois.
Publication des *Contes* de Charles Perrault.
1692 – Les charges de maire et d'échevin deviennent vénales et héréditaires, ce qui permet de faire entrer de l'argent dans les caisses de l'Etat.
1693 – Publication des *Fables* de La Fontaine.
1694 – Publication du *Dictionnaire* de l'Académie française.
Anoblissement du corsaire Jean Bart.
1697 – Traité de Ryswick mettant fin à la guerre de la Ligue d'Augsbourg.
1698 – Mort de Charles II d'Espagne. Il a désigné par testament le petit-fils de Louis XIV, Philippe d'Anjou, comme devant lui succéder sur le trône d'Espagne.
1700 – Traité de partage de la succession d'Espagne entre la France et l'Angleterre.
1701 – Début de la guerre de succession d'Espagne (jusqu'en 1713).
Mort de Monsieur, frère de Louis XIV.
1702 – Début de la guerre des Camisards (jusqu'en 1705), soulèvement des Protestants cévenols contre le pouvoir royal.
1707 – Mort de Vauban.
1708 – Destruction de Port-Royal des Champs et dispersion des religieuses.
1709 – Famine et émeutes. Louis XIV explique sa politique à ses sujets.
1710 – Naissance du futur Louis XV.
1711 – Mort du Grand Dauphin.
1712 – Mort du duc de Bourgogne, troisième dauphin, et de la duchesse.
1713 – Paix d'Utrecht qui met fin à la guerre de succession d'Espagne.
1714 – Perte de Terre-Neuve et de l'Acadie.
Mort du duc de Berry.
1715 – Mort de Louis XIV. Régence de Philippe d'Orléans.

## Du même auteur

### *Romans*

*Le Cortège des vainqueurs,* Robert Laffont, 1972.
*Un pas vers la mer,* Robert Laffont, 1973.
*L'Oiseau des origines,* Robert Laffont, 1974.
*Que sont les siècles pour la mer,* Robert Laffont, 1977.
*Une affaire intime,* Robert Laffont, 1979.
*France,* Grasset, 1980 (et Le Livre de Poche).
*Un crime très ordinaire,* Grasset, 1982 (et Le Livre de Poche).
*La Demeure des puissants,* Grasset, 1983 (et Le Livre de Poche).
*Le Beau Rivage,* Grasset, 1985 (et Le Livre de Poche).
*Belle Époque,* Grasset, 1986 (et Le Livre de Poche).
*La Route Napoléon,* Robert Laffont, 1987 (et Le Livre de Poche).
*Une affaire publique,* Robert Laffont, 1989 (et Le Livre de Poche).
*Le Regard des femmes,* Robert Laffont, 1991 (et Le Livre de Poche).
*Un homme de pouvoir,* Fayard, 2002 (et Le Livre de Poche).
*Les Fanatiques,* Fayard, 2006.

### *Suites romanesques*

La Baie des Anges .
I. *La Baie des Anges,* Robert Laffont, 1975 (et Pocket).
II. *Le Palais des Fêtes,* Robert Laffont, 1976 (et Pocket).
III. *La Promenade des Anglais,* Robert Laffont, 1976 (et Pocket). (Parue en un volume dans la coll. «Bouquins», Robert Laffont, 1998.)

LES HOMMES NAISSENT TOUS LE MÊME JOUR :

I. *Aurore,* Robert Laffont, 1978.
II. *Crépuscule,* Robert Laffont, 1979.

LA MACHINERIE HUMAINE :

- *La Fontaine des Innocents,* Fayard, 1992 (et Le Livre de Poche).
- *L'Amour au temps des solitudes,* Fayard, 1992 (et Le Livre de Poche).
- *Les Rois sans visage,* Fayard, 1994 (et Le Livre de Poche).
- *Le Condottiere,* Fayard, 1994 (et Le Livre de Poche).
- *Le Fils de Klara H.,* Fayard, 1995 (et Le Livre de Poche).
- *L'Ambitieuse,* Fayard, 1995 (et Le Livre de Poche).
- *La Part de Dieu,* Fayard, 1996 (et Le Livre de Poche).
- *Le Faiseur d'or,* Fayard, 1996 (et Le Livre de Poche).
- *La Femme derrière le miroir,* Fayard, 1997 (et Le Livre de Poche).
- *Le Jardin des Oliviers,* Fayard, 1999 (et Le Livre de Poche).

BLEU BLANC ROUGE :

I. *Mariella,* XO, 2000 (et Pocket).
II. *Mathilde,* XO, 2000 (et Pocket).
III. *Sarah,* XO, 2000 (et Pocket).

LES PATRIOTES :

I. *L'Ombre et la Nuit,* Fayard, 2000 (et Le Livre de Poche).
II. *La flamme ne s'éteindra pas,* Fayard, 2001 (et Le Livre de Poche).
III. *Le Prix du sang,* Fayard, 2001 (et Le Livre de Poche).
IV. *Dans l'honneur et par la victoire,* Fayard, 2001 (et Le Livre de Poche).

MORTS POUR LA FRANCE :

I. *Le Chaudron des sorcières,* Fayard, 2003 (et J'ai Lu).
II. *Le Feu de l'enfer,* Fayard, 2003 (et J'ai Lu).
III. *La Marche Noire,* Fayard, 2003 (et J'ai Lu).

L'EMPIRE :

I. *L'Envoûtement,* Fayard, 2004 (et J'ai Lu).
II. *La Possession,* Fayard, 2004 (et J'ai Lu).
III. *Le Désamour,* Fayard, 2004 (et J'ai Lu).

LA CROIX DE L'OCCIDENT :

I. *Par ce signe tu vaincras,* Fayard, 2005 (et J'ai Lu).
II. *Paris vaut bien une messe,* Fayard, 2005 (et J'ai Lu).

## *Politique-fiction*

*La Grande Peur de 1989,* Robert Laffont, 1966.
*Guerre des gangs à Golf-City,* Robert Laffont, 1991.

## *Histoire, essais*

*L'Italie de Mussolini,* Librairie Académique Perrin, 1964, 1982 (et Marabout).
*L'Affaire d'Éthiopie,* Le Centurion, 1967.
*Gauchisme, Réformisme et Révolution,* Robert Laffont, 1968.
*Histoire de l'Espagne franquiste,* Robert Laffont, 1969.
*Cinquième colonne, 1939-1940,* Éditions Plon, 1970, 1980, Éditions Complexe, 1984.
*Tombeau pour la Commune,* Robert Laffont, 1971.
*La Nuit des Longs Couteaux,* Robert Laffont, 1971, 2001.
*La Mafia, mythe et réalités,* Seghers, 1972.
*L'Affiche, miroir de l'Histoire,* Robert Laffont, 1973, 1989.
*Le Pouvoir à vif,* Robert Laffont, 1978.
*Le XXe Siècle,* Librairie Académique Perrin, 1979.
*La Troisième Alliance,* Fayard, 1984.
*Les idées décident de tout,* Galilée, 1984.
*Lettre ouverte à Robespierre sur les nouveaux Muscadins,* Albin Michel, 1986.
*Que passe la Justice du Roi,* Robert Laffont, 1987.
*Les Clés de l'histoire contemporaine,* Robert Laffont, 1989, Fayard, 2001 (et Le Livre de Poche éd. mise à jour, 2005).
*Manifeste pour une fin de siècle obscure,* Odile Jacob, 1989.
*La gauche est morte, vive la gauche,* Odile Jacob, 1990.
*L'Europe contre l'Europe,* Éditions du Rocher, 1992.
*Jè. Histoire modeste et héroïque d'un homme qui croyait aux lendemains qui chantent,* Stock, 1994 (et Mille et Une Nuits).
*L'Amour de la France expliqué à mon fils,* Le Seuil, 1999.
*Fier d'être français,* Fayard, 2006 (et Le Livre de Poche).
*L'Âme de la France : une histoire de la nation des origines à nos jours,* Fayard, 2007.

### *Biographies*

*Maximilien Robespierre, histoire d'une solitude,* Librairie Académique Perrin, 1968 (et Pocket).
*Garibaldi, la force d'un destin,* Fayard, 1982.
*Le Grand Jaurès,* Robert Laffont, 1984, 1994 (et Pocket).
*Jules Vallès,* Robert Laffont, 1988.

NAPOLÉON :
I. *Le Chant du départ,* Robert Laffont, 1997 (et Pocket).
II. *Le Soleil d'Austerlitz,* Robert Laffont, 1997 (et Pocket).
III. *L'Empereur des Rois,* Robert Laffont, 1997 (et Pocket).
IV. *L'Immortel de Sainte-Hélène,* Robert Laffont, 1997 (et Pocket).

DE GAULLE :
I. *L'Appel du destin,* Robert Laffont, 1998 (et Pocket).
II. *La Solitude du combattant,* Robert Laffont, 1998 (et Pocket).
III. *Le Premier des Français,* Robert Laffont, 1998 (et Pocket).
IV. *La Statue du Commandeur,* Robert Laffont, 1998 (et Pocket).

*Une femme rebelle. Vie et mort de Rosa Luxemburg,* Fayard, 2000.

VICTOR HUGO :
I. *Je suis une force qui va !...,* XO Éditions, 2001 (et Pocket).
II. *Je serai celui-là !,* XO Éditions, 2001 (et Pocket).

LES CHRÉTIENS :
I. *Le Manteau du Soldat,* Fayard, 2002 (et Le Livre de Poche).
II. *Le Baptême du Roi,* Fayard, 2002 (et Le Livre de Poche).
III. *La Croisade du Moine,* Fayard, 2002 (et Le Livre de Poche).

*César imperator,* XO Éditions, 2003 (et Pocket).

LES ROMAINS :
I. *Spartacus, la révolte des esclaves,* Fayard, 2006.
II. *Néron, le règne de l'Antéchrist,* Fayard, 2006.
III. *Titus, le martyre des Juifs,* Fayard, 2006.
IV. *Marc Aurèle, le martyre des chrétiens,* Fayard, 2006.
V. *Constantin le Grand : l'empire du Christ,* Fayard, 2006.

### *Conte*

*La Bague magique,* Casterman, 1981.

### *En collaboration*

*Au nom de tous les miens* de Martin Gray, Robert Laffont, 1971 (et Pocket).

*Achevé d'imprimer sur les presses de*

BUSSIÈRE

GROUPE CPI

*à Saint-Amand-Montrond (Cher)*
*en août 2007*

Édition exclusivement réservée
aux adhérents du Club
Le Grand Livre du Mois
15, rue des Sablons
75116 Paris
réalisée avec l'autorisation des éditions XO

N° d'impression : 70829-072570/4.
Dépôt légal : septembre 2007.

*Imprimé en France*